The New Art of the Leader

The Westpoint Way to Attract Followship

組織と人材が甦る!
ビジネスリーダーの
実践バイブル

ウエストポイント式

仕事の法則

ウィリアム・A・コーヘン[著]
渕脇耕一[訳]

日経BP社

THE NEW ART OF THE LEADER
by William A. Cohen.

Japanese Translation Rights arranged with
Prentice-Hall Direct, Inc. in New Jersey
through The Asano Agency, Inc. in Tokyo.

ウエストポイント式
仕事の法則

目次

謝辞　10
序文　11

第1章 リーダーシップの力　21

空軍爆撃航空団を立て直したキーズ大佐
鉄鋼王カーネギーがリーダーとして成功した理由
「リーダー＝管理者」とは限らない
リーダーシップのコンバット・モデル
人間の潜在能力を引き出すのがリーダーシップである
待遇を良くしても人々がついてこないのはなぜか？

第2章 コンバット・モデル――リーダーシップに関する八つの普遍法則　45

コンバット・リーダー調査プロジェクトを開始
リーダーシップに関する八つの普遍法則
1・清廉潔白であるべし
2・仕事に精通すべし
3・見通しを知らしむべし
4・並み外れた献身ぶりを発揮すべし
5・前向きの見通しを持つべし

6・部下の面倒を見るべし
7・己を捨てて義務を果たすべし
8・先頭に立つべし

第3章 部下を動かす四つの方法 83

部下の自尊心を尊重せよ
自分の展望を伝えよ
部下への気配りを忘れるな
部下の全行動の責任を引き受けよ

第4章 部下を動かす〝少し高度な〟三つの方法 105

人前で部下を叱ってはいけない
現場を歩き、自分の姿を見せよ
ゲームのように競い合わせよ

第5章 組織を動かすテクニック 119

「命令」を有効に使いこなす方法
「命令」できない相手には「説得」する
「交渉」により難局を切り開く

人々を「参加」させるテクニック

第6章 間接的に組織を動かすテクニック 133
「遠回しの表現」が必要な局面
「協力の要請」という戦術
「方向の切り替え」で局面を打開する
「拒絶」というテクニックの使い方

第7章 リーダーとしての自信を深める方法 146
リーダーに力をもたらす秘密は何か?
リーダーとしての技量を磨く四つの方法
「無冠のリーダー」になれ
他人の「援助者」になれ
「専門知識」はリーダーへの近道
「プラス思考」を通じて自信を付ける

第8章 「連戦連勝のチーム」を作り上げる方法 167
七十五連勝した女子サッカーチーム
強いチームの四つの条件

「仲間意識」が結束力を高める
「チームワーク」が成否を分ける

第9章 士気を高め団結心を強化する 183
部下の裁量に任せて士気を高める
リーダーの誠実さが「団結心」を生む

第10章 連戦連勝のチームを生み出すコーチ術 200
コーチであることは生き方の一つだ
優れたコーチになる五つの方法
部下の話を聞かなければならない理由
「カウンセリング」の重要性
功績を認めるチャンスを逃がすな!
叱責をためらってはいけない
高いレベルの規律を維持せよ

第11章 動機付けのテクニック 222
社員はなぜ働くのか?
「お金」よりも「やりがい」

仕事を面白くせよ！
立派な仕事には〝配当〟を与える
部下に腕を磨く機会を与えよ
耳を傾けることによってやる気を引き出す
コンバット・モデルは何を語っているか？
高い給与がモノを言うときは？
マズローの「必要性の階層構造」
ヘルツバーグが発見した「予防の必要性」

第12章 危機的状況で責任を引き受けるための七つのステップ

危機的状況で責任を負うのはリーダーだ
責任を引き受けるための七つのステップ
1・目的をはっきりさせる
2・部下との意思疎通を図る
3・大胆に行動する
4・決断力を発揮する
5・主導権を握る
6・模範を示す
7・人員の入れ替えを断行する

第13章 カリスマ性を発揮するための七つの行動 281
カリスマ性は自ら築き上げるもの
1・本気であることを示す
2・「それらしく」見えるようにする
3・大きな夢を掲げる
4・目標へ向かって進み続ける
5・「宿題」はきちんとこなす
6・神秘性を演出する
7・「間接的方法」を利用する

第14章 リーダーにふさわしい問題解決と意思決定 312
「決断」はすべてのリーダーの責務である
自分で解決しようとしてはならない問題
リーダー自らが問題解決を行うべきとき
問題解決に有効な三つの方法
1・ブレーンストーミング
2・「心理学的」な意思決定
3・「選択肢分析法」

第15章 いざ、行動！ 345

参考資料●米軍将軍校の階級と名称 348

引用文献 357

登場人物索引 363

装丁　鈴木成一デザイン室

カバーイラスト　浅賀行雄

レイアウト　内田隆史

ウエストポイント式

仕事の法則

この本をウエストポイント（米国陸軍士官学校、ニューヨーク州）とウェントワース陸軍士官学校（ミズーリ州レキシントン）に捧げる。両校では「リーダー学」の涵養と軍人精神の継承に努めている。

序文

私がリーダーシップの研究を始めてから五十年近くがたつ。ウエストポイント（米陸軍士官学校）の士官候補生として、戦場における司令官として、そして民間企業の役員として、私はあらゆる種類のリーダーがさまざまな状況の下で活躍するのを見てきた。

私はリーダーシップに関しては多くを知っているつもりでいたが、どうしても分からないことがひとつあった。それは、なぜ優秀なリーダーが少ないのだろうか？ということである。

社会に存在する無数の企業、非営利団体、省庁、クラブ、組合、学校、教会、その他多くの団体が、あらゆる種類の優れたリーダーを必要としている。

なぜ優秀なリーダーが少ないのか？

優れたリーダーは、その功績に対し十分な報酬を得られる可能性が高い。

一例を挙げれば、

- ●組織の中で比較的早く昇進する
- ●より多くの収入その他の物質的報酬を得る
- ●より多くの特権と雇用の保証を得る

●人生設計がしやすい
●仕事に満足している度合いが高い
●より高い生産性を実現させることができる

という具合にである。

要するに、各方面でリーダーが強く求められていて、しかも、リーダーになることを奨励する要素はたくさん揃っている。にもかかわらず、なぜもっと多くのリーダーが出てこないのだろうか？ 長い間この疑問が私を悩ませてきた。

リーダーは生まれつきリーダーである、と言う人々がいる。したがって人数が限られているのは「母なる自然」の摂理なのである、と。しかし、この指摘は間違っている。後に偉大なリーダーとして認められた人々の多くは、何年もその存在を知られていなかったということが、調査によって明らかになっているからだ。

一部の人がリーダーシップにとって重要だと考えている多くの要素が、実は優れたリーダーになるために、それほど重要ではないことに私は気がついた。教育、収入、経験期間、あるいは組織の中での地位、などがそういった要素である。

おそらく皆さんは、何かの組織の管理職＝リーダーと考えているのではないだろうか。しかし私は、管理職でも何でもなくても傑出したリーダーである人物を何百人と見てきた。彼らの優れたリーダーシップのために、彼ら自身と彼らの属する組織が、かなりの恩恵を受けているのである。反対に、組織の管理職に就いているからといって、必ずしも彼らが優れたリーダーであるわけではない。

なぜもっと多くの優れたリーダーが出ないのか？　その答えを探るために私は研究を重ねたが、その答えは、実はあまりに当然過ぎるものだった。卓越したリーダーになり得る人々の多くが、リーダーになるための「方法論」を知らないのである。あるいはリーダーシップの何たるかについて誤った考えを持っているのである。彼らはリーダーシップについて学ぼうとするのではなく、ただ自分が見聞きしたリーダーの真似をしているだけというケースが実に多い。

リーダーになるための「方法論」が欠けている

私は、企業や大学が開くセミナーに講師として招かれることが多いが、社員や役員、学生たちの多くがリーダーシップに関して間違った概念を抱いているのには驚かされる。悲しいことに一部の人々はリーダーシップを単なる大衆操作だと考えている。またある人々は哲学のような理論的課題だと考えていて、実社会ではあまり役に立たないと思っている。

もちろん、リーダーシップは大衆操作でも理論的課題でもない。リーダーシップとは、何らかの仕事を倫理的に正しく、最高のレベルにまで遂行できるように人々を手助けする手法にほかならない。人々は、相手が上司であり、命令するから付いて行くわけではない。リーダーが達成しようとしているプロジェクトが、自分にも納得できるものだから付いて行くのである。

実は私は、ほとんどの人が優れたリーダーになることができると考えている。やるべきことを知り、そしていつやるべきかを知りさえすればいい。アイゼンハワー大統領は息子に、「学問上の考察や実践によって身につけることができる性質のひとつが、リーダーシップである」[1]と語ったという。何をやるべきかがはっきりしさえすれば、リーダーシップに関する学問上の考察や実践が人を率いるうえで役に立つだろう。

教養があり、高度な教育を受け、動機も十分にある人でも、方法論を持たなければリーダーにはなれない。たとえ努力をしても、リーダーシップに関するノウハウがなければ、素人が脳外科手術を執刀するようなものである。脳外科手術のやり方を知らなければ、とんでもない間違いを犯すことになるだろう。ひょっとすると経験を通じて最後には方法論が身につくかも知れない。しかし一度失敗すると、二度とチャンスは巡ってこない。同様に、リーダーとなる方法を知らなければ、やはりうまくリーダーシップを発揮することはできないのである。

私が教えを受けた師であるピーター・ドラッカー氏は、早くも一九五五年に「リーダーシップは何よりも重要である。実際それに取って代えられるものはない」[2]と語っている。さらに、三千年も前にクセノポンが書き著したリーダーシップに関する本は、今日でもこのテーマに関する最良の本であるとも言った。ただし、クセノポンの本は一九五五年時点では最良の本だったかもしれないが、リーダーになる方法を教えてはくれなかった。この本を読んだ人のほとんどは、クセノポンの理論を自分の状況に当てはめることができなかったからである。

リーダーシップを学習によって身につけることができるのは、事実である。人によって南北戦争の「海への進軍」についての毀誉褒貶はあるかもしれないが、シャーマン将軍は、次のように表現している。「将軍となるべく特異な性質を持って生まれた人々のことは読んだことがある。…しかしそういう人を見たことはない」と。

第二次世界大戦の時は落下傘部隊の将軍で後に陸軍参謀長になったマクスウェル・D・テイラー将軍も同じように感じていた。一九七七年春に全軍工業大学で行った講義の中で彼は、「…リーダーシップの資質が…教えたり学んだりすることが可能であることは疑う余地がない」[3]と述べている。

だから私はこの本を書いた。本書が力を入れているのは、方法論である。私がこれから解説しようとしているリーダーシップの技術は、何千年もの歴史の中で有効性が証明されている。ジュリアス・シーザー、アブラハム・リンカーン、あるいはジョージ・S・パットンについて有効であったように、あなたにも有効なはずである。

「戦場のリーダーシップ」はビジネスにも通用する

どの技術についても分かりやすく説明するために、多くの実例を挙げた。戦場で「苦労して」学び取った技術を、一般社会で遭遇する日常的なリーダーシップの問題に適用することを意識して試みた。

戦場でのリーダーシップは最悪のシナリオにおけるリーダーシップだから、これ以上に厳しく、挑戦的で、リスクと不確実性の高い状況は、一般社会ではほとんどないだろう。言い換えれば、戦場で部下を率いる方法さえ身につければ、他のどんな組織でも部下を引っ張って行くことができるはずだ。

この本を書く準備を進める中で私は、リーダーシップについて知っていると思っていたことをすべて調べ直した。また新しい概念についても調査し、関連書を読み漁った。かつて私のリーダーシップ・ゼミの生徒だった将官たちにも実際に会い、意見を求めた。

一九八八年の秋に私は、空軍の予備役将校として勤務した経験がある。幸運なことに、ワシントンにある国立国防大学でのリーダーシップ・コースに参加することができた。ここで私は統合参謀本部議長、海軍作戦部長あるいは各方面の最高司令官といった、トップレベルのリーダーたちから直々にリーダーシップを見聞することができた。その経験によってどれほど私の見方の幅が広がったか、測り知れない。

ここで学んだ手法を実践することによって、将軍や大将や社長になれると保証するわけにはいかない。しかし、今より確実に有能なリーダーとして活躍できることは請け合いである。あなたが将軍や大将や社長にならないとは、誰にも言えないのである。

この本に書いた次のような手法は、必ずあなたの役に立つと信じている。

●どんな状況においても責任を引き受ける方法

●集団の士気と団結心を高める方法

●連戦連勝のフットボールチームのような組織を作り上げる方法
●組織の生産性を二倍あるいは三倍に引き上げる方法
●あなたと同じレベルの人々にリーダーシップを発揮する方法
●上司にリーダーシップを発揮する方法
●リーダーシップを発揮〈しない〉ことが大切なとき
●部下を引き付ける方法
●リーダーとしての自信を深める方法

本書は『The Art of the Leader』(PRENTICE HALL PRESS)を大幅に加筆・再構成した改訂版である。

初版を出してからさまざまなことが起こった。湾岸戦争やボスニア紛争をはじめ、米国は誰も想像もつかなかったほど数多くの戦争やテロリズムを経験した。企業間の「戦場」でも激しい「戦闘」が日夜繰り広げられている。華々しい成功を収めたリーダーもいれば、大失敗に通じるとんでもない誤りを犯したリーダーもいる。

私は軍隊では、中佐、大佐、准将、少将と進み、退官した。その後は教授として将官たちの指導に当たるとともに、引き続きリーダーシップの研究を続けてきた。初版出版当時はウエストポイントの幹部候補生であった私の長男バラクは、無事卒業した。湾岸戦争当時、彼はクウェートで二回部隊を指揮し、陸軍を除隊する時は大尉だった。現在は民間で働いている。

この調査を行うきっかけを与えてくれたのは、バリー・ゴールドウォーター元上院議員とピーター・ドラッカー氏であった。ゴールドウォーター元上院議員は私の本（初版）を読み、手紙をくれた。「すべての優れたリーダーシップは基本的な誠実さに基礎がある。それがなければ、大したリーダーにはなれない」との見解を示し、私が初版執筆当時には当然のことと考えて重要視していなかったポイントを明快に指摘してくれた。一方、ギリシャの将軍クセノポンに関するドラッカー氏の著述も、戦闘におけるリーダーシップを再検討するうえで大いに刺激になった。

私は改訂版を出版するに当たり、改めてリーダーシップに関する調査研究を行った。対象としたのは、民間でもリーダーとして成功した退役軍人二百人以上で、そのうち六十二人はかつて将軍や大将を務めたリーダーたちである。

この調査がもたらした八つの普遍法則は、リーダーシップに関するあらゆる技術や手順の基礎となると、私は確信している。それは戦略である。リーダーシップに関する技術はすべて、これらの普遍法則から導き出される戦術である。

この調査をもとに、私は「コンバット・モデル―リーダーシップに関する八つの普遍法則」の章を大幅に書き改めた。ゴールドウォーター上院議員の誠実さに関する発言の正しさが、調査によって確かめられたので、八つの法則の中でも「清廉潔白さ」を文句なしにナンバーワンとした。さらに、「組織への影響の及ぼし方」に関して述べている部分も大幅に書き改めた。

どうやら前書きが長くなり過ぎたようだ。第1章へと進み、ウエストポイント式リーダーシップの法則について解説することにしよう。

私利を捨て、ときには多大な犠牲を払って倫理的に、名誉のために、また人道上の理由から人々のために献身した何千人もの軍や民間のリーダーたちが、私に手助けや先例を提供してくれた。感謝する。彼らの指導者としての任務遂行は、この本に収められた概念や技術の正しさを力強く証明している。

第1章 リーダーシップの力

リーダーの力は目覚ましい威力を発揮する。あなた自身の事業にせよ、グループとしての事業にせよ、成功と失敗の分かれ目がリーダーの力にかかっている。この持論の正しさを証明するために、この章で私はいくつかの例を挙げようと思う。そして、第一級のリーダーになることは、皆さんが考えているよりはるかに簡単なことだということを証明しよう。

空軍爆撃航空団を立て直したキーズ大佐

若い空軍中尉だったころ私はオクラホマ州のアルタス空軍基地の第十一爆撃航空団に配属されていた。戦略空軍総司令部下のB－52爆撃航空団の中でも、最も優秀な航空団の一つだった。なにしろ爆撃精度において人もうらやむ「フェアチャイルド・トロフィー」を三回も受賞した。そんな部隊は、ほかになかった。また、即応力を試す演習（ＯＲＩ）において不合格となったことがないという点でも、数少ない部隊のひとつだった。搭乗員は航法、爆撃、空中給油をはじめとする飛行技術において、優れた技能を有する者ばかりだった。

ところがある時期、部隊の様子が怪しくなった。いくつかの訓練基準がうまくクリアできない。整備に問題があり、離陸が遅れることがある。士気も落ちてきた。飛行技能と戦闘能力を試す重要なORIすら、不合格を出してしまった。週ごとに集計する点数制度において、私たちの部隊は戦闘航空団の中でもトップ3に入ったことがあったが、今では最下位になってしまった。

ある晩私が搭乗員と警戒態勢の勤務についていると、基地から緊急連絡が入った。

「新しい司令官が来た。キーズ大佐だ。目立たないように気をつけろ」

そんなわけにには行かなかった。何しろキーズ大佐はその夜早速私たちの部隊を訪れ、休暇はすべて取り消された。あらためて通知があるまでは、あらゆる「自由時間」が取り上げられた。この自由時間の廃止には、週末の休暇や飛行後の搭乗員の休暇も含まれていた。能力に欠けると判断すると、即座にキーズ大佐は司令官や参謀を閑職へ追いやった。退官を促された者もいた。階級にかかわらず、誰であれ彼は容赦しなかった。

キーズ大佐は千五百人にのぼる将校や空士を呼び出して、一人一人に会った。そして一人一人に部隊の目標、すなわち戦略空軍総司令部でトップの部隊になることを目指すと伝えた。それだけではない。どうやってその目標を達成するつもりなのかも。これからは飛行任務ごとに事前にその内容をすべて直接報告するようにと、彼は私たちに言い渡した。パイロットは爆撃手や航空士と同じように、爆撃目標を詳しく知っていなければならないことになった。また逆に爆撃手や航空士は、パイロットを支援する能力がなければならないことになった。

よその部隊に移りたければ、キーズ大佐はその手配をしてくれた。しかし航空団に留まるのであれば、とことん働かされた。平時だというのにである。

最初、私たちはキーズを憎んだ。妻もガールフレンドもキーズを憎んだ。経歴に傷をつけられた人々は、特に憎んだ。そして何人かは空軍を去った。

しかし、やがて私たちの苦労が実を結び始めた。予定通りの時刻に離陸した。爆弾が目標に命中した。地上整備員が完璧に整備してくれたので、私たちの飛行機はそれまでになく順調な飛行を繰り返した。私たちは一丸となって働き、見事な成果を上げた。

キーズ大佐が来てから数カ月後に、いつもの抜き打ちのＯＲＩがあった。私たちは合格しただけでなく、それまでの最高の評価を受けた。ナンバーワンの評価を獲得したのである。

そして奇妙なことが起きた。私たちは自分に誇りを感じるようになると同時に、司令官キーズ大佐をも誇りに思うようになってきたのである。憎しみは尊敬の念に変わった。準将に昇進したキーズ大佐が第十一爆撃航空団を去った時には、心からさみしい思いをしたものである。その頃には、尊敬の念は愛のような感情にすら変わったのではないだろうか。

結局彼は三つ星の中将にまでなった。不慮の死に見舞われなければ、四つ星の大将にまでなっていたに違いないと思う。

キーズ大佐の生き方は、私に指導者のあり方についていくつかの貴重な教訓をもたらし、組織が目標へ向かう時に一人一人がどのように貢献できるかについて教えてくれた。そして、ここで学んだ教訓のような実例を、私はその後何度も見聞きすることになるのである。組織の種類や大小にかかわらず、成功と失敗の分かれ目は、個人のリーダーシップにあるという教訓である。

南カリフォルニア大学のウォーレン・ベニス教授は、生涯をかけて指導者の研究に取り組んだ。最近彼はある会議で、私にこう語った。

「私がリーダーシップの重要性に目覚めたのは一九四五年で、私はジョージア州フォートベニングの若い歩兵中尉だった」

彼は、米国で最も成功した指導者九〇人について研究し、こんな結論に達した。

「どういう組織が成功し、または失敗するかを最終的に決定するのは、どういった指導者にその組織が恵まれるかである。戦略や手法や文化が変化しても、大切なのはリーダーシップなのである[1]」

鉄鋼王カーネギーがリーダーとして成功した理由

リーダーシップというのは、結局他人の力を借りて何かを達成する能力である。どんなに有能な人であっても、他人の力を借りずには達成することができない目標が、この世にはたくさんある。

二十世紀初頭にナポレオン・ヒルという名の若い報道記者が、鉄鋼王アンドリュー・カーネギーを取材した。当時世界一の金持ちだったカーネギーはこの若い記者に、「何が人々を成功に導くか」の研究にその後二十年を捧げる決心をさせた。カーネギーは彼を当時のトップレベルの権力者、資産家、そして有名人に次々と紹介して、ヒルの研究を援助した。こうして彼は、ヘンリー・フォード、セオドア・ルーズベルト、チャールズ・シュワッブ、ジョージ・イーストマン、ジョン・D・ロックフェラー、トーマス・エジソン、ジュリアス・ローゼンウォルド、クラランス・ダローその他多数の著名人に取材することができた。

彼はこの研究によって驚くべき事実を突き止めた。成功を手にした人々は、自分の力だけで成功したのでは決してなかった。彼が取材したどの人物も、他人の力を借りて成功していた。リーダーに力を貸した人々は、それぞれの領域においてはリーダーよりも優れた才能を持っていた。上司であり、同僚であり、部下である彼らの力がなければ、誰一人成功を手にしていなかっただろう。

カーネギー自身、このことに気づいていたに違いない。だからこそ彼の墓碑銘として次の一文が刻まれているのだ。

「まわりに自分よりも賢い人々を集める術を知っていた者、ここに眠る」

シカゴ大学経営学修士コース（ＭＢＡ）にいた私は、ヒルの主張を裏付ける証拠を見つけた。実業界であれ、政界であれ、軍であれ、組織の頂点に登りつめた人物の経歴を調べてみると、それぞれに後援者がいることが判明した。後援者とは、成功への道のりにおいて一度、または数回の後押しをしてくれた人物である。後援者なしにトップに登りつめた人は一人もいなかった。なぜ後援者たちは、ある特定の人物を後押ししたのだろうか？　それはある人物が「賢い」人物だったからである。

何の仕事であれ、リーダーとなって何かをなし遂げようとする時は、その仕事に関する専門知識や経験が必要だ。ところが私は、責任を負わされている分野に関して限られた専門知識と経験しか持っていないリーダーを何十人も見つけた。彼らはその周囲に、専門知識や経験、時にはリーダーシップまで補ってくれる人々がいたお陰で大きな成功を手にすることができたのだ。元統合参謀本部議長コリン・パウエル大将はこう言っている。

「軍事組織や民間の組織において、それぞれに異なった資質がリーダーに要求される。トップに立つ人にそういった資質が欠ける場合、まわりの人々がそれを補う必要がある」[2]

この言葉の意味ははっきりしている。困難かつ重要な目標は、上司であれ、部下であれ、他人の力を借りずには達成できないということである。キーズ大佐の例でもわかるように、リーダーシップを発揮して人々を目標達成に駆り立てなければ成功は訪れないのである。

「リーダー＝管理者」とは限らない

私は、ある航空宇宙関連企業の若い技術者と話したことがある。彼はやっと三十歳を超えたばかりだというのに、大きな計画を任されていた。どうしてこんな成功を彼が手にすることができたのだろうと、私は大変興味をかき立てられた。そして次のような話を副社長の一人から聞かされたのである。この会社では年に一回、貯蓄債券キャンペーンを行っていた。給与の一部を割いて貯蓄債券を上積みするよう社員に働きかける仕事は、みんなに嫌われていた。そしてこの嫌な仕事は一番下の技師に押し付けられるのが常だった。ほとんどの人は申し訳程度にしか努力せず、貯蓄債券に投資するよう本気で働きかけたりはしなかった。

しかし彼は本気で取り組んだ。彼は部内の技師や管理者をことごとく説得して債券を購入させた。さらには出張中の技師たちにも、次々と電話をかけ、最終的には全員に債権を買わせてしまった。「いいですか、この債券キャンペーンの結果は発表されるのです。競争なのです。一位になれるかもしれないのです」と彼は説得した。先輩社員たちも「それなら」ということで債権購入に同意した。そして、やがて彼ら自身もキャンペーンに熱中し始めたのだ。それまで、このようなやり方で働きかけたものは一人もいなかった。最終的には彼らが断トツで一位になったのは言うまでもない。

それだけではない。貯蓄債券キャンペーンと工学技術との間には何の関係もないにもかかわらず、このキャンペーンを通じて生産性が向上していることに部長は気がついた。人々は組織の一員であることに誇りを感じ、いい仕事をしたいと思うようになったようだった。一位が確定した時、彼らは心から喜んだ。

キャンペーンの異常な好成績に気がついた社長は、何が起きたのかを尋ねた。そして、この若い技師の名前を覚えておいた。キャンペーンでこれほどまでの成果を上げることができる人物ならば、管理者としてさらにすばらしい能力を発揮するに違いないと考えたからである。

そして四カ月後にあるポストが空いた。私が聞いたところによると、この青年は二十人の先輩技術者を飛び越して昇進したという。私が彼に会った時からほどなくして再びこの青年が昇進を果たした。今回は副社長への昇進であった。やがて社長になるであろうことは、皆さんにも想像がつくだろう。

ここで注目すべきことは、管理者としてポストを与えられる前から、すでに彼は強力なリーダーであったことである。このことについて、これからもっと詳しく説明するつもりである。

昇進する〝前に〟リーダーとなる方法

こんなことを誰かが言っているのを聞いたことはないだろうか。

「昇進するまで待とう。上に立つ機会が与えられれば、その時こそリーダーシップを発揮しよう」

凍えている男と薪ストーブのようなものである。男は薪ストーブを見て言った。

「私を暖めてくれれば、薪をくべてやろう」

薪が燃える熱で体を暖めるにはまず薪をくべなければならないことくらい誰でも知っているので、皆さんは笑うかもしれないが、昇進についても実は同じことが言えるのだ。昇進したければ、まずリーダーにならなければならない。リーダーになれば、誰かが引き上げてくれるだろう。

『In Search of Excellence』や『A Passion for Excellence』などの共著者であるトム・ピーターズは、

研究を進めるうちに同じような例を見つけた。優れた企業にはあらゆるレベルにおいて、強力なリーダーがいた。

リーダーシップを発揮しているのは、管理者ばかりとは限らない。

このことはもう一度言っておきたい。リーダーシップを発揮しているのは、管理者ばかりとは限らない。しかしどのリーダーも強力なリーダーシップを発揮していた。だから、リーダーとなるのに昇進するまで待つ必要はないのである。

実は強力なリーダーとなるのに組織に属していることすら必要ではない。自分で組織を作ればよい。ジミー・カラノとジェフ・サルツマンは大学を出て間もなく、キャリア・トラックス・セミナーズという会社を設立した。そして数年のうちにこの二人の若者は、全米最大規模のセミナー企業のトップに納まっていた。競合各社より安い料金で質の高いサービスを提供できたからだ。

カラノとサルツマン自身はセミナーで講演を行ったのだろうか？　決してそんなことはなかった。実際にセミナーで講演を行ったのは長年の経験を積んだ講師たちで、それぞれの専門分野で修士や博士の学位を持った人々である。カラノもサルツマンも専門家である必要はなかった。リーダーでありさえすればよい。そのリーダーシップに感化された社員が、彼らに成功をもたらしたのである。

優れたリーダーは、彼らに成功をもたらすために喜んで働く人々を周りに引き寄せる。優れたリーダーになるのは、意外に難しくない。あなたのもとで、あなたのために働いてくれる人々がいて、彼らが求めているものの実現に手を貸せば、彼らはあなたの目標の達成に手を貸してくれるだろう。

リーダーシップのコンバット・モデル

私はここでリーダーシップのモデルを提案しようと思う。モデルとは、現実から抽出した理論的な型である。その型が正確に現実を反映していれば、非常に価値のあるモデルと言うことができる。なぜか? さまざまな状況ごとにいちいち新しいモデルを考える必要がなくなるからである。ひとたび有効であることが確かめられれば、その理論を繰り返し当てはめることができる。

私が提案したいと思っているのは、「リーダーシップのコンバット・モデル」である。なぜコンバット(=戦闘)がモデルになるのか? リーダーにリーダーシップが求められる最も困難な状況が、コンバットであるからである。危険は大きい。目まぐるしく変化する状況と混乱、情報不足によって、まるで先が読めない。置かれた状況や敵の行動によって、とんでもない危険が待ち構えているかもしれない。失敗すれば手痛い打撃を被り、成功すれば報奨が待っている。

こういった多大なリスクにもかかわらず、成功したコンバット・リーダーたちは、部下の士気を保ちながら、重要な目標の達成に向けて彼らを駆り立てる。給与、休暇、あるいは生活保障といった動機づけの手段さえ与えられていないにもかかわらず、である。

コンバット・モデルという言葉には、戸惑いを感じる人がいるかもしれない。リーダーが命令を叫びながら走り回り、部下がひたすら命令に従うというイメージが強いからだろう。しかしはっきり言っておこう。そういうイメージは、コンバット・モデルとは無縁である。トム・ハンクスがジョン・ミラー大尉を演じている『プライベート・ライアン』を見たことのある人なら、部下の尊敬を集めているコンバット・リーダーの姿を思い浮かべることができるだろう。歩兵中隊を率いるミラー大尉は、後に精鋭のレンジャー特殊任務部隊を率いることになる。しかしミラー大尉ほどのリーダーでも、ただ命令を出して従わせればすべてがうまく行くわけではない。人間はそんなものではない。トム・ハンクスはそのあたりを正確に演じ、優れたコンバット・リーダーを私たちに示してくれた。

コンバット・モデルについては第2章でも取り上げる。まずは、戦闘部隊という組織が、恐らく最も厳しい状況下で目標を達成しなければならない人間集団だということを理解してもらいたい。だからこそコンバット・モデルをうまく応用すれば、一般社会におけるさまざまな困難の中でも十分にリーダーシップを発揮できるのである。

ジョン・T・チェイン・ジュニア大将は、戦略空軍総司令部の総司令官だった頃にこう言ったことがある。

「軍事的判断は戦争という霧の中で下される。そのためきわめて重要な決定が不確かな情報に基づいて下される局面も少なくない。死ぬか生きるかがかかっているのに、急いで決断を下さなければならない。もちろん、部下が動揺したり、部隊の統制が乱れないように配慮しなければならないのだから大変である」[3]

たとえ軍隊でなくても、そういった困難な状況の中でリーダーシップを発揮するのが、リーダーの務めというものだ。

フレデリック・J・クリーセンもまた、コンバット・モデルが何であるか分かっていたようだ。第二次世界大戦、朝鮮戦争、ベトナム戦争と彼は長く戦争にかかわってきた。兵卒から始めて四つ星の大将にまでなり、米陸軍、ヨーロッパ軍、そしてNATO中央軍の総司令官を務めた。退役後は経営管理や国防関係の企業その他の組織に勤めた。私も出席していたある会合で、友人がクリーセン大将に、軍の中でのリーダーシップと企業の中でのリーダーシップとの違いについて質問した。クリーセン大将は言った。

「リーダーシップの原則に変わりはない。優れたリーダーに恵まれれば、作戦に成功がもたらされる」[4]

コンバット・モデルを熟知していると思われるもう一人の人物、ジョージ・S・パットン将軍にも登場願おう。パットン将軍は数々の戦闘においてリーダーとしての高い能力を証明した。多くは小さな部隊を指揮し、ときには数十万人規模の大部隊を率いながら、きわめて劣悪な条件下にもかかわらず障害を乗り越えてきた。

第一次世界大戦中には若干二十九歳の大佐として、米国初の戦車群を指揮して戦闘に参加した。戦車は危険な戦場を進む際に兵士を機関銃と大砲から守るにはきわめて有効だったが、外がよく見えないという重大な欠陥を抱えていた。この欠陥を補うため、なんとパットンは歩兵に戦車を援護させつつ部隊を進めたのであった。

彼自身そうやって戦車を援護している時に負傷した。その犠牲を彼は進んで引き受けた。そういったパットンのリーダーシップは彼に名声と報酬だけでなく、戦場における勝利ももたらしたのだ。

パットンはリーダーというものは、部下に不可能をなし遂げさせるものであると理解していた。これは軍隊に限らず民間企業のリーダーについても当てはまる。

数年前の話になるが、カリフォルニア州シェラ・マドレにシェラ・エンジニアリング・カンパニーという会社があった。この社員三百五十人の会社は酸素マスクその他の生命維持装置を軍や航空会社などに供給していた。同社の主たる競争相手は東海岸にあるジェンテクス社で、政府調達獲得をめぐって激しく競り合っていた。

あるとき、パイロットの防護ヘルメットをめぐる特に激しい競争の中で、同社は窮地に立たされた。西海岸の給与水準の高さも災いしていたのだが、何よりも問題なのは、従業員の勤務態度だった。現場から管理職まで自分の仕事しかしなかった。会社が苦境に立たされているとしても、それは自分の問題ではないと思っていたのだ。

突然会社は金詰まりになった。手持ちの資金がなくなり、製品が作れない。給与が払えない。出口を見失った社長は自殺した。そして同社は破産申請を行い、銀行の管理下に置かれた。

銀行は必死になって会社を窮地から救い出せる人物を捜した。最低限の給与でこの仕事を引き受けてくれる奇特な人物がどこかにいないものか。困難な状況をうまく切り抜けられる人物はいないものか。いろいろ捜した結果、アーロン・ブルームという人物を見つけた。彼は数年前に退社した工学担当副社長だった。

ブルームは会社を引き受けた。そして社に残った五十人にも満たない社員を集めて、言い渡した。

「午前八時から午後五時まで、全員が日常業務に就く。秘書であれば秘書の仕事。管理職であれば管理。設計技師であれば設計。そして五時以降は、秘書から私に至るまでラインの製品組立を手伝う。皆さんも私も生産監督者の指示に従う。この仕事に給与の支払いはないが、夕食としてサンドイッチが支給される」

いくつかの質問に答えたブルームは、こう締めくくった。

「優れた製品を適正価格で供給する。それによってシェラ・エンジニアリング・カンパニーを人の命を救う会社にするのだ。そして職場も確保する。やればできる。できると思わなかったら、ここには来ていない」

二年で同社は復調し、さらに業績を伸ばした。活気が甦り、業務遂行に必要な社員定数が満たされ、再び利益が出るようになった。明らかにアーロン・ブルームという男のリーダーシップのおかげで、同社は復活したのであった。

興味深いのは、会社の再起を期して全従業員が必死に働いたことである。五時以降は無報酬で労働を引き受けたのである。

なぜ彼らは破産申請以前に同じ行動をとらなかったのだろうか？　必死に働けば資金不足に陥ることはなかったであろう。解雇者も出さなかっただろう。こんなに厳しい条件で働かざるを得なくなることも、なかったであろう。なぜ三百人が会社を去る必要があったのか？　なぜ三百五十人の社員でできなかったことが五十人でできたのか？

こうした疑問について私はずいぶん考えてある結論に至った。三百五十人の社員は、自分たちにできることを知らなかったのではないか。そういったことに関心さえなかったのではないか。アーロン・ブルームは彼らの潜在能力を目覚めさせ、そこに関心を向けさせた。不可能をなし遂げさせたのである。

ここで元空軍参謀長ロン・フォグルマン大将の言葉を借りよう。

「リーダーはことをなし遂げる人である」

人間の潜在能力を引き出すのがリーダーシップである

リーダーシップをこのように定義してはどうだろうか。部隊であれ、企業であれ、あるいは単に友人たちのサークルであれ、同じことが言えよう。「リーダーシップとは人々を感化して、任務、目的、あるいは事業を達成するための力を最大限に引き出す能力のことである」と。

ただしこの定義は、管理能力については何も述べていないことに注目していただきたい。前述の通り、リーダーシップと管理能力は別物である。人々の潜在能力を最大限に引き出すなどということは、いつでもできることではない。リーダーシップを発揮して初めて可能になる。そのためにはまず、人々の心をつかまなければならない。

優れたリーダーとなるには、まわりの人々の心をつかむ能力が大切である。それができれば立派なリーダーになれるだけでなく、目標や目的を首尾よく達成できるだろう。これまでの例からみても、指導者の力は大したものである。組織の種類や規模、部下の能力、敵の能力などは、人々に能力の自覚を促したり、やるべきことに気づかせる能力に比べれば、二次的なものである。そのためにも、リーダーはまず人々の心をつかんで支持を得なければならない。

リーダーは生まれるのではなく作られるという証拠

皆さんは、「リーダーはリーダーたるべく生まれついた特定の才能がもたらす」という主張を耳にしたことがあるだろう。リーダーたる才能は、恵まれる人もあれば恵まれない人もある。生まれた時にそうした才能を持っていなければ、あきらめるしかないと言うのである。

これはまったく間違っている。確かに持って生まれた才能も重要だろう。バスケットボール選手の才能、ピアニストの才能と同様、リーダーになるのに有利な才能を持って生まれる人も中にはいるだろう。しかし現実には、持って生まれた才能をとやかく言うよりも、持っている能力をどういうふうにして掘り起こし、伸ばすかを考える方がはるかに有益である。

証拠を示してみよう。例えば、身長六フィート（約一メートル八〇センチ）以上の人は、そうでない人より社長になる可能性が高いと主張する研究者がいる。背が高いという生まれつきの素質が、リーダーになる条件の一部だというのだ。このことは「生まれつき」理論の正しさを証明しているように思われるかもしれない。

しかし問題は、あまりに例外が多いということだ。ナポレオンは背が低かった。ガンジーもそうだし、トルーマン大統領も、南北戦争の北軍総司令官グラントもしかり。航空団にいた頃に素晴らしいリーダーシップを発揮し、三つ星の中将にまでなったキーズ大佐も、イスラエル最初の首相デービッド・ベン・グリオンも、彼のもとで活躍したダヤン将軍も、さらには私のウエストポント時代の同級生で最も早く将官になった男も、身長が六フィートに満たなかった。

確かに、湾岸戦争の「デザート・ストーム」作戦を成功に導いたH・ノーマン・シュワルツコフ将軍は、六フィートを上回る大男だ。しかし彼に言わせれば、彼が知るかぎりでは最も優れた司令官の一人は、南ベトナム軍のゴー・クァン・チュオン大佐だという。シュワルツコフはこう言っている。

「彼はいわゆる軍人というタイプには見えなかった。身長がわずか五フィート七インチ（一メートル七三センチ）で、やせぎすで猫背で、頭でっかちで…。それでも彼は将校や部隊から尊敬されていた」[5]

実際に身長が六フィートに満たない社長は何万人もいるし、傑出した軍の指導者も数多い。私の身長が気になる方のために記しておくと、私は六フィートに四インチ（十センチ）足りない。

かつて無能と思われていたヴァンデンバーグ大将

六フィート以上の身長があった人のことを紹介しよう。ただし、あくまで努力してリーダーとなった人の話である。

ホイト・S・ヴァンデンバーグは四つ星の大将となり、空軍の参謀長となった。彼は一風変わったリーダーだった。陸軍第九空軍部（訳注・独立した空軍の設立は一九四七年）を指揮していた第二次世界大戦中に彼は、しばしば指揮下の飛行大隊の基地を訪ねた。あるとき、搭乗員の一人である砲手が完全に神経衰弱になってしまった。「今日は出撃できません」と砲手は叫んだ。「上官殿、今日は飛べません。今日はだめです！」と彼は司令官に言った。

ヴァンデンバーグ大将はこの騒ぎに目をとめた。そして砲手のところへ駆け寄ると肩に手を置いた。「曹長、今日は休んでよろしい。君は今日調子が悪いんだ。私は調子がいい」

こう言い残すとヴァンデンバーグ大将は飛行機に乗り込み、砲手として任務を果たした。陸軍第九空軍部の面々がいたく感動したことは、読者の皆さんにも察しがつくだろう。問題の砲手にも良い刺激があったようで、その後は落伍せず、勤務期間の残りの出撃をすべて完遂した。

ヴァンデンバーグ大将は、生まれつきのリーダーではなかった。私のウエストポント時代の同級生に、テッド・ウェルズという男がいた。彼の父も祖父も、ウエストポイントの出身だった。卒業も間近になった頃、私たちは彼の祖父であるロバート・M・ダンフォード少将に会う機会があった。少将は一九〇四年卒業で、すでに退官してから長かった。

「ビル君、空軍に進まれるそうだね」と彼は言った。

「はい、そのつもりでおります。飛行機乗りになりたいのです」と私は答えた。

「ところで、第一次世界大戦の終戦時にマッカーサー将軍がウエストポイントの校長であられたときに、私は士官候補生の司令官をやっていた。ヴァンデンバーグ大将のことは知っているかね？」

「存じ上げております。十年前に空軍の幕僚長でいらっしゃいました」

「君にヴァンデンバーグ大将についてのとっておきの話を聞かせてあげよう。わしが司令官だった頃、大将は士官学校の新入生だった。ヴァンデンバーグ大将はもう少しで士官学校を放校になりかけたことがある」

「なぜでしょう？」

私が質問すると、ダンフォード将軍はほほえみを浮かべてこう言った。

「リーダーシップの欠如じゃ」

ということはヴァンデンバーグ大将はウェストポイントの新入生だった頃から卒業までに、大きく成長したのであった。彼は生まれつきリーダーとなる素質があったわけではなくて、学習と成長によってリーダーとなったのであった。

待遇を良くしても人々がついてこないのはなぜか？

このことは前にも述べたが、もう一度取り上げておきたい。高い給料とか、肩書きとか、恵まれた職場などといった待遇によって、リーダーが組織を成功に導くわけではない。もちろん、リーダーがナイスガイ（いい男）であるかどうかも関係ない。

ペンシルベニア州西部にオバーグ・インダストリーズという、工具が全資産のような会社があった。社長はドン・オバーグ。「ＩＮＣ」という雑誌はある記事で、彼を「規律王」と呼んだ。

ペンシルベニア州西部は組合活動が非常に活発な地域であった。しかしオバーグ・インダストリーズに組合はなかった。管理職も現場の従業員も、週五十時間労働、昼食時間は十五分という厳しい労働環境のもとで働いていた。

最近の統計によると、こういった町工場のような企業の年間売上高は平均二百万ドル程度だ。ところがオバーグ社では二千七百万ドルを売り上げていた。しかも従業員一人当たりの売上高は平均を三〇％も上回っていた。

なぜこれほどの好業績が上げられたのだろうか？　確かに他社より賃金が高いという理由もあった。しかし、もっと重要なことは、ドン・オバーグが厳しい親方であると同時に、すべての従業員に「オバーグ社で働くことが優れた職人の証である」と思わせるだけの感化力を持っていたことである。そのうえ、すべての従業員が優れた職人になるために、オバーグ自身も全身全霊を傾けて努力していた。だから同社は同業他社の追随を許さなかったのである。そして人々は競って同社に職を求めた。三十人の欠員に対して千六百人の応募が殺到したこともある。待遇がいいから人がついてくるとは限らないのである。[6]

コンバット・モデルについても同じようなことが言える。優れた戦闘集団の多くがエリート部隊であることは、周知の通りである。陸軍のグリーンベレー、レンジャー、海軍のシール特殊部隊、空挺部隊、海兵隊などはいずれもエリート部隊である。

こういった部隊の隊員には特別手当(正式には危険手当)が付くことが多いが、こうした手当が大金であるかのように考えるのは見当違いだ。隊員たちが直面する危険に比べればわずかな金額に過ぎない。そのうえこういった部隊では、一般の軍隊組織よりも昇進が遅い。訓練時間もはるかに長いことが多い。では、なぜ人々はエリート部隊に志願してくるのだろうか? 私は、それだけの誇りを持っているからだと思う。

空軍奇襲隊員であったことの「誇り」

私は東南アジアで紛争が続いていた頃、空軍の奇襲隊員だった。第六〇九空挺奇襲大隊に所属して、夜間にA－29に搭乗し、守りの堅い山岳地帯のトラック部隊を攻撃した。夜間の補給線破壊攻撃に参加して、カルストと呼ばれる丘陵地域の上空を低空飛行したのだが、ここで多くの悲劇が生まれた。敵は小口径のZPUという機関銃から口径三七ミリ、五七ミリ、そして八五ミリの高射砲まで、ありとあらゆる武器を使って対空攻撃してくる。しかも、こちらは一九四四年以来陸軍が使っている旧式飛行機に乗っている。一九六八年だというのに！

第六〇九空挺奇襲大隊はその勇敢な戦闘をたたえられ、大統領部隊表彰状を授与された。この栄誉は、ベトナム戦争を通じて最悪の出撃機損失率という犠牲の上にもたらされたものであった。

それほどまでの危険を冒してまで私たちが出撃したのはなぜか？　「誇りを持っていたから」としか答えようがない。私たちは飛行服に「ニムロッド」であることを示す特別なバッジを着けていた。ニムロッドとは、聖書に出てくる最初の狩人である。ニムロッドのバッジは、出撃が百回を越える者だけに着用が許されていた。しかもすべて夜間出撃である。私たちは誇りを持ってこのバッジを着用していた。

故国へ戻った私は、オハイオ州デイトンにあるライトパターソン空軍基地に配属になった。私は、飛行機の生命維持装置の開発を担当するプログラム・マネジャーとなった。飛行機に乗るのは月に一回、腕が落ちないように操縦桿を握る程度となった。

数カ月後のある日、私が飛行服を着て駐機場へと歩いていると、突然私の前に車が止まった。助手席に奥さんを乗せた将校が叫んだ。

「大尉、ちょっと来てくれませんか?」

私が車に近づくと、将校が名乗った。彼は、私とは別の飛行大隊に所属していて、別のタイプの飛行機に乗っていた。彼は妻の方を向いて私の「ニムロッド」を誇らしげに指さした。

「ほら、君に話したことがあるだろう。これが奇襲隊員だ。彼はニムロッドなんだ」

私は「ニムロッド」であったことをあらためて誇りに思った。

この例でも分かるように、待遇がいいとか、労働条件がいいとか、報酬が高額だということで人々はリーダーの後について行くわけではない。リーダーとしてのツボを心得ていれば、人々はどんなに困難な状況のもとでも、喜んであなたの後について来るだろう。

リーダーとなるための七つの心得

1・どんな組織でも一人の人間が成功と失敗の分かれ目を決定することがある。リーダーとなれば誰でもその一人になれる。

2・驚くべきことに、ほとんどのリーダーが他人の力を借りて成功を手にしている。リーダーシップを発揮すればそれが可能になる。

3・リーダーは管理者である必要はない。昇進を待つ必要もない。いつでもリーダーになるチャンスがある。

4・コンバット・モデルを学べば、どんな条件下でもリーダーとなることができる。戦闘という状況は、リスク、不確実性、困難、結果の重大さという点で、リーダーにとってきわめて過酷な条件を強いるからである。

5・リーダーになるための条件は単純だ。あなたが設定した目標に向かって人々を駆り立て、能力を最大限に発揮させることに尽きる。

6・リーダーは生まれつきではなく、作られるものだ。リーダーになりたければ、技能の習得と同じように学習を通じてその方法論を身につけることができる。

7・待遇を良くしたり労働条件を改善することは、リーダーになるために必ずしも必要ではない。待遇や労働条件にかかわらず、人々のやる気を引き出して最大限の能力を発揮させることができる。

ある集団や組織に何かを達成させたいと思っているのならば、リーダーシップを発揮することが必要だ。そのために必要な技術は比較的単純なものである。第2章では、コンバット・モデルをもとに、優れたリーダーになるための八つの普遍原則について詳しく解説しよう。

第2章

コンバット・モデル
リーダーシップに関する八つの普遍法則

ピーター・ドラッカーは、戦闘におけるリーダーシップについて説いたギリシャの歴史家クセノポンの著作を、現代の経営者たちに推薦した。クセノポンがあらゆる組織のリーダーに必要とされる普遍法則を、戦闘におけるシナリオから導き出した点に、ドラッカーは注目したのである。戦闘という最も過酷な環境下からリーダーシップの普遍的法則が引き出せるのであれば、あらゆる組織のリーダーにとって役に立つことは想像に難くない。生産性は飛躍的に向上し、あらゆる事業について成功の確率は高まるだろう。

コンバット・リーダー調査プロジェクトを開始

本書の初版を読んだバリー・ゴールドウォーターが私に、「すべてのリーダーシップの基礎は誠実さにある」と指摘してくれたことは前述した。私はその通りだと同意し、同時に、こういったリーダーシップの基本的要件があらゆる種類のリーダーに適用できるのかどうかについて思いを巡らした。それが可能ならば、戦争におけるリーダーシップを分析することによって、リーダーシップに関する普遍的な法則を引き出すことができると考えたからである。

そこで私は「コンバット・リーダー調査プロジェクト」に着手した。あらゆる状況におけるリーダーに共通するコンバット・リーダーについての法則を探ることにしたのである。

基本的な調査方法は、二百人以上のコンバット・リーダー経験者への調査書送付と、何百人もの人々への取材であった。なかでも私は除隊後に実業界や民間組織で成功した人々に重点を置いた。最初の段階で集まった回答の中には、元将軍や元大将からの回答が六十二通もあった。私はこれらの優れたリーダーたちに、「戦闘におけるリーダーシップから何を学んだのか？」「どういう戦術を使ったのか？」と尋ねた。リーダーシップのスタイルの大切さ、リーダーが取るべき最も大切な行動についても尋ねた。さらに、こうした法則を民間人としての経歴に生かすことができたのかどうかを尋ねた。回答者にポイントを絞ってもらうために、最も重要な三つの法則は何だと思うかと私は彼らに問いかけた。

回答を見ると、あらゆるタイプの組織において生産性を大きく向上させ、並みはずれた成功を収めたリーダーは、いくつかの普遍的法則を守っていたことが明らかだった。リーダーシップとしての行動はすべて、この基本法則から導き出されていたのである。

多くの回答者が三つ以上の法則を挙げていたので、当初私は、百科事典のようにありとあらゆるものが並んでいるものと思った。傑出した歴史的軍事的指導者であるナポレオンは、戦争の進め方について百十五の箴言を書いた。一人の人間が百十五の箴言を思い浮かべることができるのであれば、こんなに多くの回答を分析し、作表したとしたら、何百もの法則が並んでしまうのでないのだろうかと心配になった。

しかし、驚いたことに私が受け取った回答の九五％は、わずか八つの法則に要約することができた。そして、これら八つの法則はどれも重要であった。成功したリーダーたちは、この八つの法則の一つまたはいくつかを生かして、軍民を問わず素晴らしい業績を上げていた。

メモや手紙を付けて私のプロジェクトに賛意を表明してくれた人が、少なからずあった。彼らはリーダーの法則を学ぶにあたり血の代償を払ってきたからこそ、それらを広く社会に知らしめたいと感じたに違いない。

調査の後半で私は、何人かのベテラン実業家を取材し、彼らがとった行動と企業の状況を調べた。彼らの中には、戦闘経験者も、非経験者も含まれていた。長年のうちに彼らなりにリーダーシップの法則をつかんでいる人もいた。内容に多少の異同があっても、調査ですでに浮かび上がった八つの法則は、必ずそこに含まれていた。

調査を進めるに当たって私は、調査対象者の経歴も調べた。のべ七千年分もの経歴書は、私が抽出した法則の正しさを十分裏付けるものだろう。

リーダーシップに関する八つの普遍法則

調査の結果いよいよ確信を深めた私は、これらの法則を「リーダーシップに関する八つの普遍法則」と名付けることにした。そしてこの調査結果をかなり詳しく『The Stuff of Heroes :The Eight Universal Laws of Leadership』に収録した。本書で取り上げている概念や技術はすべてこの法則に基礎を置いているという意味で、非常に重要であるので、ここで列挙しよう。

1．清廉潔白であるべし。
2．仕事に精通すべし。
3．見通しを知らしむべし。
4．並みはずれた献身ぶりを発揮すべし。
5．前向きの見通しを持つべし。
6．部下の面倒を見るべし。
7．己を捨てて義務を果たすべし。
8．先頭に立つべし。

では、それぞれについて見てみよう。

1・清廉潔白であるべし

八つの普遍法則にはこれといった優先順位があるわけではないが、非常に多くの回答者がこの「清廉潔白さ」を第一に挙げたことは確かである。

リーダーと部下との間に基本的な信頼関係がなければリーダーは常に疑いの目を向けられるだろうし、たとえ他の七つの法則を踏まえていたとしても困難な立場に立たされるであろうことを、多くの回答者が指摘した。清廉潔白とは、行いが正しいことである。行いの正しさに疑念を持たれてしまうと、組織にとっても、事業にとってもひどく困ったことが起きるのだ。

シュワルツコフ将軍、品格について語る

ウエストポイントで私たちは、軍人にとって品格が最も重要であることを一番初めに教えられた。私が新入生だった時に最上級生(四年生)だったH・ノーマン・シュワルツコフ将軍も、「最初の数週間に私たちが叩き込まれたもっとも重要な課題は、軍人作法だった」と述べている。

彼はその自伝『It Doesn't Take a Hero』の中で、彼がウエストポインの新入生だった時に遭遇した四年生のことを取り上げている。

兵舎の近くでパレードがあった。たまたま建物の反対側の部屋をあてがわれていた同級生が、シュワルツコフの部屋の窓から見物させてくれないかと彼に頼んだ。それは校則違反の行為であったが、シュワルツコフは答えた。

「君自身の問題です。私は構いません」

パレードが終わると、ある四年生が部屋に飛び込んで来た。この四年生はかねがねシュワルツコフが気に入らなくて、そのことを公然と言い放っていた。「できることならウエストポイントから彼を追い出したいくらいだ」などと言っていたのだ。

この四年生が彼に気をつけをさせ、パレードを窓から眺めたことを口を極めて非難した。シュワルツコフは以下のように書いている。

「先輩、ショーは見ておりません」

「その椅子の上に立っているのを見たぞ！　なめるんじゃない！」

「先輩、ショーは見ておりません」

「本当か？」

「本当です、先輩」

「分かった」と彼は言って部屋を出て行った。

シュワルツコフはこのことを振り返って、次のように記している。

「それでこの件は終わりとなった。軍人作法が定められているので、どんなに私のことが気に入らなくても、彼には私の言葉を受け入れるほかはなかった。また実際に窓から見物した生徒のことを報告する義務は、私にはなかった。規則違反ではあっても、軍人作法に反してはいなかったからである」[1]

ウソをつきさえしなければ清廉潔白だというわけではない。行いの正しさがなければならない。

パウエル将軍、ベトナム戦争での敗北を語る

軍事専門家の間では、米国がベトナムで戦闘に負けたことがない点については異論がない。ではどうして敗北したのか？ 部隊は果敢に戦った。しかし私たちはやるべきではないことを、やっていた。「良い戦争」とか「悪い戦争」ということを言っているのではない。戦闘を経験した人ならば、良い戦争などあり得ないことを知っている。負けるわけにはいかないので戦うしかないのが戦争というものだ。ベトナムで戦うべきだったかどうかは別として、敗北したのは戦略的な意味で間違いを犯したからだ。その間違いは、清廉潔白さの問題に結びつけることができる。コリン・パウエル将軍は次のように語っている。

「上級将校たちは、戦争が行き詰まっていることを認識していた。にもかかわらず彼らは集団思考に流されて現実を見ようとせず、ボディカウント（敵の死体を数え上げる作業）に没頭し、集落確保の幻想から目が覚めず、架空の戦果に酔いしれていた。組織として軍は政府にありのままを報告できなくなっていた。軍の最高指導部が国防長官なり大統領のところへ行って、『今のような戦争の進め方では勝利が見えてこない』と直言することが、一度もなかった」[2]

ウソをつかないことは意味があるのか？

大方の予想を裏切って、リーダーが清廉潔白さを貫き通したお陰で成功を手にした組織は、これまでにいくつか存在する。

数十億ドルの規模を誇る通販大手ランズエンド社は、数年前に窮地に立たされたことがある。郵便料金の大幅引き上げがあった時に、運悪く紙の値段が倍になり、しかも衣料品がさっぱり売れなくなった。その結果、その年の第3四半期の利益が六割減少し、回復の兆しは見えなかった。当時のCEO、三十四歳のマイケル・J・スミスに人々は人減らしを進言した。そうすれば損益の帳尻が改善され、株価が上がり、株主たちは満足するはずだった。

しかしスミスはそれを潔しとしなかった。状況が悪いからといって社員の首を切ることは、たとえ社の業績が持ち直すにせよ、人間としてすべきではないと考えた。反対に彼は、パート従業員にもヘルスケア受給資格を与えるなど福利厚生制度を充実させた。結局、頑として一人もレイオフしなかった。

「搾取されていると感じている人は、お客さんをお客さんとして扱えるはずがない」とスミスは説明する。その結果、翌年の第1四半期の売上高は前年同期比二・三％増、利益は三倍以上に膨らみ四百四十万ドルに達した。同社の株価は八五％上昇した。[3]（残念ながらこの好業績は長続きしなかった。四年後には競争激化などの問題により再び売り上げが減少し、スミスは辞任を求められた）。

フォーグルマン将軍が幹部候補生に語ったこと

ロン・フォーグルマン将軍は、空軍参謀長時代に母校（空軍士官学校）を訪ね、幹部候補生たちに次のように語った。

「私たちは清廉潔白さと規律正しさの積み重ねによって、国民と部隊の尊敬と信頼を獲得し、維持する。将校たるものは、ひたすら清廉潔白たるべく努めるべきである。公私にわたって、行いを正しくすべきである。そして各自が下した決断には責任を引き受ける勇気を持つべきである[4]」

フォーグルマン将軍は、ベトナム戦争で過ちを犯した将軍たちとは異なっていた。彼は、部下が国防長官のスケープゴートにされていると感じた時には、意見の食い違う上級将校にははっきりと解任を求めた。

たとえ戦いにおいて敗北を喫するにしても、清廉潔白さを貫くリーダーは、部下を統率するという任務を完遂できる。スミスやロバーツやフォーグルマンのようなリーダーであれば、部下はついて来る。反対に清廉潔白さが維持できないリーダーは、どんなに高い能力やすばらしい功績があっても信頼を獲得できない。

孔子も言っている。

「人は結局、本能的に正しさが感じ取れるような事業しか支持しないからである」[5]

2・仕事に精通すべし

部下というものは、リーダーが出世の政治学に精通しているか、あるいは出世の手引きをしてもらえるのか、ということに実は関心がない。「目の前の」任務についてどれだけ精通しているかを知りたがるものである。

カールトン・「カーリー」・フィオリーナは、アメリカでも指折りの実業家である。一九九九年の夏に彼女はヒューレット・パッカード社のCEOに就任した。弱冠四四歳にして、この超優良企業の最初の女性経営者となったのだ。彼女はインベスターズ・ビジネス・デイリー紙に、「次の仕事に目を奪われるあまり可能性がついえてしまう人々を、私は数多く見てきた」[6]と語った。

世の中には、成功がたやすく訪れるものと誤解している人々がいるものだ。彼らは、そうならないと政治や悪意のある人物のせいにするのだ。しばしば若い企業家の成功例を持ち出す彼らは、さしたる知識や努力を必要とせずに、出世の政治学やコネや単なる幸運が成功をもたらしたものだと考えているらしい。

ビル・ゲイツが全米一の金持ちになった理由

次の指摘も真実とはかけ離れている。ある人は言った。

「ビル・ゲイツを見ろ。彼は全米一の金持ちだ。大学すら出ていない。何の知識もないはずなのに」

確かにビル・ゲイツは大学を出ていない。しかし彼は独自にパソコンを開発し、高校在学中に起業した。その後もたゆまぬ研究を続け、経験も積んだ。すべての時間を事業に捧げるために、一年生の時に大学を中退したのだ。彼にとって大切な仕事の領域では、彼は十分な知識を持っていた。

スティーブン・スピルバーグはすぐに成功したか？

多くの人がスティーブン・スピルバーグは「すぐに成功した」例の一つだと考えている。これには、本人は同意できないだろう。十代になったばかりで近くの映画館に自分の作品を売り込んだという逸話はあるが、それが興行的な成功を意味するわけではない。彼はその後も独力で映画の勉強を続け、腕を磨いた。その甲斐あって、二十代になると映画作りに精通していた。だからこそ、『ジョーズ』や『未知との遭遇』、『シンドラーのリスト』や『プライベート・ライアン』といった大作を「たちまちのうちに」監督し、大儲けできたのだ。

3・見通しを知らしむべし

この普遍法則には、計画立案、目標設定、そして伝達という要素が含まれている（詳しくは後の章で取り上げる）。

第一次世界大戦において准将だったダグラス・マッカーサーは、ある重要な進攻の先導役となる大隊と共に塹壕で待機していた。この大隊には戦闘経験がなく、若い大隊長が神経質になっているのが彼には分かった。

マッカーサーは大隊長を呼んで言った。

「少佐、出撃の号令がかかったら部下より先に君が出て行き給え。そうすれば大隊はついて来る。部下は君のリーダーシップも、君の勇気も確信するようになるだろう」

司令官が正面からの攻撃に際して先頭に立つことは、普通はやらない。戦術教本によれば、大隊長は、先陣を切る中隊の後について行くものとされている。そうすれば敵の攻撃で負傷する可能性が低くなり、その後の攻撃の指揮をとる上で好都合とされていた。けれどもマッカーサーはときには規則を破ることが正しい場合があり、まさに今がそれに当たると判断したのである。

「これは命令ではない」

マッカーサーは続けた。

「大隊の先頭に立てばドイツ兵の銃はすべて君を狙うだろう。非常に危険で、大変な勇気を必要とすることだ。しかしあえてその危険を引き受ければ、殊勲十字章は確実だ。私が保証する」

彼はしばらくこの少佐を凝視してから、言った。

「引き受けてもらえるようだね。それでは今ここで殊勲十字章を差し上げよう」

こう言いながらマッカーサーは自分の制服から殊勲十字章を外し、少佐の制服にそれを着けた。

さて、出撃の号令がかかった時にどうなっただろう? もうお分かりだろう。正式に授与されたものではないとはいえ、誇らしげに殊勲十字章を着けた少佐は、部隊の先頭を切って突撃した。そしてマッカーサーが予想した通り、部隊はその後に続き、敵地を奪い取ることに成功したのである。[7]

ここで見落としてはならないのは、マッカーサーは少佐の任務と予測される危険を述べているだけで、直接的な命令は避けている点である。むしろ、命令しているわけではないとわざわざ自分から明言している。

空軍士官学校の卒業生が成功させたスパ事業

空軍士官学校の卒業生ジョー・ウォンは、見通しをはっきり語ることが産業界でも役に立つことに気がついた。空軍を退役したジョーは、航空産業界に職を求める前に妻が事業を始めるのを手伝うことにした。ジョーは妻ティナと共に豪華なスパ施設を作り、社名を「アマデウス・スパ・インク」とした。

ジョーは言う。

「私が空軍士官学校で学んだのは、リーダーシップと有能なチームの育て方だった。私はそれを生かして社員に私の構想を伝え、会社全体の中で彼らがどういう位置を占めるのかを示した。スパ施設を成功させるにはどういうことが必要なのかを社員に教えることに成功すれば、彼らを頼もしい味方にすることができることを、私は学んだ」

この業界では、社員の入れ替わりサイクルは平均八カ月だが、同社の三十五人からなる幹部社員の入れ替わりサイクルは八年から九年だった。今では年間売上高が四百万ドル近く。結局ジョーは社長になり、予定していた航空産業でのポストにはついに就かなかった。

ある時やっかいなことが起きた。立ち退きを迫られ、裁判沙汰にまでなった。既に彼らは施設の工事に三十万ドルを注ぎ込んでいた。この問題を自分の胸にしまっておくのではなく、彼は状況を説明するために社員説明会を開き、今後の見通しについて語った。

ジョーは振り返る。

「ある社員が立ち上がって『私にとっては今置かれている状況は問題ではない。力を合わせて頑張れる限りは、どんなことでもできるはずです』と発言した時のことを、私は決して忘れないだろう。私にとっては本当に大きな意味があった。チームがそこまで育ったことが確信できたのだ」

ジョーは移転によって売り上げが一〇%から二〇%減ることを予定に入れていた。しかし状況をよく説明し、将来の見通しを全員に示しておいたので、移転による休業はわずか二日で済んだ。しかも売り上げは減少するどころか、すぐに三〇%も増加したのであった。[8]

4・並み外れた献身ぶりを発揮すべし

並み外れた献身ぶりを発揮するためには、リスクを引き受ける覚悟が必要だ。「根性なしに栄光なし」ということわざを聞いたことがあるのではないだろうか。ボディビルに励む人のための格言、「苦労なくして得るものなし」のようなものである。まず最悪の場合にどういうことが起きるかを考え、それを覚悟し、そして突き進むのである。

政府から大きな仕事を獲得した小さな会社

ある小さな会社が、陸軍へガスマスクを納入する仕事に参入しようと何年も前から苦労していた。この市場は、同社の五十倍の規模を持ち何百人もの技術者を擁するライバル会社が、三十五年前から独占していた。一方、この小さな会社はガスマスクを一度も受注したことがなく、わずか五人の技術者しかいなかった。この二社の違いといえば、リーダーシップのあり方だった。

この小さな会社には責任感の強いリーダーがいた。不可能なことを可能にすることが、自分の会社にはできると確信していた。二百万ドルのガスマスク納入契約を獲得するためならば、たとえその他のチャンスや世間の評判を失うリスクがあっても、やってみる意欲があった。ちなみに、過去に同社が入札で獲得した最大の契約は二十万ドルに過ぎなかった。

彼は社長と五人の技術者たちを説得し、みんな必死に働いた。ガスマスクの開発に関することは、思いつく限り何でもやってみた。セールスの交渉のために国中を駆け巡った。そしてついに入札の日がやってきた。彼らに提示できるぎりぎりの入札価格で臨んだ。ところが、不運なことに、政府は予算の関係でガスマスクの調達を一年先送りしたのである。

両社とももう一度研究し直して、改めて入札することになった。小さな会社は、リスクを承知で、もう一度挑戦することにした。結果的には、研究開発期間の延長により、技術的な不安がなくなり、技術者たちはもはや勝利を確信して疑わなくなった。そして、一年後に入札した彼らは、見事落札した。この納入契約一件だけで、年間数百万ドルの売り上げを確保するとともに、同社は新しい分野への進出も果たした。この素晴らしい成果は、一人のリーダーシップの賜物だった。「根性なしに栄光なし」である。

5・前向きの見通しを持つべし

目標が高ければ高いほど、大きな成功を達成できる——。私はこのことを改めて証明するために、私が教授をしている大学の学生たちに、価格設定の調査に参加してもらった。

コンピューターの最適な購入価格は?

ある学生グループに次のような秘密の情報を与える。

あなたの会社は業務用コンピューターシステムのメーカーである。昨日あなたはトップから緊急通告を受けた。そこには、旧式のXC-1000を即刻処分しなければならないと記されていた。

これは不正アクセスを防ぐ機能の付加を義務付ける法律が施行されたのに伴う措置だった。XC-1000は不正アクセス防止機能を備えていないうえ、改良を加えることができない。法律では、このようなコンピューターは、四月四日以降は販売できない。今日は四月二日である。本日中に売却できなければ、どんな値段であっても譲渡できなくなる。

幸いXC-1000の在庫は一基のみである。実は過去三年間にこのモデルは1基も売れていない。今朝あなたのアシスタントがアクメ・ジャンク・カンパニー社と連絡を取った。同社はこのXC-1

000を引き取って溶融し、スクラップとして売却できる。その場合、あなたの会社は何の費用も負担しなくてよい。

ところが、最終契約の直前に、コンソリデーティッド・アンリミテッド社から電話が入った。XC-1000を急いで購入したいので、この件について明日、同社の経営情報システム部長があなたに会いたいという。あなたは彼に、在庫が一基あり、値段は交渉可能であると伝えた。そしてアクメ社との契約を少し遅らせて、この交渉に備えて準備を始めた。

こうした条件のもとで、学生たちに以下の質問を与えた。時間は三十分。自分のグループ以外には情報を絶対に漏らしてはならないという条件だ。

問一　XC-1000をいくらで売れると思うか？　またその理由は？
問二　受け入れ可能な最低価格はいくらか？　またその理由は？
問三　明日の交渉に臨むあなたの戦略は何か？

次に私は、別の学生グループを、購入者として指名する。彼らにも以下の秘密の情報が与えられる。

数年前にあなたはコンソリデーティッド・アンリミテッド社の経営情報システム部長になった。この会社は銅管を作っている小さな会社だ。あなたが最初にやるべき仕事のひとつは、XC-1000の購入である。このコンピューターの魅力のひとつはメンテナンスの必要がなく、動作不良に対しては購入から三年間の返金保証が付いていることだった。実際三年と一カ月間、このコンピューターは素晴らしい性能を発揮した。ところが今朝になって、このXC－1000が全く動作しなくなった。

あなたが最初にとった行動の一つは、同じ機能を持つ新型機をアシスタントに探させることだった。具合の悪いことに、あなたの会社は規模の拡大に合わせてあらゆる業務がXC－1000に沿って構築されていた。従って選択の幅は限られている。XC－1000が入手できない場合の代替機種で、最も安いものは五万ドルである。

あなたはXC－1000を購入したことが分かっている国中の会社に、「ひょっとすると…」と思いながら電話する。しかし、ほとんどの会社がとっくの昔に買い替えていることが分かった。中古品を購入することには少し不安があった。どれも三年以上使っているので保証が切れていたからだ。

困ったことになっていることを知らせるために社長に電話した。しかし社長は「XC－1000の新品を購入せよ」としか言わない。あなたは製造元に電話してXC－1000を急きょ購入したい旨を伝え、担当者と明日会う約束を取りつけた。価格を尋ねると、在庫は一基しかなく値段は交渉可能だという。そこであなたは交渉に臨む準備を始めた。

この購入者グループには、以下の質問を与えた。時間は同じく三十分。もちろん、自分のグループ以外に情報を漏らしてはならない。

問一　XC－1000にいくら出すことになると思うか？　またその理由は？
問二　支払い可能な最高価格はいくらか？　またその理由は？
問三　明日の交渉に臨むあなたの戦略は何か？

この状況に置かれた両グループとも、同じ問題を抱えていることに注目しなければならない。売り手は、このコンピューターを売らなければ何も手元に残らない。スクラップ業者はただでそれを引き取る。買い手は、このコンピューターを買わなければ、代替機を手に入れるために五万ドルを払わなければならない。

通常は無料から五万ドルまで、その中間のある価格で取り引きは成立するはずだ。適正価格を計算するなら、ちょうど真ん中の価格を考えることに異論はないだろう。つまり二万五千ドルである。しかし、相手側が知っている情報を互いに知らないという事情を忘れてはならない。それぞれ自社側の事情は分かっていても、相手側の抱えている問題は知らないのである。

高い目標を持てば有利な価格で購入できる

同様の実験をいくつものグループに対して行った結果、実に興味深い事実が分かった。売り手、買い手ともに、無料から五万ドルの間で、実にまちまちな価格が出てくることである。条件は同じであるにもかかわらず、である。

こう書いているところへ、ちょうどテキサス農業工業大学のスティーブン・W・マクダニエル教授からの手紙が届いた。同教授にも同じ実験を行ってもらったところ、契約価格は三千ドル、一万ドル、二千五百ドルとばらつき、四番目のチームでは、信じられないことに五万五千ドルで売買したという。代替機の価格五万ドルを越えているではないか！

こういった実験を経験することによって、学生たちはある製品を売るといってもいろいろな価格があり得ることを学ぶ。いくつもの適正価格があって、それぞれに顧客を満足させることができるのである。

この実験はまた、より重要な事実を裏付けている。各グループには事前に目標とする契約価格を提示してもらっていたのだが、目標価格と決定価格の間には直接的な関係があることが分かった。最も高く目標を設定したチームが、最も有利な価格を獲得していたのだ。売る側であろうと買う側であろうと、「獲得できる」と前向きの見通しを信じる限り、それが実現するということなのである。

ルメイ将軍が掲げた高い目標

デービッド・C・ジョーンズ将軍は軍人として素晴らしい経歴の持ち主で、空軍参謀長、また後に統合参謀本部議長を務めた。そのジョーンズ将軍が、もう一人の空軍参謀長であり、戦略空軍総司令部を育て上げた功労者でもあるカーティス・ルメイ将軍の言葉を引いて、目標設定に関するリーダーシップについて語ったことがある。

「ルメイ将軍は総司令部に非常に高い基準を与えた。そして全員がこの基準を満たすことを、強く求めた。ルメイ将軍は戦略空軍総司令部の半数以上が常に即応非常待機態勢にあるようにすると、言い渡したのだ。そんなことは実行不可能だと言う者が何人もいた。しかし彼らは間違っていた。ルメイ将軍のリーダーシップの下で、安全性、作業効率、そして即応性が例を見ないほどの高レベルに達したのである[9]」

「攻めの目標」で窮地を脱したハーパー・コリンズ社

ニューヨークの大手出版社、ハーパー・コリンズ社はかつて、二億七千万ドルもの負債を抱えて業績不振に陥ったことがある。利益は八割落ち、同社の倉庫は売れない本でぎっしりになった。

思い切ったレイオフを実行した。さらに百六件の出版契約を反古にするという前例のない手段も行うなど、経費削減を進めたが、多くの専門家は身売りしなければ立ち直れないだろうと考えていた。

そこへジェーン・フリードマンという新しいCEOが登場した。多くの幹部が解任を言い渡されるだろうと覚悟していたが、意外にも彼女の口調は明るかった。攻めの目標を語り、前向きの見通しを示した。そして「私は将来を楽観しています」と語った。

それから一年もしないうちに、売り上げは三倍になり、わずか一・六%にまで落ち込んでいた営業利益は、七・一%に上昇した。「ビジネスウィーク」誌は指摘している。

「全般的に暗い話ばかりの出版業界の中でハーパー・コリンズ社の例は、貴重な明るい話題である」[10]

もちろん、経費削減などの企業努力は欠かせないが、トップが前向きの見通しを語ることができれば、それが現実となる可能性が高まる。勝利者となるのは、常に最も高い目標を持ち、最も前向きの見通しを持つ人々なのである。

第二次世界大戦におけるチャーチル英首相

組織が前向きの見通しを持つには、当然のことながら、リーダー自身が積極的な態度を示し続けなければならない。その好例を、第二次世界大戦中のイギリスとウィンストン・チャーチル首相の関係にみることができる。

既にフランスが降伏し、アメリカがまだ参戦を決める以前、イギリスは孤立していた。非常に厳しい戦況ではあったが、チャーチルは常に積極的な態度を貫き、イギリスは何とか持ちこたえることができた。リーダーの積極的な態度が勝利への道を切り開いたのだ。

ウェイン・ダイアー博士の前向きな思考

さて、ここに興味深い学説がある。私たち人間は、置かれた状況にかかわらず、ある程度自分の気分をコントロールし、積極的な態度を維持できるというのだ。『Your Erroneous Zones』などの著書で知られる心理学者ウェイン・ダイアー博士は、「大切なのは事象ではない。むしろ事象をどのように捉え、どのように解釈するかが大切なのである」と指摘している。

私たちは自分の気持ちをコントロールできる――。ここでそれを実証してみよう。次の文章を読んで、指示に従っていただきたい。

今どこにいるとしても、できるだけリラックスしていただきたい。できればしばらく目を閉じて、さらにリラックスしていただきたい。

さて、誰かがドアをノックした。あなたあての速達である。聞いたこともない遠縁のおじさんが死んだという。あなたはただ一人の遺族で、おじさんは遺言で全財産をあなたに譲った。その額は税金を差し引いても百万ドルに達するという。条件は何もない。このお金をどうしようと、あなたの自由である。ヨットだろうが、高級車であろうが、買いたいのなら買えばよい。世界旅行に出発してもよい。希望するなら、全部または一部を慈善事業に寄付してもよい。これまでやりたいと思っていたことの多くが、実行できるのだ。

リラックスして目を閉じたまま、この百万ドルでできることをいろいろと想像してみよう。念願の長期休暇を今すぐ取ろうか？　多くの人の役に立てるはずの慈善事業に寄付するか？　気になっていた新しいスポーツカーやあこがれのマンションを購入するか？　子供たちを一流私立校に送り込むか？　お金で買えるものは何でも手に入るのである。少なくとも空想の中では、税金のかからない百万ドルの小切手を確かに受け取ったばかりなのだから。

百万ドルでできることをすべて頭の中に思い描いてみよう。それによって味わう喜びと満足感も、頭の中に思い描いてみよう。そしてゆっくり目を開けたら、自分の気持ちを注意深く観察してもらいたい。不思議なことに、ゆとりと幸福感が強まっているのではないだろうか。現実には何も変わっていないのに。いったい何が起きたのだろうか？

実は、この実験であなたが経験したのは、心理的な変化だけではない。生理学的な変化も経験しているのだ。

不治の病を克服したノーマン・カズンズ

ノーマン・カズンズは『Anatomy of an Illness』という本の中で、こうした生理学的効果が病気の治療にも威力を発揮することを明らかにしている。カズンズ自身も、不治の病を克服した経験の持ち主だ。一体どんな方法で病気を治したのだろうか？

カズンズはホテルの一室に閉じこもり、お気に入りのドタバタコメディー『三ばか大将』のビデオを繰り返し見たのである。彼は笑いころげた。気がつくと病気の痛みはあるにもかかわらず、何時間もビデオを見続けることによって、くよくよしなくなり、痛みが薄れるにつれて長く眠れるようになった。少しずつ身体が持ち直してきた。やがて、あり得ないことが起きた。自然に治ったのである。

ノーマン・カズンズは「サタデーレビュー」誌の編集者だった。彼はこの経験をもとに著述に励み、講演でも語り始めた。新たな心理療法に光を当てた功績を買われて、彼は医者でもないのに、権威あるカリフォルニア大学ロサンゼルス校（ＵＣＬＡ）医学部に迎えられた。

カズンズの心理療法の秘訣は何なのだろうか？　何年か前に、彼が私の大学で卒業式のスピーチをするのを聞く機会があった。「私たちの身体には完全な薬局が備わっているのです」と彼は主張した。「皆さんの身体の中に、どんな病気でも治せる、世界で最も強力な薬が用意されています。しかしこの薬は、前向きの思考とユーモアを持って初めて引き出すことができるのです」

身体を治すための薬はすべて自分の体の中にある――カズンズはこの点に着目した。そして、必要な薬を引き出すためには精神をコントロールする技術が必要であることを発見した。そのポイントは、先の百万ドルの実験で行ったように「前向きな気持ちになること」にほかならない。

「エンドルフィン」を活用して組織を勝利に導く

もうお気づきの方もいると思うが、先の実験で引き出した薬とは、脳内伝達物質「エンドルフィン」

である。自らの気持ちを操作して何か素晴らしいことを思い描くことによって、脳内にエンドルフィンが放出され、幸福感が高まったのである。百万ドルを受け取っていないという事実は、ここでは重要なことではない。重要なのは、「百万ドルを受け取って幸福になる」ことを聴覚的にも、視覚的にも経験したことである。その結果としてエンドルフィンが放出された。ものの見え方が変わり、より積極的な態度が取れるようになった。この積極的な姿勢は、現実に身の回りで起きていることに関係なく持続するのだ。

科学者たちはエンドルフィンに関して、興味深い実験をいくつか行っている。おそらく読者の皆さんは「プラシーボ効果」という言葉を聞いたことがあるだろう。プラシーボ効果とは、実際には効くはずがない薬なのに、効くと信じている患者に投与すると、本物の薬と同じように効いてしまう現象である。

一部の科学者は、プラシーボ効果はエンドルフィンの放出に関係があるという説を唱えるようになった。その根拠となる調査は、しつこい頭痛に悩まされている人々を対象にしたものだった。

彼らは、被験者を三つの集団に分けた。そしてすべての被験者に、効くかどうか確かめたい頭痛薬があることを伝えた。ただし、三つの集団のうち実際にこの頭痛薬を与えられたのは、一つの集団だけである。第二集団と第三集団には、プラシーボ（偽薬）が与えられた。第二集団のカプセルに入っていたのは、ただの水道水。第三集団のカプセルにも水道水が入っていたが、その中には、エンドルフィンが血液中に放出されるのを阻害する物質が含まれていた。

実験の結果、第一集団と第二集団の患者は頭痛が軽減したが、軽減の程度にはあまり差がなかった。しかしエンドルフィンの放出を妨げられた第三集団は、頭痛が軽減されなかった。つまり、エンドルフィンの放出が、第二集団と第三集団のプラシーボ効果に明らかな差をもたらしたのである。

『The Psychology of Winning』などの著者として知られる心理学者デニス・ウェイトリー博士は、海軍士官学校の卒業生で、航空アクロバットチーム「ブルーエンジェルズ」のメンバーでもあった人物だ。彼は冗談交じりにこう語っている。

「『いつもテンションが高いのは薬を使っているからなのか?』と聞かれたら、『そう、エンドルフィンをね』と答えればよい。そうすれば友人たちはこう言うかもしれない。『やっぱり! クスリをやってると思っていたよ』と」

6・部下の面倒を見るべし

部下の面倒を見れば部下が面倒を見てくれると、軍隊では昔から言われてきた。忠誠というのは双方向性のものであることを、この格言は表している。人の利害を無視すれば、自分の利害を考えてもらえるわけがない。あなたがリーダーならば、部下の面倒を見るべし。これに尽きる。

実は私は、湾岸戦争の英雄であるシュワルツコフ将軍が、将校たちに対してあまりに要求が高く、厳しすぎるという批判の声を耳にしてきた。しかし、彼が自分の部隊の面倒を見るのを怠ったという声は、一度も、断じて一度も聞いたことがない。

ジャーナリストのジャック・アンダーソンとデール・ヴァン・アタは、一九九一年にシュワルツコフに関する綿密な著作をまとめた。そこには、第二四歩兵（機甲化）師団の司令官だったシュワルツコフが、兵士たちのためにいかなる努力も惜しまなかった事実が書き記されている。

「シュワルツコフは第二四師団の兵士に地獄の訓練を課したが、彼らの処遇に関しては常に心を砕いていた。スチュアート要塞において彼の下で任務についた部隊は、〝兵士の中の兵士〟として彼を記憶している。彼はいつも兵士たちの生活をより良いものにしようと努力していた[11]」

この師団は後に、イラク軍を攻撃するシュワルツコフ軍団の一翼を担った。「砂漠の嵐」から「砂漠の盾」に至るまでの作戦で彼の下にいた上級指揮官は、ほとんどすべてが後に昇進したことも指摘しておきたい。

フェデックス社を築いた元海兵隊大尉

フレデリック・W・スミスはフェデックス社の会長兼CEOで、創立者でもある。スミスはまた、ベトナム戦争で何回も作戦に参加した海兵隊大尉でもあった。スミス大尉の言葉に耳を傾けてみよう。

「私が海兵隊で学んだリーダーシップに関する原則の中で最も重要なものは、高度の実績主義に貫かれている組織の中で部隊の面倒を見ることだった。海兵隊ではこのことがリーダーに強く求められていた。退官後にフェデックス社を育て上げる中でも、私にとってこの原則は測り知れない重要性を持ち続けた。…要するにフェデックス社の成功は、この単純な原則のおかげなのである」[12]

スターバックスのシュルツは社員に心血を注いだ

ハワード・シュルツはスターバックス社を引き継ぎCEOとなり、同社をシアトルの小さなコーヒー店チェーンから世界規模の大会社に育て上げた。シュルツは言う。

「私たちが何よりも優先したのは、従業員の面倒を見ることでした。私たちの情熱をお客様に伝えるのは、まさに彼らだからです。彼らの面倒を十分に見れば、次に大切な課題―お客様の面倒を見ることもできたようなものです。この二つの目標を達成できて初めて、株主に長期間にわたって安定した価値を提供できるのです」

シュルツは言うだけでなく実行している。スターバックスは、充実した研修制度、ストックオプション、ヘルスケア、さらには商品の割引制度など、総合的な社員特典を用意している。しかも正社員からパートまですべての従業員がその特典を受けられる。「特典はみんなに提供しなければならない」[13]と、シュルツは強調している。

アメリカで成功した実業家の中には、同じように考えている人も少なくない。世界最大規模のホテルチェーンの創業者J・W・マリオットも、シュルツと同様に単純な信念を信奉している。「私たちは社員の面倒を見る。そして彼らがお客様の面倒を見る」

7・己を捨てて義務を果たすべし

リーダーには、任務を遂行することと部下の面倒を見ることの両方が求められる。普通は任務が優先であるが、部下の面倒を見なければ任務の遂行がおぼつかなくなる場合もある。

ところが戦闘中の指揮官の中には、そのことを忘れてしまう者がいる。部下がいなければ任務の遂行が不可能であるにもかかわらず、命を預かっている兵士、水兵、空士、そして海兵隊員を不必要に死なせてしまっている。もちろん状況によっては部下の人命よりも任務を優先しなければならないことがあり得るが、少なくともリーダー自身の利害よりは、部下の人命が優先することは変わりがない。

ドイツ・フランクフルト郊外にある米軍基地に駐留していたころ、コリン・パウエル将軍は、上級将校たちにこう告げた。

「任務を遂行し、部隊の面倒を見よ」[14]

それが最優先だったのである。

命を投げ出して任務を優先した、若き海軍司令官

第二次世界大戦に参加したアメリカの潜水艦に、ハワード・ギルモアと言う若い中佐が乗っていた。ギルモアは米国艦船グローラー号の艦長だった。グローラー号は開戦直後に南太平洋の警戒に当たっていた。一九四三年二月七日の夜にグローラー号は燃料補給のために浮上した。何カ月も連続して潜航できる現在の原子力潜水艦と違って、当時のディーゼルで動く潜水艦は、約二十四時間ごとに浮上しなければならなかった。

潜水艦の浮上には常に危険が伴う。電子制御のセンサーなどは装備していなかったので、薄明かりのもとで潜望鏡を使って周囲の状況を確認しなければならない。海面に何があるのか、はっきりと知ることはできなかった。

運の悪いことにグローラー号は、日本軍の砲艦の真横に浮上してしまった。直ちに砲撃を浴びせかけられたが、ギルモアは巧みに潜水艦を操って砲撃をかわすと、逆に相手の船腹に一撃を食らわすことに成功した。

とはいえグローラー号も損傷を被っている。ギルモアは潜航に備えて甲板上の全員に船内に戻るよう命令した。最後に自分もハッチを閉めて船内に戻る直前、ギルモアは被弾してしまった。傷は深く、彼は動けなくなった。

一秒たりとも無駄にすることができないことも、相手が援軍を求めているはずであることも、彼に

は分かっていた。ただちに潜航しなければ、潜水艦も乗組員も海の藻屑と消えることになる。彼は誰かが助けに来るのを待たず、最後の命令を発した。「潜航せよ」と。

乗組員たちは命令に従った。かねての訓練通り潜航すると敵の目をくらまし、修理のために何とかパールハーバーへ戻った。ギルモアを海上に残して…。

もちろん民間企業では、リーダーが自分のことより任務を優先したために命を投げ出すケースはまれだろう。しかし、リーダーたるもの常に、自分のことよりも任務や部下のことを優先する義務があるという原則だけは理解しておいてほしい。

8・先頭に立つべし

リーダーとなって人を引っ張るには、一つの方法しかない。すなわち先頭に立つ以外にない。押してもだめである。引っ張らなければならない。パットン将軍は「リーダーシップとはスパゲティの麺のようなもの」だと言ったことがある。引っ張るのはそれほど難しくはないが、押すとなるとどうにもならない。

マクドナルド大将は明確に述べている

四十二年以上アメリカ海軍に在籍したウェスリー・L・マクドナルド大将は、大西洋連合軍最高司令官およびアメリカ軍大西洋司令部司令長官を歴任した人物である。選び抜かれた陸海空軍の上級将校たちを前にして、マクドナルド大将はリーダーシップについて語った。

「コースを定めるのは諸君である。先頭に立ちたまえ。そうすればここぞという時にはいつもそこに諸君がいることになる。…いつも一歩前に！である」[15]

イスラエル軍は「付いて来い！」と言う

イスラエル軍は、ジョージア州フォート・ベニングにあるアメリカ陸軍の歩兵学校と同じモットーを掲げている。それは「付いて来い！」である。イスラエル軍は戦闘におけるリーダーシップについては特に生真面目な軍隊だ。

将校であれば自ら部隊の先頭に立つことによって、部隊を引っ張ることができる。しかし、アメリカを始め各国の陸軍で教えられていることは、これとは矛盾する。

ほとんどの陸軍では、上手に部隊を率いるには司令官が先頭部隊と共に行動すべきであるとしても、一番先頭に立つようには求めていない。偵察隊の隊長であれば、先頭ではなく二番目に付くのがセオリーだ。なぜか？　一番先頭にいたのでは、敵に狙われるからだ。国家にとっては、貴重な将校の損耗率が高いと困るのだ。

しかしイスラエル軍は将校の損耗率などに構ってはいない。そして将校たちにもこう言い渡す。「君は将校だ。部下の先頭に立たなくてはならない。それなりの給与をもらっているのはそのためだ」

イスラエル軍はこれまで数々の戦争で、それを実践してきた。彼らは一九四八年以来ずっと近隣諸国と戦争を続けている。

将校たちが教えられた通りに行動していることは、同軍の将校の損耗率が世界一高いことで裏付けられている。それでも彼らはやり方を変えようとはしない。先頭に立たなければリーダーになれないことを知っているからである。

アメリカ陸軍にも、一番先頭に立って隊を指揮した将校がいないわけではなかった。第一次世界大戦中、マッカーサーのもとで指揮官を務めたメノへ将軍は、こう述べている。

「いつか彼を失うことになるのではないかと、私は恐れていた。危険な作戦に兵士が駆り出される時は常に、すぐそばに彼がいたからだ。進軍の際には決まっていつもの帽子をかぶり、乗馬ムチを手にした彼が、第一線で進んで行く。彼は師団の士気の源だった。師団の兵士はこぞって彼に身を捧げた」[16]

マッカーサーがわずか三十八歳で准将になったのは、当然のことだった。

グラント将軍は先頭に踊り出し突撃した

もう一人いる。南北戦争において、北軍のユリシーズ・S・グラント将軍はドネルソン要塞での戦いで初めて陸海両面からの作戦を展開した。しかし彼がこの作戦に取りかかる直前に北軍の上級司令官は、彼にある会議に出るように命令した。そのため作戦は、グラント将軍不在のまま始まった。

よくあることだが作戦は計画通りには進まなかった。不運がいくつも積み重なった。北軍の海からの攻撃は跳ね返された。南軍がグラント軍の右翼を攻撃し、右翼が壊滅しかかっているところへ、グラントは帰ってきた。

彼は馬を止めて部下を叱ったりなどはしなかった。サーベルを引き抜き最前線へ直行し、兵士に向かって叫んだ。

「急いで弾を詰めろ。敵は逃げようとしているぞ。逃がしたりなどしてはならんぞ」

兵士たちは言われた通りにした。このグラントのリーダーシップのおかげで北軍は態勢を立て直し、勝利を手にした。[17]

リーダーシップに関する八つの普遍法則

この章の最後にもう一度、軍隊だけでなく民間のあらゆる組織のリーダーに適用可能な「リーダーシップに関する八つの普遍法則」を掲げておこう。

1・清廉潔白であるべし――これはあらゆるリーダーシップの基本である。清廉潔白を保つことができなければ、部下の完全な信頼は得られないだろう。

2・仕事に精通すべし——部下は、出世の政治学に長けているリーダーには関心がない。その任務を確実に遂行できるリーダーこそ求められている。

3・見通しを知らしむべし——目標を知り、それを部下にも分からせて初めて組織を成功に導くことができる。

4・並み外れた献身ぶりを発揮すべし——リーダーが骨身を削って並み外れた献身ぶりを発揮しなければ、誰も本気になって付いていこうとは思わないだろう。

5・前向きの見通しを持つべし——成功するという予測も、失敗するという予測も、それなりに正しい。ならば最悪事態に備えることは意味があるにしても、最良の結果を期待することにしよう。

6・部下の面倒を見るべし——リーダーが部下の面倒を見れば、部下も面倒を見てくれる。その逆もまた正しい。

7・己を捨てて義務を果たすべし——リーダー自身のことより任務と部下の世話を優先すべし。そうでなければ、あなたはリーダーではない。

8・先頭に立つべし——先頭に立て。そうすれば状況がつぶさに見えるだけでなく、後に続く部下はあなたが本気であることが分かるだろう。

以上の八つの普遍法則を毎朝復習し、機会があればそれを実行するのだと、自分に言い聞かせてみよう。一日の終わりには、その日の行動を点検し、うまく行った部分とうまく行かなかった部分を思い浮かべてみよう。そして、うまく行かなかった部分に、普遍法則を適用した場合の成果を思い描いてみよう。こうしたことを実行すれば、短期間でコンバット・モデルを無意識のうちに実践できるようになるはずだ。あなたが手にする成功は劇的なものとなるだろう。ぐずぐずしていてはいけない。

第3章

部下を動かす四つの方法

それなりの動機がなければ、誰も他人の後に付いては行かない。男であれ女であれ彼らがリーダーに付き従う状況を見れば、その理由が分かるだろう。ほとんどの場合、リーダーの明確な行動によってすべてが始まる。本章では、人々に動機を与え、あなたの後に付いてくるようにするための四つの方法を学んでもらうことにしよう。

部下の自尊心を尊重せよ

小さな子供から老人に至るまで、誰しも自分は重要な存在だと思いたい。生存競争を生き抜いた人類にとって、それは最も重要な欲求の一つとなっている。

最近、学校でいじめが起きる理由を探るテレビ番組を見る機会があった。自分の支配権を主張し、友達を脅す子供がいるのはなぜなのか？　子供が子供をいじめ、除け者にするのはなぜなのだろうか？一部の社会学者たちは、精神的に未熟な子供や成績の悪い子供がいじめを起こすと考えていた。しかし、ほとんどの場合そうではなかった。

いじめっ子は他者の上に君臨することによって、自分が重要な存在であることを示したいと感じていることが分かったのである。かつていじめっ子だった大人がテレビの取材に対し、「弱い子を思い通りに動かせるようになると、自分が重要な人物になったような気がしたものです」と語っていた。

ロバート・E・リー将軍の動機付け

こういう動機付けは、組織を率いるうえで大変な威力を発揮することがある。南北戦争の終りの頃に南軍のロバート・E・リー将軍は三万人の手持ちの兵で十万人の北軍を相手に戦ったことがある。壊滅寸前のときにジョン・グレッグ率いるテキサス旅団が駆けつけてきた。このときの模様を、アルフ・J・マップ・ジュニアの『Frock Coats and Epaulets』はこう記している。

リーは旅団の前に馬を進めるとあぶみの上に立ち上がり、帽子を挙げて一礼するや、ざわめいている兵士たちの頭上に大音声を張り上げた。

「テキサス人はいつも敵を追い払う」

旅団から耳をつんざくばかりの大歓声が沸き起こった。グレッグの従者のひとりは「このじいさんのためなら地獄へでも突撃する！」と叫んだ。その頬には涙が流れていた。[1]

自分が重要な人物であると感じることは、お金や昇進や労働条件よりも強力な動機付けとなる。とはいえ現実には、部下の自尊心を大事に考えているリーダーは少ない。

客と店員に当てはめてみよう。無愛想な店員に出くわした客は、「この人の自尊心を傷付けないようにに配慮してあげよう」などとは考えない。とんでもない！「口の利き方がなっていない。身の程を思い知らせてやる」などと思うものである。かくして礼儀知らずの応酬となる。軍隊で言うところの「しょんべんの掛けあい」である。

もし自分の方が強ければ、恐らく自分の我を通すことができるだろう。部下はリーダーの長口舌を忍耐強く聞き、言い返したりはしないだろう。しかしそれによって失われたものは何か？このような間違ったリーダーのありかたを「管理者の礼儀知らず」と呼ぶことがある。

インディアナ州ミシャワカにあるベセル大学のジャック・メンドルソン教授は、「予備調査によるとアメリカでは管理者の礼儀知らずが病的レベルに達している」[2]と述べている。だから多くの管理者がリーダーたり得ていないのであろう。彼らは部下と対立するばかりで、「管理者の礼儀知らず」で押し切っている。

「管理者の礼儀知らず」でも、うまく行くこともある。しかしこれだけは確かである。そういう管理者の態度に感謝する部下はいない。やがてあなたがいなくなったときに、あなたの考えを引き継いでくれる人物は育たないのではないだろうか。私は何も、部下のミスや怠慢を放っておけと言っているわけではない。リーダーとなり人を引き付けるには、人をけなして自尊心を失わせてはいけないと言っているのである。

任務に誇りを持たせる動機付け

南北戦争のリー将軍の時代から一気に百三十年飛んで湾岸戦争へ。ペルシャ湾に浮かぶアメリカの原子力空母ミッドウエー艦内では、その夜の攻撃作戦に参加するパイロットたちがブリーフィングを行っていた。イラクのバスラ郊外にある弾薬集積場を破壊するのが、彼らの任務だった。しかしこの任務を遂行するには、手強い敵の地対空ミサイル(SAM)をうまくかわさなければならない。高度な電波妨害システムを搭載した攻撃機EA－6Bプラウラーの任務はそこにあった。

「ここでSAMの守備範囲に攻撃隊が進入すると…」

リード・パイロットはSAMの有効範囲を表わすいくつもの円を指しながら説明を続けた。

「プラウラー機がSAMシステムの捕捉レーダー網を無力化してくれるはずなので、安全に進入と脱出を行うことができるだろう」

「アイアンクロー」というコールサインをもつシャーマン・ボールドウィン大尉は、プラウラー機のパイロットである。彼は振り返る。

「私は責任の重さを噛み締めていた。もし私が失敗すれば、他機の乗員の中には帰還できない者が出るだろう」

リード・パイロットは繰り返した。

「プラウラー機は攻撃の成否を握っている。プラウラー機がなければ攻撃はあり得ない」

アイアンクローは後に、「この言葉を聞いて私は誇りで胸がいっぱいになった」と語った。爆弾を投下して目標を破壊するわけではなかったが、今回の作戦にとって自分が重要で不可欠の部分を担っていることを、アイアンクローは十分認識していたのだ。[3]

ピンクのキャデラックを与えた女CEO

経験豊かなリーダーは、部下が自尊心を保つことがきわめて大切であると知っている。メアリー・ケイ・コスメティックス社の創業者でありCEOでもあるメアリー・ケイ・アッシュは、このことをうまく利用することによって、五千ドルの元手で十億ドル企業を育て上げた。化粧品に関心のない方は、この名前に覚えがないかもしれないが、優秀なセールスウーマンにピンク色のキャディラックを与えた女性といえば、記憶にあるのではないだろうか。彼女は二〇〇一年にこの世を去ったが、社員に対する破格の贈り物の背景にある哲学は今も引き継がれている。

以前私は、ダイレクト・セリング・アソシエーションという業界団体の呼びかけで同社を訪問する機会を持ち、さらにテキサス州ダラスで開かれた年に一度の販売会議にも同席した。同社は数十万人のセールスウーマンを擁し、毎年この会議には三万人ほどの女性販売員が参加している。彼女たちを引っ張って行くには並みのリーダーでは務まらない。メアリー・ケイは並み外れたリーダーだと言うほかない。

彼女は事業を成功させるには、販売員が強い自尊心を持たなくてはならないと考え、その実現のために独自のコミュニケーション手法を編み出した。といってもきわめて単純な方法である。すべての販売員の顔には、次の文字が書いてあると彼女は言う。「私を重要な人物だと感じさせてください」と。彼女は、その期待に応えるためにあらゆる褒め言葉と贈り物を用意しているのだ。ピンクのキャデラックも、その道具の一つに過ぎないのだ。

「将軍のいす」を与えて部下の士気を高める

空軍のビル・クリーチ将軍は、一九七八年に戦術空軍司令部の司令官になった。TACという略称でお馴染みの戦術空軍司令部は、十万人以上の〝荒くれ者〟を抱えている。彼らは任務につけば超攻撃的で、いつでも戦闘の用意ができている。

トム・ピーターズとナンシー・オースチンの共著『A Passion for Excellence』にTACについての興味深い記述がある。[4]

クリーチ将軍がTACを引き継いだ時、出撃率は十年来の低下傾向を示していて、基地全体で七・八%になっていた。しかも、飛行機のスペア・パーツを取り寄せるのに四時間もかかるなど業務プロセスの面でも問題を抱えていた。

では六年後にクリーチがTACを離任したときはどうなっていたか？　彼の在任中に出撃率は毎年上昇を続け、十一・二%になっていた。パーツを取り寄せる時間も、もはや何時間のレベルではなく、なんと八分に短縮された。「軍事予算を増額したからだろう」と考える人がいるかもしれない。そうではない。反対に、スペア・パーツ関連の予算は減額されたのだ。

クリーチはもっぱら、部下が働きやすい環境を整えることによって、TACの成績を改善したのである。彼は、直属のパイロットおよび支援部隊のために住宅を改善し、事務所をきれいにした。その功労者には報奨を与えた。

こんな話もある。西部方面の視察の際に彼はある補給下士官のいすの背が破れ、キャスターが三つしかないことに気がついた。背の破れ目にはガムテープが貼ってあり、四つめのキャスターの代わりにはレンガがあてがわれていた。[5]

「なぜまともないすを入れないんだ？」とクリーチは聞いた。「将軍、補給下士官には手当てできる備品がないのです」との返事だった。

そこでクリーチは「その椅子を貸しなさい。新しいのを入れさせるから」と副官のひとりに命じて、この椅子をバージニア州ラングレー空軍基地に空輸させた。そして兵站の責任者である三つ星の中将を呼びつけた。

「将軍、君にいいものがある。空軍仕様のいすなんだがかなり痛んでいる。兵站がきちんとするまでは君が使いたまえ。あ、それから、今使っているやつは西部方面のある補給下士官に回してやらなくてはならん」

TACの運営にとって補給下士官はきわめて重要な存在であった。こういった行動を通じてクリーチ将軍は、当人を含めてすべての補給下士官たちに、そのことを強く印象付けた。一方では、兵站担当の将軍にも、彼らが重要な存在であることを自覚させたのだ。

自分の展望を伝えよ

リーダーはどこかを目指していなければならない。何千人もの部下がいる空軍司令官であろうと、ソフトボール・チームのキャプテンであろうと関係ない。どこへ向かうか？ について考えがなければ、どこにもたどり着かない。聖書にもあるように、「展望がなければ人々は滅びる」（箴言第二九章一八節）。

死ぬまでリーダーに付いていくギョウレツケムシの話

ギョウレツケムシという奇妙な昆虫がいる。この風変わりな名前は、その風変わりな行動からきている。ギョウレツケムシは何匹も集まり、一列の行列を作って進むのだ。リーダーとなったものが主食であるクワの木を探して進む。リーダーがどこへ向かおうと、他のケムシたちは後に付いて行く。

ある研究者が数年前に面白い実験をした。一列に連なったギョウレツケムシを円く繋いでみたのである。リーダーであったケムシをしんがりのケムシの後ろに付けた。これでリーダーも部下もなくなった。そしてこの円の真ん中にクワの木の葉を入れたボールを置いた。リーダーも部下もない状態がどのくらい続くのか、この研究者は確かめたかったのである。クワの木の葉を食べるために円から離脱しなければ餓死するしかないはずだと、彼は考えた。

結果は驚くべきものだった。あくまで円からケムシは離れず、もはやクワの木の葉に向かって進めないほど衰弱してしまったのだ。ほんの数センチのところに餌があるというのに、前のケムシに付いて行くことしか思い付かないのである。何の目的意識もなく、ひたすら前進し続けたのであった。

人間はギョウレツケムシではない。どこへ行こうとしているかの展望がなければ、誰も付いて来ない。どこへ向かうべきかを知っている人の後に付いて行くのである。

南カリフォルニア大学のウォーレン・ベニスとバート・ナヌスは、民間企業のCEO六十人と公共部門のトップ三十人からなる選りすぐりのリーダー九十人を取材した。九十人のリーダーたちはすべて、組織をどこへ向かわせるかについて明確な展望を持っていた。ベニスとナヌスはその著作『Leaders』の中で、「彼らは他に類を見ないほど明確な目的意識を持ち、それゆえに組織の人々をぐいぐいと引っ張っていた」と記した。[6]

在欧州連合軍最高司令官を務めた四つ星のアンドリュー・J・グッドパスター将軍も、良きリーダーとなる第一歩として「目的を明確にすること」を挙げている。[7]

通信大手MCIの創設者ウィリアム・G・マクガワンは、長らく続いたAT&Tの独占体制を打ち破った人物である。マクガワンは、「人は安定を求めてMCIに来るのではない。チャレンジを求めて、何か新しいことをやろうと思って来るのだ」[8]と語った。

マイクロソフトのビル・ゲイツも、「ビジネス・ウィーク」誌とのインタビューの中で、「どんなことでも、どこでも、いつでも、好きな装置を使ってやりたいことをやる力を人々に与えること」[9]が重要だと語っている。

人々はリーダーの展望と将来の目標に引き付けられる。明確な目標を持つリーダーを通じて彼ら自身が努力することにより、組織も向上することができることを知っているからである。

ワシントンにある国立戦争大学の元司令官ペリー・M・スミス少将は、「戦略的な展望を示し、長期的目標を設定することによって、組織に決定的な影響を及ぼすことができる」[10]ことに気が付いた。最年少で陸軍参謀長となり、統合参謀本部という組織改革にも力を注いだエドワード・C・メイヤー将軍は、「展望がなければ組織はダメになる」とさえ言っている。

組織の展望を周知徹底させることによって、部下の合意を形成できるという指摘も見逃せない。

ヒューレット・パッカードの元CEOジョン・ヤングは、「成功している会社はいくつかの全社的目標について上から下まで合意が成り立っている。この合意がなければ、どんなに素晴らしい経営戦略を持っていても失敗するだろう」[11]と語っている。

雑誌「トラベルホスト・ナショナル」を発行しているジェームズ・E・バーガーも、「合意」の重要さを強調する。彼は印刷所を新設する決断をしてからわずか四十五日以内に、必要な資金を集め、機械を設置し、訓練された運転員を確保し、すべてを納める建物も見つけた。こんな芸当が可能だったのは、スタッフ全員に目標が周知徹底されていたからだ。バーガーは言う。

「目標を秘密にしていたのでは誰の力添えも得られない。目標の共有は、測り知れないエネルギーを引き出す[12]」

第二次大戦の筋書きを変えたパラシュート隊

第五〇一パラシュート歩兵連隊の指揮官を勤めていたジュリアン・エウェル大佐は、一九四四年一二月一八日の夜にベルギーのバストーニュに到着した。その二日前にはドイツ軍がアルデンヌ作戦を開始していた。第二次世界大戦におけるドイツ軍最後の本格的な攻撃作戦だ。それは秘密の作戦であった。

エウェルが率いる一大隊は千人に満たなかった。敵の状況について、上からの説明は全くなかった。しかしエウェルとその部隊には、「ドイツ軍を攻撃する」という共通の明確な目標があった。彼らはそれを実行した。三万人以上のドイツ軍第二七機甲部隊の進攻を阻んだのだ。ヒットラーはアルデンヌ作戦を変更せざるを得なくなり、第二次世界大戦の筋書きが変わったのだ[13]。

大統領候補の広報コンサルタントや民間企業のCEOを歴任したロジャー・エイルズは、「カリスマのエッセンスは、目標に深くコミットしていることを示すことにある」[14]と述べている。この言葉は、目標を示すこととカリスマとして崇められることには強い相関があるという学説にも合致するものだ。二十世紀が生んだカリスマ的指導者のひとりマーチン・ルーサー・キングも、「私には展望がある」と語った。

リーダーになりたければ展望を持っていなければならない。そして、それを人々に伝えなければならない。

部下への気配りを忘れるな

旧約聖書も新約聖書も、自分が「こうして欲しい」と思うことを人にしてあげるように、私たちを諭している。こういう考え方は宗教の世界や倫理的行動が問題になるときの話だと思われるかもしれないが、リーダーシップについても言えることなのである。なぜか? 傍若無人なリーダーの後には誰も進んで付いて行かないからである。

メアリー・ケイ・アッシュはこのことを、「経営のゴールデン・ルール・システム」と呼んでいる。

彼女はそれを実行しているだけでなく、リーダーたちにも実行するよう勧めている。もしもあなたが、他人よりもはるかに優れていて、違った扱いを受けるべきだと思っているのなら、その考えは捨てたほうがよい。そうしなければ誰もあなたの後に付いては来ないだろう。

「スクルージ、席を譲れ、君の時代は終った」

チャールズ・ディケンズの有名な小説『クリスマス・キャロル』に、使用人ボブ・クラシェットの抱える問題に何の関心も示さない男として、スクルージが登場する。スクルージの考え方からすれば、「クラシェットにはちゃんと給料を出している。だから自分の責任は果たしている」というわけだ。

そういった時代は終った。今日では多くの経営者が、従業員の家庭問題を戦略的な経営問題としてとらえ、そのための福祉を優先すべきだと気付いている。テネシー州メンフィスに本社を置く金融機関ファースト・テネシー・ナショナル・コーポレーションでは、同社のCEOラルフ・ホーンがそれを実行した。ホーンは古い就業規則を廃止して、どういう勤務スケジュールが家族にとって最も良いかを従業員に考えさせるようにした。従業員の家族を支援するための多くのプログラムも導入した。このために千人の部長を三日半の研修に参加させた。

その結果、生産性と顧客サービスが格段に向上し、二年後には利益が五五%も増加した。[15]

「戦闘員の心理学」の研究

第二次世界大戦中に米国陸軍はある特別な研究を進めるために、心理学界の権威六十一人を動員した。後にこの研究の結果は『Psychology for the Fighting Man』、つまり「戦闘員の心理学」というタイトルで公刊された。特筆すべきは、軍隊の歴史上初めて下士官兵に取材し、「優れたリーダーには何が必要だと思うか？」と質問した調査結果だ。

調査対象となった何千人もの兵士は、何と答えたのだろうか？ 上位十五項目の回答のうち、「仕事ができる能力」と答えた割合が最も多かったのは予想通りだったのだが、次のような回答が上位に入った点が目を引いた。

- ●兵士の福祉に対する関心（二位）
- ●物事を明快にする忍耐心と能力（四位）
- ●理由もなく威張ったりしない（六位）
- ●良い仕事をしたときには率直にそれを認めてくれる（七位）

これらの回答は、「肉体的力」（八位）、「高い教養」（九位）、「根性」（十一位）よりも上位にランクされている。[16]

軍隊における将校のリーダーシップについて書かれた『The Armed Forces Officer』には次のよう

に記されている。

「将校たるもの自分のことよりもまず部下のことを気遣う責任を負っている。…それは基本原則である!…将校が下士官を引き連れて転戦する際には、下士官の食料、シェルター、医療その他の待遇が満たされているかをまず配慮すべし。たとえ自分のベッドや食料が足りなくなっても部下を優先し、将校たるものは厳しい道を選ぶべきである[17]」

ウエストポイントでは、リーダーは「厳しいが公平」でなければならない。部下が「こうして欲しい」と思っていることを、部下にはしてやらなければならない。部下の福祉を自分の福祉に優先するのは当然のことである。

部下の全行動の責任を引き受けよ

リーダーとしてあなたが責任を負っている目標が、あなた自身が設定した目標ではない場合もあるだろう。あなたが属している組織より上の組織が設定したものであるかもしれない。あるいは部下が設定した目標かもしれない。しかし、誰が目標を設定したのかは重要ではない。ひとたび組織のリーダーになった以上、あなたが、そしてあなただけが目標を達成する責任を負う。

いくつかの任務に関して部下に権限を委譲することはできる。しかし責任を転嫁することはできない。部下がその任務を遂行できる能力があるかどうか、あなたの命令を忠実に実行したかどうかは、その任務の全責任があなたにあるという事実に何ら影響を与えるものではない。

もちろん、あなたは自分自身の行動の責任を引き受け、自分の間違いを認めなければならない。それができれば、部下はあなたを信頼し、どこまでも付いて来てくれるだろう。反対にそれを怠れば、リーダーでいられる時間はほんのわずかになるだろう。

「フォーチュン五百社」と「アメリカの働きがいのある会社百社」に名を連ねているインテルのアンドリュー・S・グローブ会長は、「フォーチュン」誌の「厳しい上司十人」の一人にも選ばれている。グローブはリーダーの責任について次のように語った。

「企業（あるいは政府、学校、家庭）を率いる者たちは、男であれ女であれ、年令に関係なく、自分の間違いを認めることによって、やっとの思いで獲得した尊敬を失うのではないかと心配している。しかし実際には、自分の間違いを認めることは、強さ、成熟、そして公平さの表れなのである」[18]

戦争においては、間違いは死をもたらす。しかし現実には、戦争においても間違いは避けられない。「原子力潜水艦の父」として知られているハイマン・G・リコーバー大将は、一九六四年四月に議会でこう証言している。

「戦争では何をやるにしても初めてのことばかりです。そうした特殊な状況下において臨機応変に完璧に行動できたとしたら、それは奇跡です」

また、大陸軍司令官にまでなったブルース・C・クラーク将軍は、次のように言っている。

「部下の自発性を高め、経験を深めさせたかったら、部下の悪意のない間違いは自分が引き受けなくてはならない」

一度も間違いを犯したことがない男

かつて、ある就職志望者がダウ・ケミカル社を訪れ、創業者のハーバート・H・ダウに面会した。彼は自分の経歴や資格について熱心に説明した。とりわけ、一つのセールスポイントを何度も繰り返した。どんな状況でも、仕事上の間違いは一度も犯したことがないというのである。

ダウはとうとうこの男のプレゼンテーションをさえぎった。

「うちには三千人の社員がいる。みんな毎日ミスを犯しているから、我が社は毎日三千の間違いを犯している。ミスを犯さない人間を雇うことによって、彼らに恥をかかせるわけにはいかない」[19]

リー将軍に人々が付いて行ったのはなぜか？

ロバート・E・リー将軍は、恐らくアメリカの歴史の中で最も愛されている軍人だろう。南北戦争後、彼の下で従軍した兵士たちはもちろん、敵であった北軍関係者さえ彼を讃え、続々と彼を訪れた。ニューヨークの会社社長たちは、彼が会社に名を連ねてくれるのだったら何十万ドルでも提供しようと申し出たが、彼はすべて拒否した。結局彼は、バージニア州にある、学生がわずか四十人しかいない小さな大学の学長職を引き受けた。

リーは戦争を勝利に導いたわけではなかった。ノーザーン・バージニア軍をグラント将軍のもとに降伏させざるを得なかった。南軍が勝機をつかむチャンスがあったとしたら、それは一八六三年七月のゲティスバーグの戦いであった。リーはこの戦いにおいて敗軍の将となった。

リー将軍は弁解の材料には事欠かなかった。リー将軍の「強力な右腕」であった「ストーンウォール」・ジャクソンは、数カ月前にチャンセラーズビルの戦いで戦死してしまった。騎兵隊長ジェブ・スチュアートは勝手に戦線を離脱してしまった。お陰でリー将軍のもとには、敵軍に関する情報がほとんど何もなかった。そのうえ、かつてのジャクソン軍を率いて戦ったエウェル中将は、決定的に重要な丘の占拠に失敗してしまった。

ナンバーツーの司令官であったロングストリート将軍との対立も混乱を招いた。ロングストリート将軍の部下、ジョージ・ピケット少将が率いる師団の攻撃命令に矛盾が生じ、他の師団とうまく連係することができなかった。そのためピケットの部隊は敵の銃撃の餌食となった。この攻撃に参加した南軍兵士一万三千人のうち七千人以上が、北軍の前線にたどり着く前に死傷し、放置された。

明らかな敗北であった。戻ってきた敗残兵を出迎えたリー将軍は言った。

「よくやった。しかし私は君たちの期待に沿えなかった。すべて私の失敗だ。誰の失敗でもない」

この言葉に涙した兵士たちは叫んだ。

「いえ、そうではありません、将軍。期待に沿えなかったのは私たちです」

リー将軍は常に自分の行動の責任を引き受けた。だから彼の部下は将軍を愛し、その後も彼の下でますます一生懸命に戦った。結局、リー将軍がアポマトックスのコートハウスで降伏したのは、ゲティスバーグの戦い（一八六三年七月）から二年近くも後のことである。

部下が将校クラブで飲み過ぎた――上官の責任は？

部下の行動についても、リーダーであるあなたは責任を負わなければならない。

第二次世界大戦で陸軍航空隊の指揮を執っていた五つ星のハップ・アーノルド将軍は、このことを『Army Flyer』という著作の中で説明している[20]。

新任の飛行隊指揮官が上官からメッセージを受け取った。

「貴官は昨晩将校クラブで飲み過ぎたようだ。今後このようなことがないように」

しかし彼は、その夜一度も将校クラブに顔を出していない。肩をそびやかすと、彼はこの件を放っておくことにした。

数日後、彼はまたメッセージを受け取った。

「また貴官は飲み過ぎた。これは最後の警告である」

ところが今回も彼はクラブに行った記憶がない。さすがに「変だな？」と思い、確認のため上官の側近に電話を入れた。

相手は事情を完全に理解して、疑問に答えた。

「少佐、貴官はもはや自分の行動に関しては責任がない。しかし、一人一人の部下の行動について責任がある。貴官は個人的には将校クラブで飲み過ぎたわけではない。しかし貴官の飛行隊の誰かが飲み過ぎたのだ。貴官に責任がある！」

「言い逃れ」は上司と部下からの信頼を失う

少し厳し過ぎるのではないかと思う人がいるかもしれない。たまたま部下となった人々全員の行動について、すべて責任を負うことなどできるのだろうか？　しかし軍隊では、リーダーは部下に対して二十四時間体制で命令を下す権限がある。だからあなたは部下に対して二十四時間体制で責任を負わなければならないのだ。

言い逃れをしようと思えば、できないことはない。しかしリーダーが言い逃れをしてしまったら、二つの望ましくない結果を招いてしまう恐れがある。

第一に、部下はもはやあなたをリーダーとして信頼しなくなるだろう。もしも自分が部下だったらどう感じるか想像してほしい。結局、あなたがリーダーたり得るのは、いざというときに責任を取れるからではないのか。

第二に、上司からの信頼も同時に失ってしまうことだ。上司はあなたが信頼するに足る人物なのか、疑問を感じるだろう。リーダーであるあなたが、あなたの組織に責任を持たないというなら、誰が責任を引き受けるのか？　あなたの上司は誰を信頼すればよいのだろうか？

空軍を退役し、今では多くの一流企業のコンサルタントを務めているビル・クリーチ将軍は、「組織を成功に導くための〝個人的な責任〟を引き受けられるように、リーダーを育成しなければならない」[21]と言っている。

リーダーは責任を転嫁することなどできない。転嫁しようとしてはいけない。物事がうまく行かなかったらリー将軍のことを思い出して、「すべて私の失敗だ。誰の失敗でもない」と言うべきである。

部下を動かす四つの方法

1・部下の自尊心を尊重せよ——「自分が重要な人物である」と周囲に認めてもらえるような組織であれば、部下は組織のリーダーに付いていく。

2・自分の展望を伝えよ——自分がリーダーだと思い込むだけでは誰も付いて来ない。組織をどこへ導こうと考えているのかを部下には明確に伝え、その目標が努力価値のあるものだと確信させなければならない。

3・部下への気配りを忘れるな——粗末な扱いをされる人の後に付いて行きたいなどと思う

だろうか？　誰しも、配慮と気配りがあるリーダーの後に付いて行きたいと思うに違いない。あなたの部下もまた同じである。

4・部下の全行動の責任を引き受けよ――部下の行動も怠慢もすべてがあなたの責任となる。

特に物事がうまく行かないときは、責任を引き受けることを忘れてはならない。責任を転嫁しようとするなら、あなたはもはやリーダーではない。

以上、部下を動かすために不可欠な四つの方法を、十分時間をかけて理解していただきたい。そのうえで次の章では、やや高度なテクニックが必要となる三つの方法を紹介したい。

第4章

部下を動かす〝少し高度な〟三つの方法

第3章では、リーダーが部下との基本的な信頼関係を築くために不可欠な態度について解説してきた。この章では、さらに部下の心をガッチリとつかむために、少々高度な三つテクニックについて紹介してみよう。

特に重要なのは、褒め方と叱り方。部下を褒めるときには他人の前で、反対に叱るときには他人の目を避けることが重要である。残念ながら、これをきちんと実行できるリーダーは少ない。本来なら、部下を褒めたり叱ったりする場面は部下との信頼関係を強化するための好機になるのに、そのチャンスを生かせていないのである。

人前で部下を叱ってはいけない

誰だって、自分が間違っていると指摘されるのは好きではない。自分は常に正しいと考えたいのが人情である。万が一間違いを犯してしまったときでさえ、自分は悪くないと思いたいものだ。だから人を批判するときには、慎重に行動しなければ反発を招きやすい。

リーダーとしては部下の間違いは正さなければならない。同じ間違いを繰り返されては困るからだ。しかし、他人が大勢いる前で本人を叱れば、言われた本人は当惑するだろう。そのことを根に持って、もはやあなたに付いて行こうと思わなくなるかもしれない。さらに、その場に居合わせた人々が叱られた部下の肩を持てば、あなたは何人もの部下を敵に回すことになる。だから、部下を叱るときには、皆に分からないように一対一で叱るべきである。

一方、誰しも褒められるのは好きだ。褒められたことは皆に知ってもらいたいと思う。従って、部下を褒めるときにはできるだけ周りに人がたくさんいる状況の方が効果は高い。ケネス・ブランチャードとスペンサー・ジョンソンは共著『The One Minute Manager』の中で、「正しいことをしているところを捕まえる」[1]という表現を使って、他人の面前で部下を褒めることの重要性を説いている。

「サンドイッチ・テクニック」で叱る

叱る話に戻そう。では、人目に触れない場所ならどんな叱り方でもいいのかといえば、そうではない。叱ると同時に、褒めることを忘れてはならない。

ここではメアリー・ケイの「サンドイッチ・テクニック」が参考になる。これは相手を叱る前と後に、二つの褒め言葉を添える高等戦術である。例えばあなたの部下が毎朝二十分遅刻するので注意しなければならないとしよう。まず、この部下について二つの良いことを探すのだ。仮に、彼がいつも立派な報告書を書き、しかも期限通りに提出しているとしよう。

さて部下との面会だ。ここでは遅刻を注意することが目的なのだから、他人を交えず個人的に会う。そして、まずは褒め言葉から始めるのだ。

「ジョー、君の報告書はいつも素晴らしい出来だ。常に正確できちんと書かれている。君の意見は我が社の販売活動に大変役に立っていえる」

次に、サンドイッチの具の部分に入ろう。つまり叱るのである。

「ジョー、ところで君の意見を毎朝聞く必要があるんだ。毎朝二十分遅刻されるんで困っている。時々東海岸のお客さんが電話してくるので、君がいなくて困っている。君の意見を聞かずに対応すると、まずいことになるかもしれないからね。毎朝定刻には出社して欲しいんだ。これからはそうしてくれるね」

最後に、褒め言葉をもう一つ加えてサンドイッチを完成させよう。

「いつも報告書を期限通りに上げてくれるので助かるよ。君の意見はいつも当てにしている。君がいなければ我が社はこんなにうまく行かないよ」

二つの誉め言葉の間に叱責の言葉がサンドイッチにされているところがポイントだ。これで語気が和らいで、部下も面目を失わずに済む。その人物の価値は認め、組織にとっても重要な存在であることを伝えることができる。と同時に、「定刻に出社してもらいたい」という一番のリクエストも伝えることができるのである。

「落としてから持ち上げる」リー将軍方式

リー将軍のやり方は少し違う。しかし、叱ると同時に褒めることの重要性はよく理解していた。ゲティスバーグの戦いにおいて、リー将軍の騎兵隊長ジェブ・スチュアート少将が報告の任務を怠り、北軍の情報を入手できなかったことを思い出していただきたい。この失策を理由に、リーがスチュアートを解任したり、軍法会議にかけてもおかしくはなかった。しかしリー将軍は優秀な騎兵隊長を失いたくなかった。

かといってスチュアートの行動は批判されずに済むものではなかった。ただし、彼はまだ三十歳と若く、多少神経質なところがあったので、乱暴な言い方をすれば、南軍を去ってしまうかもしれない。はたしてリー将軍はどのように振る舞ったのか？ 有名な作家マイケル・シャアラの記述を見てみよう。

「お前は私の目であった。敵軍本隊の動きをつぶさに報告する任務を負っているにもかかわらず、お前は連絡なしに我が軍を離れた。敵軍の動きを報告しなかった。それも何日にもわたって。そのため我が軍は、敵軍の位置を的確に知ることができないままに戦わざるをを得なかった。壊滅を免れたのは神の慈悲としか言い様がない」

「リー将軍」と口を開いたスチュアートは苦しげで、リーはあわれを感じたが、厳しい態度で続けた。

「お前は私の命令を誤解したのではないか? 私はもっとはっきり言った方がよかったのかもしれん。しかし、これだけははっきりさせておく。騎兵隊を引き連れたお前は我が軍の目である。騎兵隊に去られては何も見えない。こういうことは二度と起きてはならない」

言うべきことは言った。一瞬沈黙が訪れた。スチュアートの息遣いが、こちらにも聞こえるほど荒くなってきた。と、彼は手を延ばして軍刀のバックルを外し、大袈裟な身振りでそれを差し出して辞意を示そうとした。しかし、リーは不機嫌そうにそれをさえぎった。

「そんなことをしている暇はないと言っただろう。明日も戦闘がある。それにお前がいなくては困るのだ。私が言ったことを 真剣に受け止めてくれ。それが男だ。お前は間違いを犯した。それは二度と起きないだろう。お前ほど優秀な騎兵将校をほかに知らない。お前の報告はすべて正確だった。しかし報告は届いてこそ役に立つ。そのことをよく分かって欲しい」

「さあ」とリーは手を上げた。

「この話はこれで終りにしよう」[2]

南軍の将軍だけがこの重要なルールを守ったわけではない。南軍の首都リッチモンドを押え、リー軍を追撃するようになったユリシーズ・S・グラント将軍は、部下のジョージ・ミード将軍が大きな間違いを犯したとの結論に達した。ミードが出した命令に従えば、リーは逃げおおせてしまうだろう。グラントはすぐにミードに会いに自ら出向き、状況を説明した。

「…真夜中頃に指令本部に到着した。私はミードに、敵を追撃することは避けたいと考えていることを説明した。先回りをしたいと言ったのである。またリードの命令に従えば敵は逃げてしまう、とも。…ミードはすぐに命令を変更してくれた」[3]

人に命令通りに動いてもらいたければ、人々の面前では誉めて、個人的に批判せよ。そして批判には誉め言葉を沿えよ。

現場を歩き、自分の姿を見せよ

机の向こうで踏ん反り返っていたのでは、優秀なリーダーにはなれない。

第二次世界大戦中、連合軍による欧州進攻前の四カ月間にアイゼンハワー将軍は、二十六師団、二十四の軍用飛行場、軍艦五隻、多数の基地、補給所、病院その他の軍施設を歴訪した。幹部たちも同じようなスケジュールで動いた。彼は「ライフルを担いで戦争に参加する兵士には独創性と自発性がある。彼らが忌憚なく将校と話ができるようになれば、この豊かな資源を全軍で利用できる」[4]と言った。そして、「軍隊に不可欠な相互信頼とパートナーシップの強化に役立った」[5]とも述べている。

モトローラ社の元CEOロバート・W・ガルビンは、「トップにいる者は現場を歩かなければならない」[6]と語っている。リーダーは自分の配下で働く人々には自ら会いに行き、彼らに自分を見せる必要があるということだ。トム・ピーターズはこのテクニックをMBWA（Management By Walking Around）と呼んでいる。

第3章で登場したクリーチ将軍も、自ら現場を歩くことによって、備品の供給問題を発見した。そのことが、補給下士官の壊れたいすを将軍のいすと交換するという〝事件〟に結びつき、それが組織全体にニュースとなって広まる。

実は、そこがポイントなのである。現場に出掛けて部下の様子を見たり、自分の存在をアピールすることによって、指揮系統の上から下まで風通しを良くすることができる。組織の中で何がうまく行って、何がうまく行っていないのかが分かるから、すぐに改善することができるし、自分の考えをはっきりと部下に示すことができる。メッセージが素早く伝わるのだ。

パットン将軍のMBWA

ジョージ・S・パットン将軍もMBWAを実践した一人だ。パットンは、常にヘルメットを着用し、あご紐をきっちり締めていた。実はヘルメットは鋼鉄製で重く、あご紐は首に食い込んで苦しいので、現場の兵士たちの多くは（軍規違反にもかかわらず）ヘルメットのあご紐を締めていなかったのだ。

それだけに戦場では誰の目にもパットンと分かった。そのうえ彼は、ジープに旗を掲げ、腰にはリボルバーと自動小銃を下げていたからなおさら目立った。

本来、将校が目立つと敵に狙われる危険があるのだが、パットンは敢えて自分をアピールした。だから彼の訪問は人々の印象に強く残り、これが司令官としての成功にも結びついているという。彼は言った。

「将校は、前線の兵士全員に姿を見せるよう心がけなければならない」[7]

私が一九七二年にイスラエルに滞在した際に、ゼネラル・エレクトリック（GE）社の副社長ゲルハルト・ニューマンに会った。

彼は第二次世界大戦中、クレア・シェンノールト将軍の駐中陸軍航空隊の整備を担当していた。当時、空中のトラブルに見舞われていた単座式の戦闘機P－40を、「パイロットの膝に整備員が座りながら飛ぶ」というウルトラCで解決した人物でもある。

現場を知り尽くしているメカニック出身だけに、ニューマンはGEでもMBWAを重視している。彼は言う。

「部下がどのような人間なのか直に知らなければならない」

現場に出向けば、仕事の状況が分かるだけでなく、部下の人間性も実感できる。従業員は、組織の中でただ在籍年数を重ねている顔のない存在ではない。妻や夫がいるし、ガールフレンドやボーイフレンドがいる。子供、希望、夢、問題、勝利、敗北、チャンスを抱えて生きている。

彼らと良好なコミュニケーションを保つには、名前も覚えなければいけない。ジュリアス・シーザーは何千人もの兵士の名前を覚えていて、彼は一人一人の名前を呼んで語りかけたという。確かに、あなたが部下に名前を覚えて欲しいのであれば、部下があなたに名前を覚えて欲しいと思っても当然である。リーダーが従業員の名前と顔を覚え、さらに従業員がリーダーの名前と顔を覚えることによって、MBWAの効果はさらに高まるのだ。

私のウエストポイント時代の同窓生であるフレッド・フランクス将軍は、湾岸戦争のデザート・ストーム作戦では第七軍団を指揮した。有名な作家トム・クランシーとの共著『Into the Storm』の中で、彼は次のように述べている。

「属官たちがどのようにコミュニケーションを図り、職務を遂行しているかを常に把握していなければならない。そのために現場へ行き、部隊や小さな編成単位の属官と話をしなくてはならない。そうすれば、やがてあなたの属官たちがどのような人物であり、どのような命令を出し、リーダーとしてどのように対応しているかが分かってくるだろう。そこで初めて、将来の戦闘の中でどのようなタイプの任務を与えるべきかが、見えてくるだろう[8]」

ウエスティングハウスのダグラス・D・ダンフォース元会長も同様なことを言っている。

「経営者が各部門の主だった社員について個人的に知っていれば、それぞれの力を正しく把握することができる[9]」

部下との間に問題を抱えている場合はどうだろうか？　直接対立するのは避けるべきだと言う人もいるが、経営管理の専門家たちの意見は違う。彼らの多くは、反発される可能性があっても、面と向かって話をする方が理解を深める確率が高いと考えている。これまでにも増して現場に出掛けて部下に会い、自分を見せるべきであるというのだ[10]。

フランシスコ・ピサロが直面した問題

一五三一年、スペインからインカ帝国討伐のため派遣されたフランシスコ・ピサロは、部下の一斉蜂起に直面した。エクアドル北部のラ・イスラ・デル・ガロ（ルースター島）に宿営していたときだ。多くの兵士は、ピサロの命令は危険が大き過ぎると考えていた。彼らは船に戻ってスペインへ帰りたがっていたのだ。

ピサロは問題から逃げなかった。反乱分子が集会を開いているところへ、敢えて顔を出した。兵士の一人は「あなたが栄光を手にするために我々が死ぬのは真っ平だ」と叫んだが、ピサロは無視して話し始めた。

「今の仕事に大変な危険があるのは事実だ。国に帰りたくなったとしても恥ずかしがることはない。私も国に帰りたいほどだ。しかし我々はこの国を征服するようにとの命令を国王から戴いている。だからこの任務が完了するまでは帰れない。しかし、気が進まない者もいるだろう」

こう言って、ピサロは剣を抜き、自分と兵士たちとの間の地面に一本の線を引いた。そして「富と名声を手にする勇気のあるものは全員この線を越えて私の方に来い」と言った。「そうでない者は船に戻ればよい」と。

結局、兵士たちは一人残らず線を越え、共に戦ったのだ。

現場に出向くことで生まれる十の効果

リーダーが現場に出向いて、部下と直に接することにより、次の効果が生まれる。

1・組織で何が起こりつつあるかが分かる。
2・問題を抱えている人を助けられる。
3・反対に自分が助けてもらうこともある。
4・本当の問題を発見できる。
5・これまで気づかなかったチャンスを発見できる。
6・賞賛と認知に値する人にそれを与えられる。
7・必要ならば行いを正させ、規律を与えられる。
8・速やかに意思を伝達できる。
9・組織のための展望を伝えられる。

10・全員が目標と目的を理解するようになる。

ゲームのように競い合わせよ

スポーツは、人と競い合うからこそ刺激的で面白い。競争には人にプレッシャーを与えるという側面があるため、場合によってはストレスの原因にもなる。しかし大抵の場合は、競争を採り入れることによって、組織に良い結果が生まれるものだ。

撃墜王リッケンバッカーの記録

敵機を二十六機撃ち落とし、第一次世界大戦の「撃墜王」として名を馳せたエディー・リッケンバッカーは、後に在仏第九四飛行大隊の司令官になった。

その飛行大隊は苦戦を強いられていた。撃墜や墜落事故による死者が多数に上っていた。アメリカ製の飛行機が不足していたため、フランス製の飛行機を使用していた。パイロットたちは二級品をあてがわれていると感じており、戦意は低下していた。そういう時期にリッケンバッカーは司令官に任命された。

彼はこう振り返る。

「まず私はパイロットたちを呼び集めた。そしてフランス軍の前線も含めてすべての前線の飛行大隊は同じ飛行機を使用していることを指摘した上で、最も優れたパイロットは誰かを証明して欲しいと、彼らを挑発したのだ」

証明方法は単純だった。最も多くの敵機を撃墜した飛行大隊が勝利者となるのである。

「次に私は、地上要員にも、パイロットたちが競争に突入したことを教えた。そして、出撃可能な飛行機の数と整備不良による事故の数が、勝敗を左右すると指摘したのだ」

キッケンバッカーの指導力の下に、第九四飛行大隊がアメリカの全飛行大隊の中で最高の記録を打ち立てたのは言うまでもない。

競争は協調をもたらすこともある

元空軍司令官のビル・クリーチ将軍は、「分散型チーム方式」という一種の競争原理を導入し、空軍司令部の組織変革を成功させた人物である。数千万ドルの資産と数万人の「労働者」を抱えた組織の生産性を、何と六〇〇〇パーセントも向上させたのだ。

彼は言う。

「競争によって職場の協力関係が崩れると主張する人がいるが、それは間違っている。事実、TAC（戦術空軍司令部）では分散型チーム方式によって協調性が大いに向上した。チーム間に競争原理を採り入れることによって、全体としての協力と団結はむしろ強化されたのだ」[11]

任期を終え、新任の司令官への引き継ぎを進めるなかでクリーチ将軍は十五条からなる組織の原則を発表した。その一つは、「可能な限りあらゆる面で、内部での競争を取り入れること」[12]であった。

部下を動かす〝少し高度な〟三つの法則

1・人前で部下を叱ってはいけない——賞賛に値する部下がいれば、多くの人にそれを知らせるべきである。間違えを犯した部下がいれば、個人的に叱るべきである。不必要に恥をかかせてはいけない。

2・現場を歩き、自分の姿を見せる——組織の状況をきちんと把握するためには、自ら現場に出掛けるべきである。部下の名前を呼んで話しかけ、やる気を起こさせるのだ。その一方で、努めて自分の姿を印象づけるのだ。「昨日社長と話していたらさ…」という会話がそこここで聞かれるようになればしめたものだ。

3・ゲームのように競い合わせる——人はスポーツのように他人と競い合うことが好きだ。組織の中に上手に競争を採り入れることができれば、各個人・各部門のパフォーマンスは向上し、組織全体の目的を達成することができる。

第5章

組織を動かすテクニック

前の二つの章では主に、一人一人の部下とどのように付き合い、彼らのやる気を引き出すかについて話を進めてきた。この第5章ではもう少し対象を広げて、組織を動かすテクニックについて解説していきたい。

車の運転を例に挙げよう。ベテランドライバーになれば、アクセルを踏んだり、ブレーキを踏んだり、ウインカーを出したりといった一連の操作を、ほとんど無意識のうちにこなしているはずだ。リーダーもこれと同じで、経験豊かなリーダーになれば「自動運転」で組織を目標に向かって進めることができるのである。

しかし、あなたがまだ経験の浅いリーダーであるなら、状況に応じて意識的にテクニックを使い分けて組織を操縦する必要がある。もちろん、経験豊かなリーダーにとっても、いつも「自動運転に」頼って済ませられる状況ばかりとは限らない。困難な状況に遭遇したときには、いろいろなテクニックを複雑に組み合わせながら道を切り開いていかなければならない。

リーダーが組織を乗りこなすためのテクニックは八つ。まずこの章で「命令」「説得」「交渉」「参加」といった直接的なテクニックを、次の章で「遠回しの表現」「協力の要請」「方向の切り替え」「拒絶」という間接的なテクニックを紹介しよう。

「命令」を有効に使いこなす方法

相手を圧倒するだけの権力があれば、問答無用に命令を下すだけで、相手は行動しなければならないだろう。しかし、このような頭ごなしの命令は、相手との信頼関係を決定的に壊してしまう恐れがある。もちろん、命がかかっていたり、わずかな遅れが敗北につながるような緊急事態なら選択の余地はない。直ちに命令すべきだ。しかし、少しでも時間的余裕がある場面では、常に相手の立場を考慮しながら慎重に指示を与えるべきである。

ハリウッド映画の中には、将校が兵士たちを怒鳴り散らし、兵士たちはただ命令に従って行動するというシーンがしばしば登場するが、これは、本来のリーダーシップの実践とはほど遠いものだ。ドワイト・D・アイゼンハワーも忠告している。

「人の頭を叩いて命令に従わせるのは、暴行であって、リーダーシップではない」

実際には、軍隊では将校の階級が上がれば上がるほど、怒鳴りながら命令する機会が少なくなると言われている。あのパットン将軍でさえ、いつも怒鳴っていたわけではない。パットンの下で戦闘に参加した経験を持つ兵士は、後にこう語っている。

「パットン将軍はいつも穏やかな口調でブリーフィングを始めた」[1]

あのガダルカナルの戦を勝利に導いたA・A・バンデグリフト将軍は、海兵隊員の中の海兵隊員であった。彼の名言「大胆かつ強い心を持つ者を神は助ける」が発せられたのも、このガダルカナルの戦いであった。ある兵士は振り返る。

「彼は礼儀正しく穏やかに話すので、彼に会った人々はいつもがっかりしたほどだ。海兵隊らしい血気盛んな性質が、彼には欠けていた。こんなおとなしそうな人が本当に血みどろの戦いを指揮し、勝利へと導いていったとは信じがたいことであった」[2]

安易な命令はトラブルをもたらす

命令というものは、使う側からすれば非常に便利で楽な方法である。相手のことを何も考える必要がないのだから。しかし、惰性でそれに頼るようになると、思わぬトラブルを招きかねない。

もしもその命令が間違っていたり、部下の気持ちや考え方と全く相容れない場合には、部下はこう思うだろう。

「分かった。あなたが言うならやりましょう。でも、悲惨な結果に終わったとしても私のせいではありませんよ」

あなたの間違いに誰かが気づいたとしても、誰もあなたに忠告しないだろう。やがて組織は機能しなくなってしまうに違いない。それでも、人々はあなたの命令を文字通りに実行し続ける。そこに怖さがあるのだ。

一方的な命令は相手に誤解されやすいというリスクもある。一九四一年、ボーイング社の新任技術主任が、五人の新卒技術者を任された。そして初日から次々と無造作に仕事を割り振った。説明もしなければ、指示されたことについて質問がないかどうかを確かめもしなかった。

彼は技術者の一人に、アルミ製の青写真の原版を一組渡した。そして、こう指示した。

「この原版をきれいにして、しみひとつないようにしてくれ。午後には仕上げてもらいたい。以上だ。さっそく取りかかれ！」

このアルミ板には、戦闘機のエンジンの製造法と組み立て方が彫り込んであった。これを紙に転写した設計図面を生産ラインで使っていた。渡されたアルミ版は何度も使われた後だったのでひどく汚れていた。インクとグリースを洗い落とす必要があったのだ。

「しみひとつないように」きれいにするよう命令された技術者は、何も考えずにスチールウール製のタワシでゴシゴシ擦り始め、ぴかぴかになるまで磨き上げた。もちろん、彫り込んであった図面もきれいさっぱり消えてしまった。その原版は、当時の価格で一枚当たり一万ドルもする貴重品だったのに！

その日の午後遅く、主任に誇らしげにアルミ板を差し出した彼は、すぐに解雇されてしまった。私に言わせれば、解雇すべき人間は技術者ではなく主任である。命令だけで済ませるときには、命令に関して思い違いがないか注意しなければならない。悲惨な結果が待ち受けていることがあるかもしれないからだ。

「命令」できない相手には「説得」する

時には、自分の権限が届かない人々に協力してもらわなければ、目的を達成できない場合がある。もちろん自分の部下ではないから「命令」はできない。この場合には「説得」が有効な手段になる。

私のウエストポイント時代の同期生であるジャック・ジレット大佐は、かつて空軍システム司令部に属していたことがある。一九六九年に彼はF－111機の開発と試験を監督するプログラム・マネジャーという任務を与えられた。当時F－111はまだ新型機で、戦闘機タイプと爆撃機タイプ（FB－111）の二種類があった。

このプログラムを推進するために、二グループのパイロット隊が参加したが、実はどちらのグループを率いる空軍大佐も、ジャックの部下ではなかった。戦闘機グループの大佐は戦術空軍総司令部に属し、爆撃機グループの大佐は戦略空軍総司令部に属していた。ジャックは、プログラムの責任者ではあったが、彼の直接の指揮下には秘書が一人と曹長が一人しかいなかった。

ジャックは私にこう言った。

「私にとっては試練だった。試験飛行を実施したいと思っても、命令すればパイロットが飛んでくれるわけではない。戦闘機グループの司令官か爆撃機グループの司令官に頼み込むしかなかったのだ」

軍隊に限らず、組織のリーダーたちは日々の任務の中で、ジャックと同じような局面に立たされることが珍しくない。あるプロジェクトの責任者に任命されたにもかかわらず、現場のスタッフに対しては限られた権限しか与えられないケースだ。場合によっては、自分と同じレベルのリーダーや、自分より上の立場のリーダーを誘導して、プロジェクトを引っ張って行かなければならないことになるだろう。こんな場面で有効なのが「説得」なのである。

アメリカ兵は「合理的な説明」で動く

説得の基本は、論理的に説明することである。なぜ自分の求めに応じて行動しなければならないのか？　十分な理由を示して納得してもらうのである。

フリードリッヒ・フォン・スチューベン男爵は、アメリカ独立戦争の際にワシントン将軍を支援すべくドイツから渡米した。規律正しい軍隊を創設する上で、彼は大いにワシントンの力となり、今日のアメリカ陸軍に与えた影響も大きい。

しかし初めてアメリカの部隊を目にしたスチューベン将軍は驚いた。彼は友人あてにこう書き送っている。

「ドイツでは『これをやれ』と言いさえすれば、兵士はそれを実行する。ここアメリカではそれだけでは不十分で、なぜなのかを説明し、十分な理由を示さなければならない。それでやっと兵士は命令を実行する」

部下は、リーダーがなぜそれを要求するのか、理由を知りたがるものだ。その理由をきちんと説明することは、リーダーが負うべき責任ではないだろうか。

理由をきちんと説明すれば、部下は納得してリーダーの指示に従うだろう。このことは組織にとってさらに好ましい効果を生む。万が一リーダーの指示が届かない状況になっても、部下はリーダーがやろうとしていたことを理解しているから、自主的に行動することができる。行動の軌道修正ができるのである。

「交渉」により難局を切り開く

「説得」だけでは相手が納得してくれない場合がある。そんな難しい局面では「交渉」が役に立つ。

交渉とは、あなたと相手が共に受け入れ可能な解決策にたどり着くまで協議を重ねることによって、リーダーシップを発揮しようとするテクニックである。自らの妥協と、相手の行動とを交換することと言ってもいいだろう。

大学でのコースの新設を例にとろう。多くの大学では、新しいコースを新設するには学内での投票を経なければならない。ある学部に魅力的なコースが誕生すれば、その学部に学生が流れてしまい、他の学部にとって不利益になる場合があるからだ。そのため、コースの新設には他学部との交渉が必要になる場合が多い。自らのコース新設案を認めてもらう代わりに、他学部のコース新設案にも支持を与えるという具合に、交換条件を持ち出して相手と話し合うのである。

ジョージ・ワシントンの交渉戦術

戦争では、陸軍、海軍、空軍、海兵隊といった異なる部隊が行動を共にしなければならないことが多い。それぞれの部隊の利害は必ずしも一致しないので、リーダーシップを発揮するためには「交渉」がきわめて重要な戦術になる。複数国の軍隊が参加するような共同作戦においては、なおさらである。

アメリカの独立戦争におけるワシントン将軍の交渉術を見てみよう。一七八一年夏、米仏連合軍は、イギリス軍の主力艦隊がニューヨーク沖とチェサピーク湾の二カ所に集結していることに気づいた。英国艦隊の戦力は、米仏連合軍よりはるかに強力だったが、二カ所の艦隊を切り離し、個別に攻撃をしかければ米仏連合軍の勝機はあった。

ワシントンは、フランソワ・ド・グラース提督率いる仏艦隊に、チェサピーク湾の英国艦隊に集中攻撃を仕掛けるよう提案したが、グラース提督は難色を示した。ハリケーン・シーズンを迎えたチェサピーク湾に艦隊を進めると、海難の恐れがあったからだ。

そこでワシントンは、ド・グラース提督にこう書き送った。

「もし北へ艦隊を動かし、我々がチェサピーク湾の英国艦隊に攻勢をかける間の制海権を維持していただけますれば、作戦終了後ただちに西インド諸島へお戻りいただけます」

チェサピーク湾の英国艦隊を撃滅させるためには、同艦隊をニューヨーク沖艦隊と分断させておくことが絶対必要だった。そこで、ワシントンは仏軍に対して、制海権の維持を依頼し、代わりにその後の共同作戦への参加を免除したのである。

ド・グラース提督はこれに応じて、艦隊を北へ移動させた。約束通り制海権を確保してコーンウォリス卿指揮下の英国艦隊を孤立させ、六週間後に降伏させることに成功したのである。この戦いは独立戦争の行方を決定付け、翌年春にイギリスは和平交渉を始めるに至った。

アイゼンハワーの交渉戦術

後の合衆国大統領ドワイト・D・アイゼンハワー将軍は、第二次世界大戦で三百万以上の連合軍部隊を指揮した。連合軍の中には、パットン将軍やイギリス軍のモントゴメリー陸軍元帥をはじめ、経験豊富で個性豊かな指揮官たちが多かった。それだけに、部隊を統率するのは並大抵の仕事ではなかった。とりわけ外国の部隊を指揮するのは常にやっかいなものである。各国の司令官は母国の政府指導者と密接な連絡を取っており、それぞれの国の利害は微妙に異なっているからだ。

実際、第一次世界大戦でもアメリカ軍とフランス軍の間でトラブルが生じたことがある。米国海外派遣軍（ＡＥＦ）を率いていたパーシング将軍は、フランスのフォッシュ陸軍元帥の指揮下にあった。フォッシュ元帥はパーシング将軍に、連合軍の兵士の損失を埋めるためにＡＥＦを分割するように命令したが、パーシングは拒否した。「ＡＥＦはあくまで一部隊として参戦する。そうでなければ参戦しない」と主張し、ウィルソン米大統領も彼を支持したのである。従って、アイゼンハワーはたとえ連合軍最高司令官の肩書きを持っているとしても、各部隊の指揮官に命令する際にはきわめて慎重でなければならなかったのだ。

都合の悪いことに、実はアイゼンハワー自身はまだ戦闘に参加したことがなかった。第一次世界大戦では、彼は弱冠二十三歳の中佐であり、フランスへ送り込む戦車部隊の訓練を担当していた。フランスへ派遣されたいと思って何度も画策したのだが、結局戦争が終わるまでアメリカに留まった。そんな彼が、史上最大の進攻作戦に備えてさまざまな国の兵士を統率しなければならないのである。

アイゼンハワーは、アメリカに次いで二番目の規模を持つイギリス軍のリーダーたちと巧みに交渉を重ね、彼らの支持を取りつけることによって指導力を発揮した。支持と引き換えに彼らに与えたのは、連合軍の主要ポストであった。彼は、英国空軍大将アーサー・テダー卿を連合軍副司令官に、英国陸軍大将バーナード・Ｌ・モンゴメリー卿を連合軍陸軍の最高司令官に任命した。さらに、連合軍の進攻艦隊を英国海軍大将ベトラム・ラムゼー卿の下に置き、米英の戦術空軍を英国空軍大将トラフォード・リー＝マロリー卿に預けたのだ。

人々を「参加」させるテクニック

あなたが実行したいと思っていることに人を参加させることができれば、目標の達成は容易になる。基本的に人間は自分のためなら一生懸命に働くし、また戦う。だからリーダーシップの実践において、「参加」はきわめて有効なテクニックなのである。

スターバックス社のCEOハワード・シュルツはその著書『Pour Your Heart into It』の中で、「スターバックスに他の会社より優れている制度があるとすれば、それは豆株だろう。豆株の導入によってわが社の全従業員が、会社の共同経営者となった」と述べた。さらに、「私の目標は、株主の利益を従業員の長期的報酬に連動させることだった。彼らにも成長による利益を共有する機会を与えたかった。彼らの努力が会社の価値の上昇と関連があることを明確にしたかった」と語っている。[3]

情報を共有することの大切さ

パミラ・カミングは「参加」の戦術には三つの重要な要素があることを発見した。[4]

1・共有
2・分権

である。

3・協力

大ざっぱに言えば、目標や情報を分かち合い、それぞれの権限において任務を遂行しつつ、全員が協力しながら目標に向かって進むことが、「参加」戦術の狙いであり、効果である。その結果、あなたやあなたの部下が単独では手にすることができないような、素晴らしい成果がもたらされるのだ。

とりわけ情報の共有は重要である。リーダーの中には、情報を自分のところに握り込んで、部下と共有したがらない人がいる。情報を自分だけが握っていれば、権力を保てると考えているのかもしれない。何という思い違いだろう！　あなたが与えることができたはずの情報を得ていなかったために、部下が間違いを犯したとしたら、それによってイメージを落とすのは結局あなたなのである。

次のケースは、リーダーと部下の間で情報の共有を徹底して行って成功をつかんだ好例である。

この会社は、ひどい騒音の中で働く労働者の聴覚を保護するためのプロテクターを開発・製造していた。ボブは、同社の研究開発部長であった。ある年、政府の規制が強化され、高音・低音両方について、従来より防音効果の高いプロテクターを開発しなければならなくなった。幅広く研究開発を進めていたにもかかわらず、この会社はこの規格を満たすことができないでいた。多額の開発費をつぎ込み、あらゆる材料を試したが、結果ははかばかしくなかった。

私がボブの事務所を訪れていたときに、最新の実験結果が部屋に届いた。今回もすべて不合格だったのだが、実験結果をよく見ると、ある材料は低音においては合格、別の材料は高音について合格となっていた。それなら、単純にこの二つの材料を組み合わせてみたらどうだろうか?

ボブは担当エンジニアのジョージに来てくれと言った。私はてっきり、二つの材料による組み合わせ実験を指示するのかと思ったが、そうではなかった。ボブはまず、実験結果に目を通して、ジョージが緻密な作業を続けていることに感心したと述べた。そして、彼は実験結果を眺めながら言った。

「ジョージ、これはまさにエジソンのやり方だ。解決策が見つかるまであらゆるものを実験し、結果を分析する。こういう方法でもいつかは問題が解決すると思う。しかし、分析と比較が大切な場合もある。このデータを分析するチャンスがまだなかったのではないかね?」

ジョージはデータを持って部屋を出て行った。私はボブをまじまじと見た。何も言わずにただ笑っている彼に、私はなぜ実験を指図しなかったのかと尋ねた。

「ジョージはいいヤツだ。彼は何カ月も前からこのプロジェクトに取り組んでいる。たとえ悪い結果であっても、できるだけ早く私に報告したいのだ。だから分析する時間がない。時間があれば私と同じことに気づいていたに違いない。そのチャンスを与えてみたんだ。ジョージ自身が解決策を見つけることが大切なんだ。上司が手柄を独り占めしてしまったら、彼のやる気を損ねてしまうだろう」

十五分後に電話が鳴った。ジョージが解決策に気がついたと興奮気味に報告してきたのだ。それだけではなく、二つの材料を組み合わせる際に少し工夫をすればさらに良い結果が得られるだろうと言った。この技術革新のお陰で、ジョージは昇進し、その後も立派な仕事を続けた。もちろんボブも出世して、社長にまでなったのである。

組織を動かす四つのテクニック

1・命令――相手と話し合う時間が足りないときに使うべし。相手よりも自分の方が強い権限を持っていなければならないことを忘れてはいけない。

2・説得――あなたの権限が限られていて、相手があなたと同等以上の権力を持っているときに有効。理由をきちんと説明し、その必要性と目標の価値を強調すべし。

3・交渉――あなたの目標が相手にとって利益がなく、相手があなたとほぼ同等の権力を持っている場合に有効。協力してもらう代わりに、明確な見返りを用意し、それを示すことが不可欠。

4・参加――あらゆる場面で有効なので、常に使うべし。情報や技術、利益を分かち合うことにより、部下のやる気を引き出し、組織を成功に導くことができる。

以上の四つは、自分から相手に働きかける直接的なテクニックである。次の章では、より洗練された手法を間接的に行使して組織を動かすための四つのテクニックを紹介しよう。

第6章

間接的に組織を動かすテクニック

実際の戦闘やビジネスの現場では、「命令」や「交渉」といった直接的な戦術だけでは組織を動かせない局面がある。そこで、この章では間接的な影響力を及ぼしながら、より巧妙に組織を動かすテクニックを四つ紹介したい。

1・遠回しの表現
2・協力の要請
3・方向の切り替え
4・拒絶

である。

こうしたテクニックは、ややもするとネガティブな印象を相手に与えてしまいかねないので、「悪感情を招きやすい」または「信用を無くしかねない」といったリスクがある。そして、いくら「間接的」とはいっても、あなたが結果責任を問われるという点では、ストレートな命令を発した場合となんら変わらない。とはいえ、さまざまな状況の中で組織を率いて行かなければならないリーダーにとっては、間接的なテクニックは不可欠である。

「遠回しの表現」が必要な局面

昔、自殺をもくろんで橋から飛び降りようとしている女性がいた。警察官が駆け付けて、「バカなことはやめろ!」と命令したり、理を尽くして説得したり、なだめすかして交渉してみたけれど、全く効き目がなかった。そこで、ついに警察官は言った。

「お嬢さん、飛び降りたければ飛び降りなさい。しかし私ならあんな汚い水に飛び込む気はしませんよ。下水やヘドロで臭いったらありゃしない」

彼女はひるんだ。そして後ずさりした。すかさず警察官が接近して彼女を無事に保護した。これは「遠回しの表現」がうまく行った例である。

子供たちは「遠回しの表現」が得意

子供たちがやけに良い子になっているときは注意が必要だ。子供は家族の中では正式な権力を持っていない。そこで権力を持っている親に対して〝ニコニコ作戦〟という非公式の力を及ぼし、自分の目的に誘導しようとするのである。その目的とは、息子が車を貸してくれということかもしれないし、娘がデートのために外出したいということかもしれない。

私にはニムロッドという名前の息子がいる。ニムロッドとは最初の狩人として聖書に出てくる。私がベトナム戦争で指揮をとった飛行大隊が「ザ・ニムロッド」と呼ばれていたことから、息子にこの名前を付けたのである。

それはともかくとして、ニムロッドは十二歳のときにコンピューターに強い興味を抱くようになった。本や雑誌を買って勉強したり、上級生向けのサマースクールでコンピューターの特別コースを受講したこともあった。当然のことながら、彼はパソコンを欲しがった。しかし、当時パソコンはまだ高価で、数メガバイトのメモリーしか付いていない中古のマッキントッシュでさえ千ドル以上もした。

そこでニムロッドはアルバイトを始めた。放課後に近所の家々を訪ねて雑用を引き受ける便利屋のようなことを始めた。とはいえ大した金額にはならない。必要なお金ができるまでには何年もかかりそうだった。「買ってあげるべきかもしれないわね」と妻が切り出したが、「とんでもない」と私は答えた。

ある日彼の部屋に入ると、チリひとつないほどきれいである。しかも、壁際のデスクの上には何も置かれていない。「これは何事だ」と私は聞いた。後になって考えてみると、これが大きな間違いだった。「コンピューターを置くんだ」とニムロッドは答えた。私は踵を返すとすぐさま部屋を出た。

その日の午後に妻と私は中古品をリストアップした新聞を手に入れ、その中の一台をニムロッドに買い与えてしまった。

彼は決して「買ってくれ」とおねだりしたわけではない。「遠回しの表現」を使って私たちを誘導し、見事に欲しいものを手に入れたのだ。

ジョージ・ワシントンの「眼鏡」

独立戦争には勝利したものの、ジョージ・ワシントン率いる大陸軍は財政的な窮地に陥っていた。兵士の給与支払いは遅れ、共に戦ってきた将校たちの中にも、叛乱を企てようとする不穏な動きが広がりつつあった。彼を「独裁者」と批判する声さえ上がっていたのだ。

そんな切羽詰まった状況の中で、大陸軍の将校たちが開いたある集まりに、ワシントンが単身出掛けていった。アレクサンダー・ハミルトン、ジョン・ノックス、そして「ライト・ホース」・ハリー・リーといった独立戦争の英雄たちを前に、ワシントンは一時間以上にわたって熱弁を振るい、叛乱を思い留まるよう説得したが、無駄であった。

ところが、肩を落としたワシントンが帰り際にコートに手を伸ばし、眼鏡をかけた途端。会場の空気が変わった。そこにいた将校たちの一人として、ワシントンが戦場で眼鏡をかけた姿を見かけた者はいなかった。その当時、眼鏡は肉体的な弱さを意味していたため、司令官は眼鏡をかけることを嫌っていたのである。

彼は眼鏡越しに将校たちを見つめ、最後の言葉を語った。

「諸君、私は諸君と共に戦っているうちにずいぶん年を取った。今ではあまり目が見えないんだ」

そして踵を返すと、立ち去った。残された全員の目が潤んだ。最初は沈黙だけが支配していたが、やがて誰かが叫んだ。

「ジョージにもう一度だけチャンスを与えよう！」

もちろん叛乱は起きなかった。

「協力の要請」という戦術

「協力の要請」とは、ひたすらお願いすることにほかならない。あなたが権力を持っていなかったり、権力を持ってはいてもそれを行使せずに済ましたいというときに、この戦術が役に立つ。

ひたすらお願いすることは、思ったよりも効果がある。人が他人に何かを依頼する場合、相手を必ずしも一〇〇％納得させるだけの理由は不要であるという説を唱える社会学者がいる。例えば、コピー機の順番を待って何人かが並んでいたとしても、誰かが慌ててやってきて「すみません。コピーしないといけないのでお先に失礼していいですか？」[1]と言えば、多くの人が割り込みを許してしまうことがある。並んでいる誰もが「コピーをしないといけない」にもかかわらず。

要するに、大切なのは理由を〝言う〟ということで、それがどんな理由でも通用してしまうことが多いのだ。この意味でも「ひたすらお願いする」という行動は、きわめて実践的で使えるテクニックなのである。

出撃の「お願い」に応じたパイロット

第二次世界大戦で活躍した海兵隊司令官グレゴリー・「パピー」・ボイイングトン大佐についての話をしよう。彼は「ブラック・シープ（はみ出し者）」という名前の戦闘機飛行大隊を指揮していた。ブラック・シープは敵機撃墜数でナンバーワンの成績を誇る優秀な飛行大隊だったが、きわめて個性的な〝はみ出し者〟の集団としても知られていた。

あるときブラック・シープは長期間にわたる戦闘を終え、数日間の休暇に入った。しばらく出撃命令がないということなので、彼らは当然のことのように大パーティーを開き、浴びるように酒を飲み、何時間も大騒ぎした後、すっかり酔っぱらって寝込んでしまった。ボイイングトン大佐自身もしこたま酒を食らってベッドに潜り込もうとしていたときに、上官から緊急出撃の連絡が入った。

ボイイングトン大佐は耳を疑った。一体どうすれば出撃などできるのだろうか。全隊員が酔いつぶれて熟睡しているというのに！

彼はそのときの様子を振り返る。

「私は簡易ベッドの間を何度も行ったり来たりしながら思案した。蚊よけネットの下で死んだように眠っている裸の男たちの姿を眺めながら。この男たちは夜間の爆撃のことなど、夢にも考えていないだろう。私は出撃を命じることなど、とてもできないと思った」

困り果てた彼は思わずつぶやいた。

「こんな夜中に爆撃に出ていく愚か者が三人いないだろうか？」[2]

すると一人の隊員が目を開けて私を見上げて口を開いた。

「行きます、パピー」

続いてほかの二人が「おもしろそうだ」と言った。いつの間にかボイイングトン大佐の下には出撃隊が揃った。彼らは共に基地を飛び立つと、命令通りに二つの目標を爆撃したのだ。

「方向の切り替え」で局面を打開する

隣り合っている部署が互いに仲が悪く、口論が絶えないなどということは珍しくない。ここで両部署のスタッフを説得して仲直りさせようと試みるのは現実的ではない。一番手っ取り早い解決方法は、どちらかの部署を別のフロアへ移動させてしまうことだ。移転通知書に理由を記入する必要があるなら、「仲が悪くて口論が絶えないから」とは決して書かず、「よりよいオフィス空間の実現」とでも書いておけば十分だろう。

このように相手に直接指示したり、議論しても埒があかないような問題に直面したときには、問題解決の方向を全く切り替えて事態を収拾するテクニックが必要になる。これが「方向の切り替え」である。

人を入れ替えて問題を解決する

このテクニックは、問題のある従業員を異動させる場合にも効果を発揮する。現在のポジションから追い払う代わりに、新しいポストを用意するのである。俗に言う「二階に蹴り上げる」方法だ。決して不要な人材になったわけではないというメッセージを組織の内外に知らしめ、本人の自尊心や世間体も保たれる。もしかしたら職場が変わったことによって、見違えるように優れた仕事をしてくれるかもしれない。

第1章で取り上げたキーズ大佐も、航空団司令部を立て直すために多くのスタッフを他の職場へ追いやった。しかし、後にそのうちの何人かは、ほかならぬ大佐自身の手によって要職へ昇級させられている。

一九四三年二月、アイゼンハワーはチュニジアのカッセリーンの戦いでロンメルの不意討ちを食らい、後退を余儀なくされた。彼にとっては初めての敗北だ。このときアイゼンハワーは上級司令官の一人であるロイド・R・フレデンドール少将を交替させなければならないと判断した。少将はアメリカへ帰国し、代わりにやってきたのが、あのジョージ・S・パットン少将（当時）だった。フレデンドールは結局、米国内の訓練組織を任されることになったのだが、そこで大きな功績を残したため最後には中将に昇進した。

部下を〝だました〟グラント将軍

ユリシーズ・S・「サム」・グラントは、ロバート・E・リーを打ち負かすために、リンカーンが最後に抜擢した人物である。

リー将軍率いる南軍の猛攻の前に、当初は劣勢に立たされていた北軍を、結果的に勝利に導いたのはグラント将軍の〝切り替え戦術〟だった。彼はチャンセラーズビル・ハウスと呼ばれる地点の分かれ道まで馬を進め、馬上で葉巻をくゆらせながら、前線から退却してくる部下たちを待っていた。やがて連隊長を先頭に部下たちが戻ってくると、グラント将軍はおもむろに葉巻で右の道を指した。部下たちは何の疑いも抱かずに右の道を進んだのだが、本当の退却路は左の道だった。やがて彼らが行き着いた先は、南軍陣地の真横だった！　そう、グラント将軍が指し示した道は、戦場へ舞い戻る迂回路だったのだ。[3]

ほかことで頭がいっぱいになっている部下の注意を引きつける際にも「方向の切り替え」は有効だ。テレビ番組『Baa Baa Black Sheep』の一場面を思い出してみよう。ボイイングトン率いる飛行大隊に所属していた一人のパイロットが、問題を抱えて彼のところに来た。明日に迫った彼の初陣のことを考えると「怖くて飛べない」というのだ。

ボイイングトンは説得などせずに、「これで問題は解決するんじゃないかな」とつぶやき、パイロットを投げ飛ばした。本能的にパイロットは起き上がり、ボイイングトンを殴り返した。戦闘になれば怖いものはなくなる――ボイイングトンはこのことを身をもって示したのである。

「拒絶」というテクニックの使い方

自分には能力あるいは権限がないことを主張しながら人に何かをやらせる。これが「拒絶」のテクニックである。

例えば、あるエンジニアが主任のところへ行き、いくつかの問題解決への助力を要請するとしよう。そこで主任は言う。

「ああ、手伝ってあげたいけど、この手の分析作業はずいぶん長い間やっていないんだ。まず君がやってみてくれないか。僕も少しは手伝うよ」

そこでこの技術者は自分で作業を始める。つまずいたら主任が手伝って先へ進める。自分で仕事をやりながら覚えるという方向へ部下を誘導するために、主任は「拒絶」戦術を使ったのだ。

このテクニックは、部下が上司を誘導したり、同格の管理職を誘導するときにも使うことができる。

「部長、困った問題があります。私の手には負えないんですが、部長ならどうされます?」

こう聞かれれば、部長はまんざらでもないだろう。

ピーター・ドラッカーの例

「拒絶」戦術は、言葉の響きとは反対に、決して人を拒絶するわけではない。むしろ、上司や部下と触れ合うことによって相手に行動を起こさせるテクニックである。言い換えれば、「拒絶」戦術はコミュニケーション不足によるトラブルを未然に防ぎ、組織内の風通しを良くする効果も併せ持っているのである。

かつてピーター・ドラッカーも、次のようなエピソードを紹介しながら、「拒絶」戦術がもたらすコミュニケーションの重要性を強調した。

ある大企業に二人の副社長がいた。彼らは能力も経歴もほぼ同等で、それぞれ別の営業部門を統括していたが、仕事の進め方は正反対だった。一人の副社長は自分の抱える問題についてかなり頻繁に社長と話し合っていた。社長を誘導するための「拒絶」戦術を使っていたのである。一方、もう一人の副社長は、すべて独断で仕事をこなしていた。もちろん、自分が下した決定について社長に報告してはいたが、社長が求めない限り話し合うということはなかった。どちらの副社長も業績は素晴らしかった。だが、三年後に社長が引退したとき、後継者に選ばれたのは、「拒絶」戦術が得意な前者だった。

「拒絶」により「後援者」を作る

このエピソードは、上司に対して上手に「拒絶」戦術を使うことにより、その上司をあなたの「後援者」にすることができるという一例でもある。後援者とは、部下の才能を認め、常に目をかけ、さまざまな面で道を切り開いてくれる存在だ。どのような組織であれ、後援者なしにトップマネジメントまで上りつめるのは至難の技だ。その意味では、「拒絶」はリーダーとして成功するための必須テクニックでもある。

第二次世界大戦で活躍した名将として、アイゼンハワー、オマー・ブラッドレー、パットン、マーク・クラークなどの名前を挙げることができる。彼らにも何人かの後援者がいたが、その中でも最大の存在は陸軍参謀長のジョージ・C・マーシャル将軍だ。マーシャル将軍との長年にわたる交流がなければ、彼らが昇進の階段を駆け上り、後世に名を残すことはできなかっただろうと言われている。

もっとも、上司に対する「拒絶」戦術は、使い方を誤ると単なる追従になってしまう。タイミングや上司の性格、自分との相性を見誤ると、逆に人間関係を壊してしまうことにもなりかねない。周囲との関係も考慮に入れなければならない。下手をすると、俗に言うところの「先生のお気にいり」とか「おべっか使い」になってしまうからだ。

四つの間接的戦術の使い分け

この章で解説した四つの間接戦術を使う場合には、常に慎重であることが求められる。前章で紹介した四つの直接戦術がどれも機能しない局面や、直接戦術を補強するために不可欠だという局面で活用するのが望ましい。時と場所をわきまえないと、ほぼ確実にトラブルに巻き込まれるだろう。では、これら四つのテクニックを使う局面をおさらいしておこう。

1・遠回しの表現――あなたの権限が弱いために相手から抵抗される恐れがある場合に有効。

2・協力の要請――「遠回しの表現」と同じく、あなたの権限が弱い場合に有効。説得力のある理由が見つからなくても意外に成功する場合が多い。

3・方向の切り替え――他の方法では打開できそうもない局面で使う奥の手。理由を明らかにしたくないときにも有効。

4・拒絶――たとえ権限があっても、相手の自発的な行動を引き出したいときに活用する。

さて、これでリーダーの任務に必要なテクニックは一通り紹介した。次章では、これらのテクニックを使いこなす上で不可欠となる、「自信を深める方法」について解説していきたい。

第7章

リーダーとしての自信を深める方法

テキサス・レンジャーズという騎馬警官隊については古い有名な話がある。二十世紀初頭、その当時横行していた〝ならず者集団〟がテキサスのある小さな町を占拠した。彼らは酒場で発砲し、人々を威嚇し、保安官を町から追い出した。途方に暮れた町長は州知事に電報を打ち、秩序を取り戻すためにテキサス・レンジャーズの派遣を要請。知事はレンジャーの出動を認め、翌日の列車で分遣隊を派遣することを約束した。

騎馬警官隊が乗っているはずの列車を、町長は自ら出迎えた。しかし、降りて来たのはたった一人だった。「ほかの皆さんは？」と町長は尋ねた。「ほかにはいない」と返事が返ってきた。

町長は憮然として言った。

「たった一人で連中をどうできるんですか？」

多少は誇張されているかもしれないが、実際にあった話である。レンジャーは少数精鋭部隊で、テキサス州全体でも百人と配置されていなかったのだ。

しかし、彼らはたとえ一人で任務に就くことがあっても、人数が足りないと感じることはなかった。レンジャーは状況を見極め、くじけている市民を勇気づけて組織し、地元の保安官を指導した。いつも死ぬか生きるかの状況の中、人々のリーダーとして任務を果たしたのだ。だからこそ、こんな英雄物語、いわゆる「ローン・レンジャー」伝説が生まれたのであろう。

リーダーに力をもたらす秘密は何か?

なぜ優れたリーダーは、何千人もの人間を率いることができるのだろうか? 時には眉ひとつ動かさずに平然として任務を達成してしまう、途方もない自信はどこから来るのだろうか?

リーダーシップに関する古い空軍の訓練マニュアルには、「自分にあてがわれた任務を遂行する素質があると自分で確信できなければ、けっして自信は湧いてこない」[1]と書いてある。いたって当然のことだが、問題は、実行に移る前に「確信」するにはどうしたらいいのか、である。

カーティス・ルメイ将軍は、戦略空軍総司令部をこれまでにない強力な組織に育て上げ、後に彼は空軍参謀長にまで上りつめた人物である。第二次世界大戦が始まったばかりのころ、ルメイは大佐となり航空群司令官としてヨーロッパに派遣された。

ルメイが着任する前の爆撃成績は惨憺たるものだった。ドイツ軍の密度の高い対空砲火のせいである。「十五秒と水平飛行していられない」と先任者はルメイに語った。「それ以上だと撃ち落とされてしまう」というのだ。

しかし、爆撃機は爆弾を正確に投下するための〝台〟として安定飛行を続けなければ意味がない。早めに敵弾からの回避行動をとれば、当然のことながら爆弾が目標に命中する確率は低くなる。ルメイは損失率と爆撃率のデータをにらんだ。そして、出撃回数の多さが命中率の低さにつながっている事実を突き止めたのだ。命中率が低ければ、同じ目標に何度も出撃しなければならないが、出撃数が増えれば損失率が高まる。結果として、さらに命中率が低くなるという悪循環に陥っていたのだ。

やがて彼は新しい命令を出した。「すべての機は少なくとも十分間は水平飛行を続けろ」というものだ。専門家たちは全機が撃墜される可能性があると警告したが、ルメイは頑として自説を曲げなかった。その結果、命中率は飛躍的に高まった。出撃ごとの損失率は高くなったが、爆撃目標ごとの損失率は下がり、全体的な爆撃成績は明らかに向上した。

その二年後にルメイは、太平洋戦域に少将として派遣された。日本に対するB－29攻撃の指揮を執ることになったのだが、彼はここでも同じ作戦を命じたのだ。

B－29は四基の強力なエンジンと加圧・酸素供給システムを搭載しており、高射砲が届かない高度で飛行できる高性能爆撃機だった。四方に機関砲を搭載しており、「空の要塞」とも呼ばれていた。

それにもかかわらず、爆撃成績は低調だった。今回の問題は対空砲火ではなく、風の揺らぎだった。高空から投下する爆弾は長時間にわたって風の影響を受けた。その結果、目標に命中しないことが多かったのだ。

ルメイは状況を観察し、乗組員や参謀たちの意見に耳を傾け、判断を下した。高度二万九千フィート（約八千八百四十メートル）ではなく、高射砲の射程距離となる七千フィート（約二千百三十メートル）で爆弾を投下することを提案した。不要になる加圧・酸素供給システムはすべて撤去させた。また、機関砲も外させた。機関砲がないのだから、砲手が乗り組む必要もなくなった。その結果、以前より多くの爆弾が積めるようになった。

ここでも専門家たちは、高価な機体と乗組員の命を損失するリスクを指摘した。しかしルメイは命令を変えなかった。

結果は明らかだった。この大戦を通して最も少ない損失で最も大きな戦果を上げたのだ。どちらの例においても、ルメイが命令を出す前に既に成功を確信していたことは、疑問の余地がない。彼に成功を確信させたのは、何だったのだろうか？

シュワルツェネッガーの成功への確信

成功ほどうまく行くものはないという、古い格言がある。つまり成功は成功を生み、成功した人々はより大きな成功をつかむ傾向があるというわけである。

しかし、どうしたら大成功する前に成功することができるだろうか？ ニワトリとタマゴのどちらが先かという問題のようだが、要は小さな成功で自信を持つことが重要なのだ。ちょっとしたことがうまく行けば、同じ領域でもっと大きなことを成し遂げられそうな気分になるだろう。こうした気持ちの変化を外に表せば、人々は以前とは違ったふうにあなたを扱うようになるはずだ。

ボディビルダーとしても有名な映画俳優アーノルド・シュワルツェネッガーは、早くも高校在学中に自信が芽生えたと語っている。

「やがて人々は私を特別な人間として見るようになった。それは、私自身が自分についての見方を変えたからだろう。私は成長を続け、自信を深めていった。私はそれまでは考えられなかったような敬意を払われていた[2]」

多くのリーダーは、このようにして成功を重ねる。より大きな組織を、より大きな責任を担って引っ張っていくことによって、彼らは自信を深めていく。ステップを一段昇るごとに自分の能力を確信し、さらに成功するという信念を持つようになるのだ。

大抜擢で成功したアイゼンハワー

時には、成功の積み重ねではなく突然の大抜擢でリーダーを任され、それでも成功する人物がいる。アイゼンハワー元大統領が、その代表的なケースと言える。

前途したように、第一次世界大戦当時、彼はアメリカ国内で部隊の訓練を担当していたため、第二次世界大戦が始まるまで海外での戦闘経験が全くなかった。参謀としてきわめて優秀であったがゆえに上司から重宝され、司令官に任命される機会に恵まれなかったのである。

しかし、第二次大戦開戦直前の一九四一年、陸軍参謀長のマーシャル将軍は、直属の参謀幕僚としてアイゼンハワーを配属する。

そして一年後、アンゼンハワーがヨーロッパでの連合軍合同作戦のプランを策定するや、彼を欧州連合軍の総司令官としてロンドンへ派遣。その翌年、アイゼンハワーは北アフリカ進攻作戦を指揮し、ついには連合軍の欧州進攻作戦の最高司令官になり、陸軍の五つ星将軍になる。やがて米国合衆国大統領として、世界で最も強力な組織を率いることとなったのはご存じの通りである。

長年参謀として働き、一度も戦闘に参加したことがないにもかかわらず、司令官に任命されるやたちまち力量を発揮して、任務を難なく遂行してしまったという事実に注目していただきたい。

リーダーとしての技量を磨く四つの方法

アイゼンハワー将軍は自らの経験を振り返り、このように記している。

「戦闘部隊を預かることを許されたほんの数カ月のうちに、自分が司令官としての仕事をこなす能力があることを完全に再確認できた[3]」

いったい、彼はどのように成功を確信したのだろうか? 優秀なリーダーたちはどのようにして技量を磨き、任務を遂行していくだけの自信を身につけるのだろうか? ここでは、次の四つの方法を解説しよう。

1・「無冠のリーダー」になる。

2・他人の「援助者」になる。

3・専門知識を持つ。

4・プラス思考を身に付ける。

「無冠のリーダー」になれ

無冠のリーダーとは、通常の責任範囲外の仕事を引き受けることを意味する。責任範囲外なので、たとえ成果が上がっても報酬がないかもしれない。しかし、無冠のリーダーとして仕事をこなすことにより得られる技量と自信は、金銭的な報酬には換えられないほど値打ちがある。

無冠のリーダーとして成功するための第一のルールは、にこやかに仕事を引き受けることである。人から頼まれるのを待つのではなく、あらゆる機会を生かしてリーダーの仕事を探すべきである。

第1章で取り上げた「債券キャンペーン」のリーダーを覚えているだろうか？　そう、彼こそ無冠のリーダーのお手本なのだ。

もちろん債券キャンペーンのリーダーになれと言っているのではない。あなたの上司はスポーツチームのコーチを捜しているところかもしれない。システム部の人手が足りないので、部内のコンピューターの面倒を見てくれる人が求められているかもしれない。見まわせば、みんな誰かがリーダーになるのを待っているのだ。組織のために何か役に立つ仕事があれば、無冠のリーダーとして働くチャンスと考えるべきだ。たとえ些細な仕事であっても、きちんと任務を遂行すれば、周囲はあなたを頼りにするし、あなたは自分の能力に自信を持つことができるだろう。

リーダーの座を競い合ってはいけない

ここで注意しなければいけないのは、無冠のリーダーになるために誰かと競い合ってはならないことだ。他人に競り勝ってリーダーになったところで、周囲の人々はあなたに付いて行こうとはしない。誰もなり手がない状況の中で、周囲から求められてリーダーになるところに、無冠のリーダーとしての価値が生まれるのだ。

従って、ほかに手を挙げている人がいれば、静観して競争に巻き込まれないようにすることをお勧めしたい。あるいは、そのリーダーを助けて組織に貢献する道を選ぶのもいい。私の友人であり、全軍工業大学の同窓生でもあるアル・ガーシズ大佐の次の言葉を心に留めておいて欲しい。

「私はリーダーになることも、リーダーに付き従うこともできる。リーダーシップに関して大切なことは、いつ、どちらを選ぶべきかわきまえることである」

実社会では、無冠のリーダーとなる機会のほうがリーダーの数よりもはるかに多い。だから、あなたにもリーダーとなる機会は十分にあるのだ。地域の防犯活動を助ける見回り、地域の清掃、選挙の投票への呼びかけ、といった身近な活動でもいい。

ボランティアとして仕事を引き受け、楽しみながら活動すればいい。無冠のリーダーとして成功すればするほど、自信はどんどん深まるだろう。

他人の「援助者」になれ

第1章で私は、他人の成功を手助けできる度合いに応じて、人は人生における成功を手にすると説明した。仮に私があなたの人生をうまく手伝うことができれば、今度はあなたが私の作家活動を何らかの形で手伝ってくれるかもしれない。

人生とはそんなものである。だからリーダーとして成功したかったら、人の成功を手伝うために自分の時間の一部を割き、多少の支出をし、そして若干の自己犠牲を受け入れるべきである。そうする中であなたは自信を深め、無冠のリーダーとしての成功を収める。こうしたステップを経なければ、将来のもっと大きなリーダーシップへと進むことは難しい。

リチャード・ギアから学ぶこと

『愛と青春の旅だち（An Officer and a Gentleman）』の中で主人公リチャード・ギアは海軍士官学校の訓練で大変なへまをやる。ケンカはするわ、上官に反抗するわ、規則に反して同級生の靴を磨いてお金をもらうわ…という有り様。唯一の取り柄は、障害物通過訓練での素晴らしい能力であった。

あるとき彼は例によって上官と衝突し、放校の危機に陥ってしまう。放校を免れるには、次の障害物通過訓練で新記録を打ち立てるしかなかった。

運命の日。彼は目覚ましい勢いで障害物を次々とクリアし、最後の障害物までやってきた。新記録のペースだ。しかし、最後の障害物までたどり着いたところで、同級生の女性士官候補生の姿が目に入った。彼女はいつもこの障害物を乗り越えられずに苦労していて、やはりこの日も立ち往生していた。この日の訓練は彼女にとっても正念場で、基準タイムを切らなければ卒業が危ぶまれるという状況だったのだ。ここが主人公の決断のしどころだ。主人公は新記録の希望を捨て、そして恐らくは放校のリスクさえ覚悟し、彼女を手助けした。

結局、自らを犠牲にして人を助けたこの行為が、将校にして紳士（an officer and a gentleman）的であると認められ、彼は無事に士官学校を卒業することができた。このストーリーは、まさに私が言おうとしている「援助者」のイメージを描いたものだ。

「教えること」がリーダーを鍛える

ドイツの雑誌「ミリテーア・ヴォッヘンブラット」は一九三二年にアメリカ陸軍に関する記事を掲載した。著者はドイツ陸軍のアドルフ・フォン・シェル大尉。彼は、「訓練を受け持つ教官に任命された将校には、リーダーとしての自分を作り上げるのに十分な時間と機会が与えられていない」[4]と指摘し、米陸軍のリーダー育成システムを批判したのだ。要するに、教官としてのキャリアはリーダーシップの育成に役立たないというのだ。

ところが、記事掲載から十年も経たないうちに、米陸軍の教官経験者の中から、マーシャル、マッカーサー、アイゼンハワー、パットン、アーノルドといった錚々たるリーダーたちが育ち、フォン・シェル大尉が間違っていたことが証明された。

ほかにも例はある。南北戦争の名将ロバート・リー将軍がウエストポイントの校長だったことは誰でも知っている。南軍の英雄となった「ストーンウォール」・ジャクソンも、南北戦争が始まる前はバージニア軍事大学の教授だった。また、ゲティスバーグの戦いで北軍の戦線を救ったジョシュア・チェンバレン大佐は、バウドイン大学の修辞学教授だった。さらには、第二次世界大戦のリーダーたちも、その多くがウエストポイントやアナポリス（海軍士官学校）の士官学校や民間大学の教官出身者だった。

教官としての経験がリーダーにとってなぜ重要なのだろうか？　それは、教えるということが、自らの知識や技術を人々に分け与え、彼らの成功を援助する行為だからであろう。そうした「援助者」としての経験が、その後リーダーとして成功するための自信をもたらしてくれるのではないだろうか。

「専門知識」はリーダーへの近道

みんなが興味を抱いているテーマがあって、あなたがそのテーマに関する深い知識や技量を持っていたなら、すぐにあなたはリーダーに祭り上げられるだろう。

一口に専門知識と言ってもテーマは星の数ほどある。飛行機の操縦、経営、株式投資、車の購入、ローンの導入、ボーリング、料理、ジョギングの仕方、芝生の刈り方…仕事や生活や趣味に関することなら、どんな分野にもそれ相応の専門知識というものがある。

もちろん、無冠のリーダーに求められる専門知識は、周りの人々が関心を寄せる分野でなければならない。仮に、あなたの部署が会社のボウリング大会を主催しなければならなくなったときに、あなたがボウリングに滅法詳しければ、必然的にあなたがリーダーになることを求められるだろう。あなたがリーダーとして立派に仕事をこなすことができれば、さらに大きなリーダーとしての道が開けるだろう。

「戦車」の専門家・パットン将軍

軍事技術の革新が相次いだ第一次および第二次世界大戦では、新型兵器などに関する専門知識を買われてリーダーの階段を駆け登った人物たちが少なくなかった。

第一次大戦で米国最初の戦車隊を指揮したパットン将軍は、戦車に関する専門知識では誰にも引けを取らなかった。若干二十九歳で大佐に昇進したパットンは、第二次世界大戦でもその専門知識を存分に生かし、連合軍の勝利に貢献した。彼が将軍になるまでにはいくらも時間がかからなかった。

ケネディ大統領の下で国防長官を務めたロバート・S・マクナマラも、第二次大戦における出世組の一人だ。マクナマラは数学的分析手法に関する専門知識を買われて、わずか四カ月で大尉から中佐へ昇進したのだ。

そういえば、空軍で飛行勤務をしていた私の周囲にも、航空学に関する専門知識を認められて、一介の副官から三年で少佐に昇進した人物がいたことを思い出す。

マクドナルドのレイ・クロックの例

もちろん産業界にも、専門知識を武器にリーダーシップを発揮した人物はいくらでもいる。例えば、マクドナルドの創業者であるレイ・クロックは、おいしいハンバーガーを世界中で提供する専門知識で、巨大チェーンを築いた人物と言えるだろう。

クロックはハンバーガーを発明したわけでは決してない。しかし彼はハンバーガー・ビジネスに新しい次元をもたらす特別な技術を開発した。彼はおいしいハンバーガーの作り方を知っていただけでなく、同じ品質のハンバーガーを同じコストで他人に作らせる方法も心得ていた。特殊な計量カップをはじめ、フランチャイズ店のための調理法や品質管理方法を開発し、高校生のアルバイトでもおいしいハンバーガーを作らせることを可能にした。

クロックと同様にファストフード業界で成功を収めたリーダーとして、ケンタッキー・フライド・チキンの創業者ハーラン・サンダース大佐を挙げることができる。秘伝の家庭料理のレシピを元にフライド・チキン・ビジネスの専門知識を身に付け、世界的チェーンを築いた人物だ。

ここで注目すべきは、サンダースがフライド・チキンのビジネスを学び始めたのが、六十二歳になってからだという点だ。つまり、きわめて短期間のうちに必要な専門知識を習得して、結果を出したことである。

エアロビクスを開発したクーパー博士

その道の専門家というと、非常に長い時間をかけてコツコツと専門知識を身に付けてきた人物というイメージがある。しかし、リーダーとして成功するための専門知識を習得するのに、そんなに長い時間は必要ない。過去のさまざまな事例を眺めてみると、実は五年間ほど集中して努力すれば、リーダーに必要な専門知識は得られることが多いのだ。

エアロビクス（有酸素運動）理論の創始者として知られるケネス・クーパー博士は、かつて米空軍の軍医だった。彼は独自の研究により、エアロビクスが心肺機能を高め、心臓病予防などに効果があることを発見し、軍のトレーニングとして採用することを提案した。この理論は、ジョギング、ウオーキング、サイクリング、水泳にも採り入れられ、今では世界中の人々の健康増進に大きく貢献している。さぞかし長い時間にわたってクーパーは研究を続けたのであろうと人は考えるかもしれない。しかし、彼がエアロビクス理論の研究開発に費やした時間はたった五年間だったのである。

スティーブ・ジョブスとスティーブ・ウォズニアックがアップル・コンピュータを設立した当時、彼らは大学をドロップアウトしたての若者に過ぎなかった。もちろん彼らは高校時代からコンピューターに夢中で取り組んできたが、その経験はやはり五年程度だった。

私は何も「五年で必ず成功する」と言っているわけではない。ここで問題にしているのは、成功するまでの時間ではなく、リーダーとして抜きん出るための専門知識を身に付ける時間である。たとえそれが飛行機の操縦でも、空手でも、ダンスでも、営業でも、五年も努力を続ければかなりのレベルまで上達することが可能なのだ。

もっとも、「どのような専門知識を身に付ければ、将来あなたがリーダーとして組織に貢献できるのか？」という点については、事前に慎重に考慮すべきである。

「プラス思考」を通じて自信を付ける

リーダーとして自信を付けるために「プラス思考」の訓練は欠かせない。同じ任務を遂行するにも、プラス思考で臨むのと、マイナス思考で臨むのとでは、結果は全く違うからだ。では、そのことを実感してもらえる例を挙げよう。

地面の上に置かれた長さ六メートルの角材を想像していただきたい。この角材の上を歩いて、一番向こうの端に置いた五十ドル札を拾って戻ってくれば、五十ドルが自分のものになるとしたら、誰もが挑戦したがるだろう。

では、角材を地面から五メートル持ち上げたらどうだろうか？

それでもあなたは五十ドル札を手に入れるかもしれないが、かなり苦労することだろう。足の運びがゆっくりかつ慎重になるはずである。

さらに角材を持ち上げて、地上百メートルの高さにしてみよう。もはや誰も挑戦しようとしないに違いない。たとえ賞金を千ドルにアップしても、チャレンジする人がいるだろうか？

以上の三つ条件の物理的な違いは高さだけだ。角材の長さ、幅、出発地点とお札の位置など、他の要素はいささかも変わっていないのだから。しかし、人間にとってより重要なのは、角材の高さがもたらすイメージの違いである。角材が床の上にあるなら、私たちは五十ドル札に意識を集中することができるが、角材の位置が高くなるにつれ、私たちの意識は五十ドル札から離れて、落下の可能性と落下がもたらす結果にとらわれてしまう。

偉大な綱渡り師カール・ウォーレンダの転落

カール・ウォーレンダは恐らく最も偉大な綱渡り師だろう。非常に長い距離を、空中高くで、しかもネットなしで彼は歩いて渡った。しかも彼は年を取っても、この息を飲むような綱渡りをやめなかった。二十代の時と同じような離れ業を、七十代になってもやってのけたのだ。

しかし悲劇は起こった。一九七八年、プエルトリコのサンファンで二棟の建物の間に渡したロープの上を歩いているときに彼は落下し、死んでしまった。

事故から数週間後に彼の妻は、最後の綱渡りについてのテレビインタビューに応えた。「本当に不思議でした」と彼の妻は語った。

「本番までの数カ月間、彼はこの綱渡りのことばかり考えていました。成功する自信がなかったのでしょう。彼には落ちて行く自分が見えていたのかもしれません」

さらに彼女は、カールがワイヤーの構造を自分で確認したという事実についても語った。

「そんなことは、決してしなかったことなのです」

カール・ウォーレンダにマイナス思考が作用したために落下事故が起きたのは、ほとんど疑う余地がないように思われる。

ガーフィールド博士のイメージ・トレーニング

マイナス思考が自信を失わせる一方で、プラス思考が大いに自信を深めさせ、驚くほどの成果をもたらすことがある。

この分野に関する第一人者の一人が、チャールズ・ガーフィールド博士だ。博士は一九八一年の「ウォール・ストリート・ジャーナル」紙上で、イメージ・トレーニングについての研究を紹介していた。イメージ・トレーニングとは、何か困難な仕事に取りかかる前にあらかじめ良い結果をイメージする訓練方法のことだ。彼は、イメージ・トレーニングが管理職の業績にどのような影響をもたらすかを研究していた。調査結果によれば、有能な管理職ほど頻繁にイメージ・トレーニングを実行していたのだ。

彼はまた、『Peak Performers』という著作の中で旧ソ連の重量挙げの選手について報告している。しばらく競技から遠ざかっていた重量挙げの選手が、数カ月ぶりにベンチプレスに挑戦してみた。ベンチプレスというのは、ベンチの上に仰向けになり、二本の支柱から両腕でバーベルを降ろし、胸の所まで下げ、再び最初の位置まで持ち上げるという競技である。彼は懸命に努力してみたが、三百ポンド（約百三十六キログラム）挙げるのが限界だった。

それを見ていた他の選手たちは、今度はもっとリラックスして、イメージ・トレーニングを行ってからトライしてみるようアドバイスした。

彼は言われた通りに気を楽にして、静かにゆっくりとバーベルを上下させた。この時のバーベルの重さは、なんと三百六十五ポンド（約百六十五キログラム）。知らないうちに誰かが重りを付け加えていたのだ！　もちろん、こんな重いバーベルを持ち上げたのはこの時が初めてだった。

「確実に、徹底的に、彼らは私にイメージ・トレーニングをさせた。私はベンチに横たわる自分自身を思い描いた。完璧な自信を持ってバーベルを持ち上げる自分を思い描いたのである」[5]

結果的には、懸命に三百ポンドを持ち上げたときよりも、はるかに簡単に持ち上げることができたのだ。

イメージ・トレーニングで自信をつける術

私自身も、何年も前からイメージ・トレーニングを活用している。なかなか効果があるだけでなく、何の副作用もない簡単な方法でもあることを、皆さんに保証できる。

ポイントは、できるだけリラックスすること。それからプラス思考に浸ることである。具体的に言うと、私は次のようにしている。

まず横になって、できるだけ気を楽にする。次に、足の指の感覚がなくなってきたと自分に言い聞かせる。この暗示を何回か繰り返す。

足の指が終わったら、足首、ひざ頭、腰…というふうに上半身へ進む。各段階で、それぞれの部位が完全にリラックスして無感覚になってきたという暗示を繰り返す。

こうして全身が〝無感覚〟になったら、いよいよイメージ・トレーニングに取り組む。

例えば、一時間後に出席しなければいけない会議があるとしよう。心の中で会議について思い描く。テーブル、照明、インテリア…目に映るもの、耳に聞こえるもの、匂い、感覚に訴えるものすべてを細かく思い描くのだ。もちろん、会議に出席するすべての人物についても。

次に、議案を一つひとつリハーサルする。自分の発言だけでなく、他の出席者の反応もイメージするのだ。もちろん、すべてが自分の望む筋書き通りに進むようにイメージするのだ。

一通りリハーサルが終わったら、もう一度リハーサルを繰り返す。私は、特に重要な会議の前には何日にもわたって一日数回のリハーサルを繰り返すことがある。

実際、このイメージ・トレーニングの効果は非常に大きい。困難な局面に臨んだときでも、自信を持てなかったことは一度もない。

『The Confidence Course』という本を書いたウォルター・アンダーソンはこう言っている。

「いかにも自信を持っているように行動すれば、たとえ本当は自分に自信がなくても、あなたの自信は深まっていくに違いない。自分がなりたい人物のイメージを固めれば、あなたはその人物に近づいていく[6]」

リーダーとして自信を深めるための四つのステップ

では章の最後に、リーダーとして自信を深めるための四つのステップをおさらいしておこう。

1・リーダーとなる機会をボランティアとして引き受け、無冠のリーダーとなれ。

2・私利私欲を捨てた援助者となり、人のために働け。人々はあなたをリーダーとして後押しするために集まってくるだろう。

3・専門知識を身に付けよ。専門知識はリーダーとしての力の源泉である。

4・プラス思考を活用せよ。心の中でのイメージ・トレーニングは成功のためのリハーサルであり、リーダーとしての自信を強化してくれるだろう。

第8章

「連戦連勝のチーム」を作り上げる方法

私はリーダーシップに関するセミナーに講師として呼ばれたときにこんな質問をすることがよくある。次の特徴をすべて備えた組織を思い浮かべられますか?

1・労働者は肉体的にきつい労働に文句を言わず週末も働いている。
2・労働に対する金銭的な報酬はない。
3・危険な仕事でしばしば負傷する者が出る。
4・労働者はたいていの場合非常に士気が高い。
5・組織は常に使い切れないほどの労働者を抱えている。

こんな組織がこの世にあるだろうか?

実は、高校のフットボール・チームのようなアマチュアのスポーツチームが以上の条件に該当する。「スター選手はプロ入りして大金を稼ぐではないか」と反論する人がいるかもしれないが、そうしたスター選手は実際には非常に少ないので、ここでは大目に見ていただきたい。

七十五連勝した女子サッカーチーム

実例を挙げよう。実は私は何年も前から、アーサー・レズニックの話に感嘆している。彼はニューヨーク州スカーズデールにある女子サッカーチームのヘッドコーチである。そのチームは足かけ四年間で七十五連勝という快挙を成し遂げた。もちろん地方大会でも優勝を重ねているチャンピオンチームである。

特筆すべきは、このチームが、いわゆるスポーツ校に属しているわけではないのに驚異的な成績を残している点だ。既に「ビジネス・ウィーク」「ウォール・ストリート・ジャーナル」「ボードルーム・レポート」などの雑誌や新聞が、彼のチームに関する記事を掲載しており、レズニックに対する注目は高まる一方だ。なぜなら、彼のコーチング・テクニックを別の組織に応用すれば大成功に結び付くのではないかという期待があるからだ。

実際、スポーツ競技におけるリーダーシップは、軍隊や企業におけるリーダーシップと相関関係があるようだ。第一次世界大戦後にウエストポイントでは、士官候補生時代の成績が軍隊におけるキャリアに及ぼす影響について調査を行った。後に将軍になった幹部候補生の記録の中に、後の成功を予言しているような要素がないか、確かめたかったのである。意外なことに学業成績と将来の成功とはあまり結び付かなかった。マッカーサーのようにクラスで一番の成績で卒業した将軍がいる一方、カスターのようにクラス最下位の成績で卒業した将軍もいたからだ。

しかし、スポーツ競技と出世に関しては一定の相関関係があることが分かった。つまり、ウエストポイント時代に運動選手だった卒業生は、非運動選手よりも将軍になる可能性が高かったのである。

後にこの調査結果を踏まえて、ウエストポイントでは体育実技が幹部候補生全員の必修科目になった。

ウエストポイントの体育館にはマッカーサーの次の言葉が刻まれている。

「友として競技場で競いし日にまかれた種は、いつの日か他の競技場で勝利の種を結ぶであろう」

では、連戦連勝のスポーツチームを率いるコーチは、どのようなテクニックを使ってリーダーシップを発揮しているのだろうか？

強いチームの四つの条件

連戦連勝のスポーツ・チームを分析してみると、次の四つの要素が重要であることが分かる。

1・結束――仲間意識の高さ。メンバー個人の利益とグループの利益が一致していること。

2・チームワーク――各メンバーを適材適所に配置すること。各メンバーの強みを最大限に発揮し、弱点を最小化するように力を合わせること。

3・士気――要するに「やる気」。個々のメンバーの内面的な満足感が高いこと。

4・団結心――「自分たちが正しい」という意識を集団全体で共有していること。

まず本章では、このうち「結束」と「チームワーク」について取り上げる。

「仲間意識」が結束力を高める

結束は軍隊では戦闘力を何倍にも高める要素として知られている。部隊の中に強い結束があれば、それだけで戦闘力は何倍にも向上する。強い結束力を通じて、小さな部隊が大きな強力な部隊を打ち破ることがあるのだ。

一口に結束と言ってもいろいろな意味があるが、ここではまず仲間意識の高さを取り上げたい。

アメリカがベトナム戦争で敗退した理由の一つに、この問題があった。一年間の戦闘任務を終えるごとに兵士を入れ替えるという軍の方針が災いしたのだ。頻繁に新しい兵士がやってきて、代わりに古参兵が出て行ってしまうので、前線の部隊の安定性を保つのが難しかった。その結果、部隊の士気は低下し、戦闘能力も低下した。部下を入れ替える必要があるときには、個々の兵士をバラバラに入れ替えるのではなく、部隊全体を入れ替えるべきだったのだ[1]。やがてこの教訓は、湾岸戦争での「砂漠の楯作戦」や「砂漠の嵐作戦」に生かされることになった。

ワシントンにある国防大学のジョン・W・ブレイズ中佐は、互いに気心の知れているメンバーを集めた小隊と、ほとんど初対面の兵士を寄せ集めた小隊を作り、ライフル射撃・フィットネス・教練・式典などの基礎訓練を行わせてみた。兵士個々の年齢や能力は両者ともほとんど変わらないのに、やはり仲間意識の高い小隊（前者）の方が常に高い成績を上げた。

単純に仲が良いからまとまりやすいという理由もあるだろうが、両者の行動にはもっと具体的な差があった。仲間意識の高い小隊では、能力の高い兵士が自主的に能力の低い兵士を指導するなどといった行動が観察できたというのだ。[2]

周りが慣れない人間ばかりだと、こうした自主的な行動を期待するのは難しいだろう。個々の能力は凡庸だけれどもお馴染みのメンバーが揃っているスポーツチームが、時として、スーパースターばかりを集めた〝ドリームチーム〟を打ち負かすことがあるのは、そうした理由なのかもしれない。

仲間同士はピンチに強い

仲間意識はまた、組織や個人が窮地に陥ったときにきわめて重要な効果をもたらすことがある。

一九五八年のレバノン危機の際、ある空軍のパイロットは、サウスカロライナの基地からトルコのアダナ基地へ飛ぶように命令された。途中、彼は悪天候に遭遇した。慣れない機種だったこともあり、空中給油の操作に悪戦苦闘した。あと四分で燃料切れという危機に陥ったが、空中空輸機を操縦する仲間を信じて、最後には必要な燃料を受け取ることができた。彼は振り返る。

「最悪の状態に追い込まれた瞬間、何よりも仲間と一緒にいることの意味に気がついた」[3]

陸軍の歴史を研究しているS・L・A・マーシャル准将はかつて、米軍兵士四百人以上を対象として聞き取り調査を行った。マーシャルの結論によれば、兵士の戦意を支えている主要部分は、共に戦っている兵士との一体感であった。マーシャル将軍の言葉を借りよう。

「歩兵が兵器を手にして進み続けることを可能にするのは、仲間の兵士が近くにいるという意識。これが、戦争について言える真実の一つである」[4]

確かに愛国心、宗教、またイデオロギーといった要素も、兵士にとっての重要な動機である。しかし、「仲間と一緒にいること」の方が、現実の戦闘においては強い動機となっている。そのことはあなたが属する組織についても言えるだろう。

組織に対する「誇り」の大切さ

組織の中に強い結束力を築き上げたいのであれば、一人ひとりが組織に対する「誇り」を持てるようにしなければならない。そのためには、「最高の組織」に属しているという共通意識を持たなければならない。

一番分かりやすいのは、何らかの数字を示して、その組織が最高であることを実感させる方法だ。企業であれば売上高、利益、生産台数など、業績を表す数字（＝測定基準）が望ましい。とはいえ、誰もが認めるような客観的なデータで、ナンバーワンの実績を上げるのは容易ではない。そこで提案したいのは、たとえ部分的な実績でも、何か優れた点を見つけてその点を強調するのだ。最高のレベルに達していると実感する手掛かりになりさえすれば、必ずしも測定基準である必要はない。
かつて私が属していたある飛行大隊は、夜間攻撃にかけてはどこの飛行大隊にも負けない自信があった。また、同じ基地にいた別の飛行大隊は、低空飛行にかけてはどこにも引けを取らない自信があった。このように、たった一つの得意分野があれば、それだけで組織に誇りを持つことができるのである。

より一般的な例を挙げれば、「最も熱心に働く」「最も困難な任務を任されている」「最も礼儀正しい」といったことでもいい。また、その組織が古くから存在しているのであれば、歴史や伝統といった要素も、誇りの拠り所になるはずだ。

もちろん、この「最高の」という意識を育むのはリーダーの役割である。まずは、組織のメンバーが立派に実行できると思われる仕事を与え、そして技量と実績が向上するに従って、少しずつ難しい仕事に取り組み、最後にはあくまでも「最高」を目指すのである。

かつてのスーパーカッツ社のCEOで、今ではカリフォルニアに本部を置く日焼けサロン・チェーン、スーパータンズ社を率いるベッツィ・バートンは、「組織というものは、単に優れているというだけでは価値がない。リーダーは常に、組織を最高と呼ばれるレベルにまで持っていくように努めなければならない[5]」と述べている。

最高の要素を「語ること」の大事さ

自分の組織に関して「最高の」要素を見つけることができたら、それを人々に語る機会が多ければ多いほど結束は高まる。[6] すぐにその情報を広めて、いかに素晴らしい集団に属しているかを、組織のすべての人に知らせておきたい。誰だって勝利者や勝利した組織と同一視されるのは気持ちがいいものだ。

一九九〇年代前半、アメリカの航空産業は大変な苦境に陥っていた。一九九〇年から九四年までの五年間に計上した百二十八億ドルという損失は、それまでの六十年間に航空産業が稼いだ利益を上回っているのである！

そんな逆風にもかかわらず、ある航空会社だけは利益を出し続けていた。その会社の名はサウスウエスト航空である。なぜだろうか？ 同社のコンサルタントであるケビン・フライバーグ博士とジャッキー・フライバーグ博士は、同社が何かにつけお祝いをするのに気が付いた。

「サウスウエストでは、会社の業績をたたえたり、従業員を慰労するため、頻繁にパーティーが開かれる。それが〝サウスウエスト文化〟を浸透させることに役立っているのだ[7]」

「シンボル」の下に結集させる

最後に、「結束」について語るうえで欠かせない「シンボル」の役割についても触れておきたい。

アメリカ人が『星条旗よ永遠なれ』を聞いたり、星条旗がたなびくのを見てしばしば涙を浮かべるのは、曲が美しいとか旗のデザインが優れているからではない。その曲やそのデザインを通じて、自分たちが属しているアメリカ合衆国という国を意識し、その国に暮らしている家族や仲間たちのことを思い浮かべるからこそ、感動の涙を流すのだ。

英語に「旗のまわりに集まる」という言い回しがあるように、旗やロゴマーク、スローガン、テーマソングなどといった「シンボル」は、組織の結束を高めるうえできわめて重要な存在である。だから、リーダーはあらゆる機会をとらえてシンボルを使うことを奨励すべきである。

「チームワーク」が成否を分ける

一流のスポーツチームの試合を見れば、その見事なチームワークに感心させられるに違いない。一人ひとりのプレーヤーが、自分の役割をわきまえているだけでなく、状況の変化やチームメイトの予定外の行動に臨機応変に対応できる。優れたチームワークが存在すれば、チームの能力は個人の能力を合計したもの以上になるのである。

こうした素晴らしいチームワークは、スポーツ以外の組織でも見ることができる。ピーター・ドラッカーは、その著書『The Effective Executive』の中で、救急病棟におけるチームワークの例を挙げている。

「医師、看護婦、X線技師、薬理学士、病理学士その他の医療関係者が一丸となって、一人の患者の命を救うために働いている。少しのミスが患者の死に直結するという緊張感と秒単位のタイムスケジュールの中で、一連の指示と動作がほとんど無意識・無言のうちに正確に進行する――まるで競技場で目にする一流スポーツチームの動きとそっくりではないか[8]」

チームワークが個人の能力を高める

優れたチームワークは、組織を成功に導く。と同時に、そのチームに参加している個人の能力を高める要素にもなる。

数年前にアメリカ空軍が、爆撃手の飛行時間と個人の技量との関係について調査したことがある。飛行時間が増えればそれだけ経験も積むので技量が向上するのは当然だが、飛行時間が同じ爆撃手同士を比べても技量に明らかな差が出た。理由を探るべく結果をさらに分析すると、単独飛行を長く経験した爆撃手よりも、集団飛行を長く経験した爆撃手の方が、技術が高いという事実が浮き彫りになった。言い換えれば、集団飛行というチームワークにおける経験が、爆撃手個人の技術を向上させたのである。

「共通の目的」がチームワークを支える

では、チームワークを支えているものは何か？　あなたの組織の中にチームワークを育てるにはどうしたらいいだろうか？　重要なことの一つは、共通の目的を持つことである。

アメリカン・フットボールの名門ノートルダム大学のコーチを務めるフランク・リーヒーは、第二次世界大戦ではアメリカ海軍の将校として硫黄島での戦闘を指揮した。彼は言う。

「体と体がぶつかり合うスポーツで経験する、何が何でも勝ちたいという闘志は、硫黄島で我が軍の勝利をもたらした精神と同質のものである[9]」

ベトナム戦争で捕虜となったアメリカ軍パイロットたちは、言語を絶する困難、飢え、そして拷問に耐え、神と国家に対する忠誠を貫き、団結心を失わなかった。これを可能にしたのは、共通の目的意識であった。国家を裏切ることなく生き延びて解放の日を待つのが、その共通の目的であった。

困難と死の危険に直面しながらもチームワークを維持したという事実からは教えられるところが多い。言葉を交わすことを禁じられた彼らは、隣り合う独房の壁を叩くことによってコミュニケーションを図った。このようにして上級兵の命令を伝達し、ニュースを伝え、慰め合い、共に祈った。新しい捕虜がやってくると、彼にも暗号を教えた。このようにして彼らは精神の安定を確保し、非常に高度のチームワークを維持したのだ。

好対照なのが、朝鮮戦争におけるアメリカ人捕虜のケースだ。何百人ものアメリカ人が囚われの身のまま死んでしまった。戦争が終わってから行われた調査によれば、さほどの重病でもないのに死亡した例が多数あったという。[10]何が起きたかというと、兵士たちはしだいに生きる気力を失ったのである。「生きのびて解放の日を待つ」という共通の目的意識が薄く、チームワークを築くことができなかったのだ。待遇の改善を求めて敵に協力する者もいれば、共通の利益よりも自分の利益を優先させる者もいた。

数年後に私が空軍パイロットになったとき、この当時に北朝鮮が制作した宣伝映画を見せられたことがあった。捕虜のパイロットが映し出され、犯してもない罪を犯したと言って、嘘の証言をしているのだった。共通の目的のもとにチームワークが機能していれば、たとえ逆境の中でもこんな間違いを犯すことはなかったはずである。

「脇役」の重要性を認識すべし

どんな組織においても、高く評価されているスタープレーヤーがいて、彼らが組織の牽引役を果たしている。しかし、優れたチームワークはスタープレーヤーだけでは成り立たない。彼らを側面からサポートする「脇役」の存在も欠かせないのだ。

パットン将軍が優れたリーダーたる所以は、こうした「脇役」の重要性をわきまえていたことだ。彼は、組織の一人ひとりが重要な存在であることを全員に示すことによって、組織を共通の目的に集中させた。そのことは、彼がノルマンディー上陸作戦の直前に行ったスピーチからもうかがえる。少し長いが引用してみよう。

実際の英雄は伝説に登場するような闘士とは限らない。陸軍に属する一人ひとりが、なくてはならない存在だ。どんな小さな任務も、全体の計画にとってなくてはならない。トラックの運転手が砲弾に怯えて排水溝に逃げ込んでしまったらどうなるか。「自分一人くらい気にも留めない」と思うかもしれないが、運転手すべてがそう思ったらどうなるだろう? ありがたいことにアメリカ人はそんなことを言わない。すべての人が自分の任務を果たす。すべての人が全体のために働く。すべての部隊が全体計画にとって大切なのである。銃砲を供給するには兵站部が必要であり、糧食・被服を行き渡らせるためには補給係将校がいなくてはならない。食堂の係がお湯を沸かしてくれるから、私たちは下痢にならずにいられる。従軍牧師がいなければ、死んだら地獄に行くほかはない。すべての人が自分のことだけでなく、共に戦っている戦友のことを考えなければならないのだ。

陸軍に臆病者はいらない。そういう人々はハエのように敵に殺されても仕方がない。殺されなかった臆病者は戦争が終われば帰国し、また臆病者を増やすだろう。勇気ある人々は、勇気ある人々を増やす。アフリカ戦線で私が目にした中で最も勇気ある人物は、激しい砲火の最中に電柱に登っていた。私は立ち止まって、「こんな時に何をしているのか?」と彼に尋ねた。彼は答えた。「電線の修理です、上官殿。こいつを何としてでも修理しなくてはならないのです」

彼こそ本当の兵士である。

チュニジアのガベスへ向かったトラック運転手たちのガッツにも賞賛を送りたい。彼らは、ろくでもない悪路と格闘しながら進み続けた。激しい砲火にもめげず、決して止まることも、コースから外れることもなかった。四十時間以上も連続して運転した運転手も珍しくなかった。[11]

スポーツを通してチームワークを磨く

あなたの組織にチームワークを確立するうえで有効なのが、スポーツのような課外活動である。つまり、本来の仕事や任務とは別に、同じメンバーで一緒に活動するよう奨励することである。もちろん、あなたも参加すべきだ。

なにも体と体がぶつかり合うスポーツでなくともよい。男女にかかわらず、運動が得意な人もそうでない人も、要するに全員が参加できるスポーツであれば何でもいい。全員が共にプレーすることによってあなたの組織にチームワークが芽生え、それが本来の仕事に波及していく。それこそが狙いである。

一九九五年六月二日のことである。F‐16戦闘機で出撃したスコット・オグラディ大尉はボスニア上空で地対空ミサイルの攻撃を受け、脱出するほかなくなった。彼は救出されるまで丸六日間を敵が支配する地域で生き延びた。彼の英雄的行為と究極的勝利は、彼の著作『Return with Honor』に詳しい。オグラディはこの本の中で、彼が救出を受けることができたのは、戦友たちとのチームワークが確立していたからだと強調している。

「戦闘状態においては、戦友を信頼し、彼らの反応を予測し、彼らの素早い判断に頼る必要がある。しかし、信頼するにはその人物を知らなければならない。仕事での付き合い以上に、ともに生活し、遊んだ経験が信頼につながっていたのだ[12]」

同じことはビジネスの世界にも当てはまるだろう。あなたの部署に優れたチームワークを確立したいのであれば、スポーツのような課外活動を採り入れ、〝連携プレー〟の経験を積ませてみてはいかがだろうか。

この章では、連戦連勝のチームを作り上げるためのポイントとして「結束」と「チームワーク」について解説してきた。最後に要点をまとめておこう。

「結束」と「チームワーク」を高めるポイント

〈「結束」を高める方法〉

①・仲間意識を持たせて組織のまとまりを維持する。
②・自分は最高のグループに属しているという誇りを持たせる。
③・あらゆる機会をとらえて積極的に評価する。
④・組織の名称、スローガンなどのシンボルを活用する。

〈「チームワーク」を生み出す方法〉

①・共通の目的を組織に浸透させる。
②・主役だけでなく「脇役」の存在も認める。
③・スポーツのような「課外活動」で連携プレーを磨く。

第9章

士気を高め団結心を強化する

連戦連勝のスポーツチームには、重要な特徴があと二つある。それは「高い士気」と「団結心」である。優れた組織には、必ずこの二つが備わっている。「高い士気」というのは、集団における一人ひとりの満足感、または高揚感である。一方、集団としての満足感、または高揚感というものがある。それが「団結心」である。

部下の裁量に任せて士気を高める

部下に高い士気を持たせたいと思ったら、ある程度部下の裁量に任せなければならない。「参加型経営」が叫ばれる、はるか以前から、アメリカ陸軍ではこう言ったものである。

「部下にやるべきことを指示しても、やり方を指示してはいけない」

やり方を部下が自分で決めれば、「自分がやった」という気持ちを持てる。それが重要なのだ。

ベン・モリール大将は、第二次世界大戦では設営部隊の部隊長だった。設営部隊というのは海軍の土木技師たちで、戦闘地域の非常に困難で危険な状況下で基地の建設を担当する。モリールは、成果を上げるにはコツがあるのだと語っている。

「入隊以前に腕に覚えのある職人たちを、私たちは活用した。彼らは、職人言葉を話す将校なら素直に指示に従った。私たちは彼らに、大冒険の重要な部分を担っているのだという気持ちを持ってもらうようにした。そうすると高いレベルの士気が生まれるのであった[1]」

『The Functions of the Executive』を著した経営学の権威、チェスター・バーナードはAT&Tの平社員から出世した人物である。バーナードは言う。

「組織の中で個性が埋没してしまい、その組織が自分の組織だと感じられない人間がいたとしても、彼らが自らの自由意志でそんな状況に身を置いているわけでは決してない[2]」

どんな人間でも、自分が属している組織が「自分のものでもある」と感じていたいはずだ。そのためには、あなただけが責任を引き受けるのではなく、部下にも責任の一端を分け与えるべきなのだ。少しでも責任を与え、組織への貢献を認めれば、仕事に対する気持ちの持ちようが違ってくる。「自分もチームの一員である」というのと、「しょせん自分は組織の歯車」というのでは、士気に差が出るのは当然のことだろう。

「高い士気」と「陽気さ」の関係

士気に関係がある要素として挙げなければならないのは「陽気さ」である。意外に思うかもしれないが、リーダーが陽気であれば部下の士気は高まるものだ。

ウエストポイントでマッカーサー将軍と同窓生だったある将校は、「若い頃からマッカーサーは持ち前の陽気さで周囲の人々に自信を植え付けていた」と語っている。

アイゼンハワー将軍の同窓生であったカール・C・バンク准将もこう言っている。

「いつも際立っていた特徴の一つは、彼の陽気さ、にこやかな笑顔、そしてユーモアであった[3]」

ほかにも、自分が成功したのは微笑みを絶やさなかったお陰だと言うリーダーが多いのは事実である。第二次世界大戦の後でまとめられた空軍のリーダーシップに関する公式マニュアルは、大戦中に陸軍航空隊の司令官を務めたハップ・アーノルド将軍を例に挙げ、彼がいつも微笑みを絶やさなかったことが昇進する上で大いに役立ったと指摘している。

「陽気さは自信と楽観主義と大胆さと〝人間好き〟を人々に印象づけ、だれもが彼の人柄をすぐに感じ取り、好感を持たれるようになる[4]」

今何が起きているかに注意し…そして行動せよ！

あなたの組織に高い士気を求めるのであれば、今何が起きているかに常に注意しなければならない。目と耳を全開にして流れをつかみ、そして最も大切なことは、毎日部下と話をすることだ。そうすれば、みんながどう感じているかが分かるだけでなく、起きようとしていることが見えてくるだろう。

万が一みんながやる気を失っていたら、それをいち早く察知して、すぐ行動を起こすべきである。時にはちょっとした冗談で流れが変わることがある。もちろん、根本的な解決策をとらなければならないこともあるだろう。

プリンストンは有名な大学があるというだけの町ではない。独立戦争では重要な戦いが展開された場所でもある。この戦いは大変な接近戦であった。ジョージ・ワシントンは部下が砲火にさらされているのを目の当たりにして「これはひどいことになってきた」と感じた。

兵士たちがパニック状態になる危険が迫ってきた。ほんの数人が敗退するだけで、戦線が崩れてしまうかもしれない。すぐに彼は馬を急かせて、自軍とイギリス軍の間を走った。戦闘の最前線を、砲火をものともせず行ったり来たりした。馬に乗った司令官が目の前を走り回っているときに、兵士たちは恐がってなどいられるだろうか？　もちろん彼らは勇敢に戦い、アメリカ軍は戦線を維持することができた。

あらゆる機会をとらえて模範を示せ

大将のすることをそっくり真似て、間違えたら罰を受ける「大将ごっこ」という遊びがある。何から何までリーダーの真似をするのである。リーダーがまず模範を示してくれるのだから、それに従うのはそれほど難しいことではない。実はこの「模範を示す」という行為が、組織の士気を高めるのにとても役に立つのだ。

一九四二年にアメリカ陸軍航空隊のアイラ・C・エイカー少将は、ドイツに対する昼間の爆撃飛行を計画した。イギリス空軍のパイロットたちは「そんなことをしたら大変な損失を被る」と反対したが、エイカーは思い留まるつもりはなかった。とはいえ、計画に不安を感じているパイロットたちを納得させなければ、作戦が成功するとは思えなかった。そこで、エイカーは最初の昼間の爆撃飛行には自ら参加した。少将が爆撃機に搭乗するなどということは、めったにあるわけではない。結局、この行動が部下たちを鼓舞し、彼の部隊は戦争が終結するまで昼間の爆撃飛行を続け、多大な戦果を上げたのだ。[5]

このように、リーダーが自分から模範を示すことによって、簡単に問題が解決することがある。そこでは、必ずしも危険に身をさらす必要があるわけではない。

第5章で紹介したフォン・スチューベン男爵の例を考えてみよう。独立戦争当時、単なる民衆の集まりを、立派な軍隊に育て上げた人物だ。彼はまず、兵士たちが確実に作戦を遂行できるようにするための教練教則を作成した。しかし、戦闘は目前に迫っている。マニュアルを示しただけでは、実戦で作戦を遂行させるのは難しい。

そこでフォン・スチューベンは、模範部隊を編成したのである。そして彼は南軍の将校や兵士たちの面前で、この模範部隊に教練を実演させた。彼の言葉を借りるならば、「私は夜中に作戦計画を口述し、昼間にそれを実行させた」のだ。効果は絶大だった。こうした実践的なトレーニングが、実戦でも役立つことを実証して見せたのであった。まだ比較的若かったにもかかわらず、フォン・スチューベンが陸軍で最初の検閲総監となったのは当然のことであった。[6]

すべきことを書き留めるだけではリーダーシップとは言えない。ほかならぬ勇士ギデオンも聖書の中で言っている。「我の為すがごとく為せ」と。

士気を高めるにはどれだけの時間が必要か?

組織の士気を高めるには、何年、何カ月もの時間がかかるものと思い込んでいる人もいるようだ。しかし私は「そうではない」と断言できる。ジョージ・S・パットン将軍は言った。

「どんなにひどい組織でも、一週間もあれば高い士気の状態へ引き上げることができるものだ」[7]

それがウソでないことを、私は実際に目撃したことがある。ベトナム戦争でのことだ。ベトナムとラオスを結ぶホーチミン・ルートを飛行する爆撃機が、手強い対空砲火のために撃墜されるケースが相次ぎ、我々の飛行大隊の士気は低下していた。ところが、当時の司令官はどうすることもできないでいた。この将校は何年も出撃経験がなく、操縦桿とは縁のないポストから引き抜かれて戦場へ送り込まれていた。たまたま彼は中佐という高い位の軍人だったので、司令官になったのであった。戦闘の現場には「ためらい」が生じていた。難しい任務は避けるようになってしまったのだ。

結局、司令官は解任され、新しい司令官が着任した。そして彼は、ほんの二言で状況を一変させた。彼は言った。

「私が諸君の新しい飛行大隊司令官である。今後は私も一緒に出撃することとし、特に困難な作戦では、誰よりも多く出撃することにする」

リーダーの誠実さが「団結心」を生む

規律が厳格な軍隊では、ただリーダーが命令すれば部下が動くと思われがちだが、実際にはそれほど簡単ではない。

私は除隊して軍服を脱ぐと、ある民間企業の管理職に就いた。そこの社長は私と最初に会ったときにこう言ったものだ。

「さてビル君、君が軍隊でリーダーを務めていたことは知っている。しかし民間企業では事情が違うぞ。命令しさえすれば部下が動くわけじゃない」

私は社長に、軍隊の命令も、そんなに単純ではないと強調した。どんな組織を率いるにせよ、命令する権限はそれを発動するのが適切なときのために取って置かなければならない。むしろ、部下があなたの指導を待ち望むような状況作りに努めるべきである。そのためには、部下全員がリーダーに対して信頼を寄せ、やる気になっていなければならない。それが「団結心」と呼ばれているものである。

陸軍のハーボード将軍は、第一次世界大戦におけるフランスでの戦闘を振り返って、こう語ったことがある。

「指揮官から進め！の命令が下るとき、兵士たちは暗黙のうちに投票を行う。さまざまな群集心理が働いて、〝動議〟が可決されるまでは前進しない。〝全員一致の同意〟があって初めてリーダーに従うのだ[8]」

言い換えると、集団に属する人々から行動を引き出すには集団意識に訴えなければならないのだ。では、どうしたら団結心を育むことができるのだろうか？

私に言わせれば、団結心は「信頼」と「貢献」の上に成り立っている。

清廉潔白でなければ「信頼」は得られない

第2章において私は、清廉潔白さを保つことがリーダーの絶対条件であることを示した。ということは、リーダーが清廉潔白でなければ団結心を育むことなどできるわけがない。政治科学ジャーナリストのトーマス・E・クローニンも、清廉潔白さは「おそらくリーダーとしての資質のうちで最も中核的なものだろう」[9]と述べている。

ペリー・M・スミス少将はその著書『Taking Charge』の中でベーブ・ザハリアスの話を紹介している。ザハリアスは一九三二年のオリンピックで槍投げなどの金メダルを獲得した女性アスリートで、後にプロゴルファーに転向した。ある大きなトーナメントで彼女は、他のプレーヤーのボールを誤って打ってしまう〝誤球〟の反則を犯し、二打のペナルティーを受け、僅差で優勝を逃したことがある。後にある友人が彼女に言った。

「ねえベーブ。誰も気づかなかったんでしょう?」

しかしザハリアスは答えた。

「私が気づいていました」[10]

ウエストポイントの軍事作法には、「士官候補生たるもの、うそ、ごまかし、盗み、またそれを為したる者へのいじめをすべからず」という言葉がある。軍人作法違反は退学を意味している。例えばある士官候補生が試験でカンニングをしたとしよう。誰にも気づかれなかったにもかかわらず、自ら軍人作法委員会へ申し出たとする。退学である。これは私自身が士官候補生だった頃に、実際にあった話である。

私自身の体験も紹介しよう。ウエストポイントでの一年目を終えて休暇で帰省していたときに、高校の友達と飲みに出かけたことがある。当時、ウエストポイントがあるニューヨーク州では十八歳になれば酒が飲めたが、私の故郷では二十一歳にならないと酒が飲めなかったので、友人たちは偽の身分証明書を用意していた。身分証明書の提示を求められたときに私は、いつものようにウエストポイントの身分証明書を見せた。女性店員はそれを子細に見たが、年齢が記載されていなかったので、私にこう聞いた。

「ここでは二十一歳にならないとビールを出せません。ウエストポイント生だということは分かりましたけど、年齢は二十一歳ですか？」

「違います」と、私は答えるしかなかった。

友人たちは驚き呆れた。ベーブ・ザハリアスのケースと同じように、嘘をついても誰にも分からなかっただろうと彼らは私に言った。四十年以上も前の話ではあるが、「私が気づいていた」と、ここで言えることを私は誇りに思う。

軍人作法委員会というのは、ウエストポイントの士官候補生たちによる自主的な組織である。だから軍人作法は、自らを律するためにまとめられたものだ。私はこれまでに、この軍人作法と生死を共にしてきた将校たちを数多く知っている。また、この軍事作法は戦闘において数々の命を救ってもきているのである。もっとも、すべての士官候補生が軍人作法を忠実に守っているかといえば、残念ながら人間のやることなので、必ずしもそうではない。しかしその理想が生きていることは、ウエストポイントが質の高いリーダーを輩出しているという事実が証明している。

もちろん陸軍以外の軍隊においても、リーダーが清廉潔白でなければ組織が成り立たないことが広く認識されている。デーブ・オリバー・ジュニア准将は長らく潜水艦の艦長を務め、リーダーシップについても研究した人である。彼はその著書の中でこう言っている。

「大きな組織の中では、真実と真実以下の際どい線を歩く者が出世するものと信じられている。自称プラグマチストたちは、用心深い官僚的な軍人が成功の階段を上るのだといった話をたっぷりして、聞く者を楽しませる。私の経験によると、それは間違いだ」[11]

団結心を育てたければ、ベーブ・ザハリアスが示したように、またウエストポイントの軍人作法に記されているように、リーダー自身が清廉潔白であることが絶対必要だ。そうすればやがて部下たちがあなたに信を置くようになり、恩義をきちんと返すようになるだろう。あなたに対しても、仲間に対しても、清廉潔白な態度で臨むようになるだろうし、団結心は向上するだろう。

部下への配慮が相互信頼を生む

「アームド・フォーシズ・オフィサー」誌は、団結心は「互いに最高の資質と能力を持っているという信頼感に基づいて、リーダーと部下の相互信頼が生み出すものである」と指摘している。相互信頼を築きたければ、部下の福祉に対するあなたの真剣な配慮を、はっきりと示さなければならない。

あなたをリーダーと仰ぐ人々は困難をものともせず、あなたの誤りや風変わりな性格を受け入れ、時には積極的に自分の命すら危険にさらす。しかしそれには条件がある。リーダーが掲げる目標が、自分にとって価値のあるものでなければならないのだ。

私が大学で教えていたころの学科主任に、マーシャル・E・レディック博士がいた。彼は学生たちから非常に高い評価を受けていたので、その理由を尋ねたことがある。

「簡単なことです」

彼は答えた。

「教師のためではなく自分のためだと分かっていれば、どんなに難しい課題でも学生はやってのけるものです」

マーシャル博士は、学生の気持ちに配慮し、学生のためになるような形で教えていたのだ。自分自身の利益よりも、学生の利益を優先したから相互信頼を勝ち得ることができたのだろう。

パットン将軍の例も挙げておこう。

彼は厳しいリーダーだった。兵士の規律を向上させるために彼はヘルメットだけでなく、ネクタイの着用も義務付けた。しかも戦闘の最中でのネクタイ着用である！

パットンはまた多くの間違いも犯している。戦闘神経症の兵士を殴って叱りつけた。また息子を戦争で亡くした母親たちの前で暴言を吐いたこともあった。戦後は、共和党や民主党をナチスと同列に扱う発言もした。そのためアイゼンハワーは彼を二度も解任しなければならなかった。

その半面、パットンは非常に部下思いの司令官でもあった。彼の部隊は、戦闘における死傷率がきわめて低かった。第一次世界大戦中、弱冠二十九歳の大佐としてアメリカ初の戦車部隊司令官に任命されたパットンは、パーシング将軍に次のように言った。

「上官殿、本官は特別な感慨をもって新しい司令官としての任務を拝命いたしました。八両の戦車をお預かりすることによって、敵に最大の損害を与えつつ、味方の命の損失を最小限にとどめることができると考えるからであります[12]」

このようにパットンは厳しい司令官ではあっても、部下のことを本当に心配していた。だからこそ部下との間に強い相互信頼を築くことができた。それが無敵の団結心を生み、彼の部隊は勝利を重ねた、多少の性格上の欠点があっても、部下に愛されたのである。

部下への配慮だけでなく、時には部下の家族への配慮が求められるときもある。

シュワルツコフ将軍が「砂漠の楯作戦」の指揮を執ったときに、大きな問題が一つあることが明らかになった。サウジアラビアを守るための地上部隊と陸軍を揃えることには成功していたのだが、イラクをクウェートから追い出すための兵力としては不十分だった。そこで、ウエストポイントでの私の同窓生でもあるフレッド・フランクスが率いる第七部隊が派遣されることになった。

しかし、当時ヨーロッパに駐留していた大部隊を砂漠での戦闘のために中東へ移動させるのは、大変な難事業であった。超人的な努力と、指揮系統の再構築が必要だった。それにもかかわらず、彼は部下と部下の家族への配慮を忘れなかった。

「我々は既に家族と共に前線に派遣されていたが、中東へは家族を連れて行くわけにはいかない。そこで兵士の留守中に家族が安心して過ごせるよう、家族支援計画を十分に練った[13]」

「貢献」で団結心が強まる理由

ジョン・F・ケネディがアメリカ合衆国大統領に就任した際に、「国があなたに何をしてくれるかではなく、国のために何ができるかを問え」と国民に強く訴えた。国に何をして「もらえる」かではなく、国のために何が「できるか」に注目することによって偉大な事業を成し遂げられることを、彼は指摘したのであった。

残念ながら彼はその事業が完成する前に凶弾に倒れた。しかし、彼が呼びかけた国民の団結心は、彼の死後も長く残った。そのお陰で、公民権運動が実を結び、人類最初の月面着陸にも成功し、ロシアのミサイルをキューバから撤去させることにも成功した。

何をするにつけても私たちは、二つの仕事のどちらかに励んでいるからだ。ひとつは「できるだけ多く手に入れる」仕事で、もうひとつは「できるだけ多く与える」仕事である。「できるだけ多く手に入れる」仕事に励んでいる集団は団結心が弱い。一方、「できるだけ多く与える」仕事をしている集団は団結心が強い。「何かに貢献している」と感じ、積極的な気分が満ちているのだ。

あなたの組織はどちらの仕事をしているだろうか? もし「できるだけ多く手に入れる」仕事をしているようなら、方向転換を図らなければならない。そうしなければ団結心はあまり育たないだろうし、そこそこの成果しかもたらさないだろう。部下に「できるだけ多く与える」仕事をさせるには、あなた自身が積極的に活動する必要がある。仕事の内容を説明し、模範を示し、成績を付けなければならない。

仕事の内容を説明するのは簡単だ。組織が進むべき方向を示せばよい。討論し、部下の意見を取り入れて、あなたが示す目標への意見の一致を図ればよい。行動計画を決め、目標達成までの節目節目に、中間目標を設定すればよい。

模範を示すのは、それほど簡単ではない。うまく行かないときにはすべてがうまく行かない。クラウゼヴィッツが「戦場摩擦」と呼んでいるものである。後退があり、戦意喪失があり、そして敗北がある。それでもあなたは果敢に前進しなければならない。部下を励まし、貢献の継続を求め、逆境にあってもさらなる犠牲を求めなければならない。

同時に、仕事の成績も付けなければならない。つまり、大きな功績のあった者に報奨を与え、方向転換が遅れている者の尻を叩かねばならない。これは大変な仕事である。

特に、「できるだけ多く手に入れる」仕事をしていたときに良い成績を収めていた人々は、なかなか方向転換ができない。彼らに新しい仕事を理解させなければならない。

どんなときでもあなたは最大の貢献をすることによって、模範を示すことができる。中途半端はいけない。部下をだますことはできない。「できるだけ多く与える」仕事をあなた自身が始めたその日に、部下があなたのリーダーシップを受け入れるようになるだろう。自分の利益よりも組織の利益に貢献していれば、部下の団結心に不安を感じる必要はなくなるだろう。彼らがあなたの組織に属していることに満足していることを、あなたはしばしば直接本人から聞かされることだろう。

士気を高め、団結心を強化するポイント

〈「士気」を高める方法〉

①・人々にあなたの考えと目標を共有させる。

②・何をするにつけても陽気に振る舞う。

③・状況を把握し、迅速に必要な行動を取る。

④・可能な限りリーダーとして模範を示す。

〈「団結心」を高める方法〉

⑤・清廉潔白さを維持する。

⑥・部下への配慮を示して相互信頼を高める。

⑦・個人的利益ではなく組織への貢献に注目させる。

以上の二つの章において私たちは連戦連勝のフットボールチームのような組織を作り上げる方法を学んだ。そのためには次の四本の柱が必要なことは、既に理解されたことと思う。

●結束

●チームワーク
●高い士気
●団結心

この四つの柱を立てることができれば、どんなときでも勝てるチームを育て上げたことになるだろう。さて次の章では、この連戦連勝チームをどのようにコーチすべきかについて解説しよう。

第10章

連戦連勝のチームを生み出すコーチ術

私がまだ若い副官でB－52機の航空士兼爆撃手になろうと勉強していたころ、ジョン・ポーター中佐と同乗する幸運に恵まれた。ポーター中佐は「飛行大隊航空士」すなわち航空大隊の上級航空士であった。

誰かが私に警告した。ポーター大佐と同乗するということは〝ポーター航空士学校〟に出席させられることであった。生易しいものではないことを私は覚悟した。ジョンはまったく妥協を許さず、副航空士たちに仕事を完璧に覚えさせようとした。彼らが自分ですべての操作を覚えられるはずがないと知っていたので、ジョンはすぐに手取り足取り教え始めるのだった。

その後の飛行機乗りとしての私の半年は、なかなか大変なものであた。ジョンは空中でも地上でも常に私の注意力を要求してやまなかった。航空技術とB－52のすべてについて覚えるように主張した。私が怠けていたりするとすぐに注意された。

半面、私が一生懸命やっているのにうまくいかないときには辛抱強く待ってくれた。どこに問題があるのか、丁寧に説明してくれた。やがて私は〝ポーター航空士学校〟という呼び方が決して冷やかしではなく、敬意を込めての呼称だということを理解したのである。ジョンのトレーニングとコーチングのお陰で、私を含めた若いパイロットたちは何とか一人前になることができた。技量が優れているだけでなく、ベストを目指す積極性のある飛行士チームが育ったのだ。キューバ・ミサイル危機のときにもし出撃命令が下っていたとしたら、この中佐のお陰で私たちは完璧に任務を遂行していただろう。

彼は飛行機の操縦法だけでなく、部下をコーチする方法も示してくれた。だから私は教官になり、ベトナム戦争のときには戦闘教官兼飛行大隊の戦闘訓練将校になることができた。後に空軍予備役で教えたときも、大学で教授として教えるようになったときも、教えるコツのいくつかはジョン・ポーターから受け継いだものである。〝ポーター航空士学校〟での彼の熱意は無駄ではなかったようだ。

コーチであることは生き方の一つだ

リーダーであれば教える責任があるのは疑問の余地がない。国立戦争大学の元司令官であるペリー・M・スミス少将も言っている。

「教師であることとリーダーであることは、車の両輪のようなものである。リーダーは積極的に部下の技量を磨き、洞察力を深めさせ、経験を分かち合い、そして部下が成長し独創性を発揮するのを助けるために、緊密に連携しつつ働くべきである。………教えることによってリーダーは、さまざまな面で部下にヒントや動機を与え、影響を及ぼす」[1]

デビッド・キャラダイン主演の連続テレビドラマ『燃えよ！カンフー』を覚えているだろうか？このシリーズの技術顧問であり、武闘シーンの多くでスタントマンも務めた人物は、香港生まれのカム・ユアンである。

かつて私は彼のカンフー・ジム「クワォン」に関してビジネス・コンサルタントを務めていた。私は、彼の同僚に対するときの誠実さと礼儀正しさに非常に感銘を受けた。いくつもの事業を営み、カンフー・シリーズに登場し、映画を制作し、ジムで門下生に稽古をつけるという忙しい身にもかかわらず、彼は人助けをするために骨身を削ることを惜しまなかった。

私はカムに尋ねたものである。どうやったらいくつもの事業を進めながらも、カンフーの非常に高い技量を落とさずにいられるのだろうかと。カムは答えた。

「カンフーは単なる武道ではなく、一つの生き方なのです。私はその稽古を休んだことがありません」

もしコーチとして成功したければ一時的なコーチであってはならない。経営学の権威バート・K・スカンロンも次のように言っている。

「成功するコーチは日常的なコーチである。年に一度などというものではダメだ。部下の代わりに仕事を自分でやってしまったり、ただやり方を指示したりするのではなく、部下のためにできるだけ多くの時間を割いて熱心に教えるほど良い結果がもたらされる」[2]

連戦連勝のチームを育てるには、まずコーチであることを自分の生き方にしなければならない。あらゆる機会をとらえて部下の指導に努めるべきなのである。部下の一人ひとりが向上すれば、組織の一員としての仕事も立派にこなすようになるだろう。彼らが立派に仕事をこなすようになるほど、優れた組織が育つことだろう。

優れたコーチになる五つの方法

優れたコーチになるのは難しいことではない。次の五つをしっかりと実行すればよいのである。

1．部下の話を聞く。
2．カウンセリングを行う。
3．功績を認める。
4．叱責をためらわない。
5．規律を持たせる。

部下の話を聞かなければならない理由

自分と部下の間に壁を作るのは間違いだ。壁があると良い知らせ以外は何も伝わってこなくなる。現場に何か問題があり、上司に言うべきことがあるのに、黙っていられては困るではないか。それはあなたのリーダーシップにとっても、あなたの組織にとっても好ましいことではない。部下に対しては、常に胸襟を開いておかなければならない。

私がある会社で研究開発部門の部長を務めていたころ、パイロットの耳を保護するヘルメットの改良に取り組んでいたことがある。やっと合格といえるほどのものができた。音響実験室での測定結果は、満足すべき数値を示していた。私はプロジェクト・エンジニアが新製品の全体設計に承認を与えるのを根気よく待っていた。

ところが、彼は数値に目を通したうえで、どうもまずいのではないかと言った。測定をやり直してくれというのである。

私は断固として拒否して、彼と言い合った。

「何カ月も実験してやっといい結果が出たというのに、また実験しろと言うのか? とんでもない!」

「部長、費用はほとんどかかりませんし、一週間遅れるだけではないですか」

「これ以上時間をかける必要はない。既にできているんだ」

「そこがどうも分からないんです」

「私には分かる。書類に署名したまえ」

幸い私は部下との間に壁を築いてはいなかった。もしもここでプロジェクト・エンジニアが口をつぐんでいたら、話はそこで終わったはずなのだが、彼はそうせずに私の目を見て言った。

「部長、そうしろとおっしゃるなら署名しましょう。しかし、万が一この実験測定値が間違っているとしたら、大損することになります。最終決定をなさる前に、この実験をもう一度やらないとしたら、私は断固として部長は頭がおかしいと申し上げたい」

彼の頑固な態度に、私は考え直した。確かに彼の言うことには一理ある。それまで問題を解決するのにてこずっていたあまり、私は先を急ぎ過ぎていた。何か不安があれば、念の為にもう少し時間をかける方が賢明かもしれない。そこで実験をやり直した。彼の方が正しかった。いくつかの重要な周波数帯で、測定値が間違っていた。

もし私が、あらゆる状況において有無を言わさず服従を要求するタイプのリーダーだったら…と想像すると、ぞっとする。ミスに気が付くまで時間がかかっていたかもしれないし、欠陥を直すのに多額の費用がかかっていただろう。

恐らく、大きな問題を引き起こしてしまうミスの大半が、事前に組織の中の誰かによって発見されているのではないだろうか。その人が責任者のところへ話をしに行くのを恐れたり、責任者へのパイプがなかったり、責任者が話を聞こうとしなかったりするから、悲劇が起こるのだ。

重要なのは、あなたが部下にどのような態度で臨むかである。部下の話を聞いたからといっても、意見の違いを全く認めないのでは何にもならない。あなたと意見が一致する人々だけが評価され、昇進するような状況では、どんなことが起きるだろうか？

全員があなたと同じ意見になるのにそれほど時間はかからないだろうと私は断言できる。もっとも、優秀な部下の一部は、とっくに組織を離れているだろう。

また、部下があなたに会おうとしたときに、どういう手続きを踏むことになっているかという点も、頻繁に確かめておかなければならない。うっかりしているとあなたの側近たちが、時間の無駄をさせ、無用な不安を掻き立てる人々からあなたを隔てておこうとするかもしれない。そういった人々とはもう会いたくないなどと不用意に漏らしたりすると、二度と会わせなくなるだろう。誰が時間の無駄をさせる者で誰がそうでないかを決めるのは、あなた自身でなければならない。

「カウンセリング」の重要性

何か問題が生じたときに話を聞くだけでなく、部下とは常日頃からコミュニケーションを保っておく必要がある。そのために有効なのが「カウンセリング」だ。仕事上の功績や失敗や問題点はもちろん、私生活で何か困っていないか、何を楽しみにしているか、といったことも含めてマンツーマンで話し合うのである。こうしたカウンセリングによって、組織の健全度を日常的につかむことができる。

カウンセリングはタイミングが決め手

多くの組織では、年に一回程度のカウンセリングを管理職が職員に対して行うことを義務付けている。定期的なカウンセリングはあらかじめ日時を決めて行うので、お互い心の準備をすることができる。別に話す必要がないと思われる人にも確実に順番が回ってくるので、話し合いの過程で思わぬ問題点を発見できることがある。

私が民間で働くようになってまだ日が浅かったころ、私より年配の男性を雇ったことがある。多くの面で彼は立派な仕事をしたが、一つだけ私が腹を立てたことがあった。ある仕事を与えたとして、何度も注意してからでなければ期限までにその仕事が仕上がらないのである。

もちろん私は彼を叱責した。しかし効き目がない。このことを除けば、彼は申し分がなかった。頼んだことはきちんとやってくれる。上司に対する態度も悪くない。しかし、つきっきりのようにして促さないと、仕事が進まないのである。

そうこうしているうちにカウンセリングの日がやってきた。私は彼に、「仕事の割り当てが多過ぎるのか」と彼に尋ねた。「そうではない」と彼は答えた。そこで私は、督促しなくても仕事を確実に完成させるための工夫をいくつか提案した。彼は驚いた。そして今後も注意してもらえるものと思っていたと言った。彼によれば、前の会社ではそうしていたという。結局彼と私は、さらに九十日間後に再度カウンセリングを行い、それまでは昇給を保留することで同意した。

それ以来、彼の仕事ぶりは一変した。一言も催促しなくても毎回確実に期限を守って仕事を仕上げるようになった。九十日後、私はためらわずに彼の昇給を認めた。実を言うと、最初のカウンセリングのときにさかのぼって引き上げたのである。その後は何の問題もなかった。

これは私が六カ月間を無為に経過させてしまった例である。私はこのとき、こんなことは二度と起こらないようにしようと誓った。実際、二度と起こらなかった。

定期的なカウンセリングを行う以外に、以下のようなときには特別なカウンセリングを呼びかけるべきである。

●何となく仕事のレベルが低下している。
●意見を聞きたい問題がある。
●部下の役に立てそうである。
●過去の行為またはプロジェクトを経験として生かすために評価しておきたい。
●将来にむけて助言しておきたい。
●何らかの問題がある証拠がある。
●上司または部下と個人的に話すべき理由が何かあるとき。

カウンセリングにアドリブは禁物

カウンセリングは簡単にアドリブでこなせると考えているリーダーがよくいるが、これは間違いだ。カウンセリングの目的に応じて、話題に取り上げて、どういう質問をすべきかを事前にはっきりさせておかなければならない。

ペリー少将はカウンセリングの中でリーダーが質問すべきこととして次のような点を挙げている。[3]

●この組織のどこが一番気に入っているか?
●一番困っているのはどこか?
●この組織を改善するためのアイデアは何かあるか?
●やめるべき政策や手続き、戦術、下部組織、システムなどがあるか? いつ捨てるべきか?
●組織の中で誰が最も革新的で、役に立ち、協力的だと思うか?
●組織におけるあなた個人の目標は何か?
●次に異動を希望する部署と、取り組んでみたい職務は何か? その理由と時期は?
●あなたの弱点は何だと思うか?
●現在実行している自己改善計画は何か?
●自分が昇進する見込みはどの程度あると思うか?
●私のリーダーシップのスタイルに関して困っていることは何か?

●あなたの時間を無駄にしているものを三つあげるとしたら何か？
●あなたが組織のために考えた目標は何か？
●過去六カ月間のあなたの実績は？　そのうち最高のものと最低のものは？

この質問リストは、あくまでもペリー少将が自分の部隊のために考え出したものなので、あなたの組織にそのまま当てはめてうまくいくとは限らないので注意してほしい。

なかにはもっとシンプルで汎用的な質問リストを活用している人もいる。次の例は、私が知っているある成功したリーダーが部下とのカウンセリングで使っている質問である。彼は、新しい組織を任せられるたびに、同じ質問を繰り返しているのだが、今のところうまくいっているようだ。

●あなたがやっている仕事は正確には何なのか？
●どういう問題を抱えているか？
●私はどうやったらあなたの仕事の役に立てるか？

部下とのカウンセリングでは、こうした質問に対する答えをきちんと聞くことが重要であることは言うまでもない。それと同時に、部下からの質問にも率直に答える用意をしておく必要がある。

ニューヨーク市のエド・コック元市長は、「私の仕事ぶりをどう思うか？」と質問するためにあらゆるところへ出掛けた。耳に心地よい返事ばかりではなかったが、どんな返事からでも、彼はニューヨーク市の現場の運営に関して重要な情報を引き出した。

カウンセリングは、部下がオフレコでリーダーと話をする貴重な機会である。部下は困っていることについてあなたに話す機会を持ち、うわさ話や陰口に終止符を打つことができる。共通の目標を立て、実現へ向けて努力するきっかけをつかむ良い機会である。うまく実施すれば、それまでは分からなかったような事実を発見できるのだ。

「求めよ、さらば与えられん」という聖書の言葉は、そのままカウンセリングについて当てはまると言っても過言ではあるまい。

リーダーシップを発揮するうえで、カウンセリングを有効に利用しない手はない。

功績を認めるチャンスを逃がすな！

組織の中の誰かが良い業績を上げたら、その功績を認める機会を逸してはならない。

自分がいい仕事をしたら、自分はその功績を認められるべきだと思うだろう。誰だってそう思うに決まっている。人に褒められたいという欲求こそ、人間の最も強力な動機の一つになるのだから。

第二次世界大戦当時、ある陸軍航空隊では、敵の攻撃によるものと同程度の損失が、不十分なメンテナンスが原因で生じていることに気付いた。そこで司令官は、メンテナンスに関して成功報酬を与える制度を導入した。賞状、四十八時間の臨時外出許可、駐屯地売店の珍しい品などの報酬を、メンテナンスの不備による出撃中止が最も少なかった整備士に与えたのだ。

この司令官は、受賞者ができるだけ大勢の前で賞賛され、多くの人に知れ渡るように、さまざまな工夫を凝らした。いちいち授賞式を行い、写真を撮って受賞者の郷里の新聞へ送り、賞賛のコメントを振りまいた。報酬それ自体は大して価値のあるものではなかったものの、それに伴う功績の認知が受賞者にとってかけがえのないものとなったのだ。結果的に、この航空隊のメンテナンス水準は際立って向上することになった。[4]

リーダーシップに関する空軍の古い教本には、「人間の性癖を味方につけよ。敵に回してはいけない。成功と認知を求めるこの本能は、リーダーが利用すべき最も価値のある財産の一つである」[5]と書いてある。

また、アメリカ陸軍の「レッド」・ニューマン少将も、その著書の中で次のように記している。

「リーダーに求められる態度や技術の中で、部下の立派な仕事に対する賞賛ほど重要な要素はほかにない」[6]

年商十億ドルの化粧品会社を率いるメアリー・ケイ・アッシュも「褒めるテクニック」の熱烈な愛好者だった。

「人々は褒められる必要があることを十分認識しているので、可能な限り功績を認めるように努力している」[7]

彼女は、ピンクのキャデラック、高価な毛皮のコート、ダイヤモンドの宝飾品など、はっきり形のある報酬を、最も優秀なセールススタッフに与える。と同時に、表彰のリボンを与え、ステージに呼び上げて拍手を浴びさせ、手書きの推薦メモを送り、広報誌に記事を掲載する。

もちろん彼女の賞賛の対象は、最も優秀なスタッフだけに限らない。どんなに小さな成功であっても、あらゆる機会をとらえて彼女は褒める。彼女は、「水を求める植物のように[8]」、人々が褒め言葉に強く反応することを知っている。しかも、どんな報酬よりも、単純な褒め言葉が一番効果が高いと信じているのである。

褒めるときにはできるだけ早く!

有名な行動科学者B・F・スキナーは、できるだけ強い動機を与えるには、褒めるべき行為があったときに「可能な限り速やかに褒めるべき」だと主張している。[9]

しかし、これを実践するのはなかなか難しい。問題は過度の官僚主義である。「賞の権威を守る」ことで頭がいっぱいのリーダーたちが多過ぎるのだ。本当に賞に値する行為なのかどうかを吟味するあまり、カンマが足りないとか、何かそういう些細なことで推薦意見を却下してしまうのだ。これは犯罪的である! 第二次世界大戦の功績を称えるのに、今ごろになって勲章が授与される例を聞いたことがあるのではないだろうか? こういうことでは、個人にとっても組織にとっても何のプラスにもならない。リーダーたるもの、部下がタイムリーに報奨されるように気を配ることは、重要な任務の一つだと思わなければならない。

「自分の勲章」を作ってしまったカスター将軍

南北戦争当時、勲章は名誉勲章しかなかった。しかし古参の将軍は特に優れた功績に対しては〝名誉昇級〟させることができた。つまり、給与や責任は変わらないものの、新しい肩書きと新しい階級章の着用を許すことが認められていたのだ。

一八六四年五月、北軍のグラント将軍はスポットシルヴェニアで南軍と対戦し、大変な苦戦を強いられていた。しかし、エモリー・アプトン大佐が「血の鈎形」と呼ばれていた敵の防御線を攻撃し、ほぼ壊滅させることができた。グラント将軍はその功績を称え、その場でアプトンを〝名誉昇級〟させ、准将の階級を授与したのであった。[10]

リトル・ビッグホーンの戦いで有名なジョージ・A・カスター将軍の「カスター勲章」についても紹介しよう。カスターはウエストポイント卒業後わずか二年で准将になり、二十代で最年少少将となったエリート将校である。南北戦争では、南軍のジェブ・スチュアート将軍率いる騎兵隊を打ち破った、初めての司令官であった。

カスターは、功績を残した部下がなかなか勲章を与えられないことに不満を感じていた。そこで彼は「自分の勲章」を作り出して部下に与えることにした。もちろん非公式のものにすぎない。けれども、部下はそれを非常に誇りに思った。

実は私もカスターの真似をして独自の勲章を部下に与えたことがある。あれは空軍予備役将官として仕えていた一九九三年、同じ問題に直面した私は、「カスター勲章」について本で読んだ。そして、赤、白、青のリボンの付いたオリジナルの勲章を作り、表彰の理由を記した記念銘板も付けた。正式の表彰式と同じように、カメラマンを用意して華やかな式典を執り行った。

私は、この勲章は正式のものではないから式典で着用してはならないと言い添えるのを忘れなかった。もっとも、私の部下たちは「ダイニング・アウト」と呼ばれる恒例のパーティーで、この非公式の勲章をこれ見よがしに着用して現れたのだ。

空軍の規則に違反した者は、事実であっても冗談であっても、ダイニング・アウトで「グロッグの鉢」から飲む罰を受けるのが習わしとなっている。鉢の中はチョコレート、ケチャップ、辛子などが混じり合った液体で満たされているのだが、彼らは進んでこの奇天烈な飲み物を口にする覚悟で出席してきた。それほど勲章を誇りに思ってくれたことを私はうれしく思った。しかし、部下の規則違反に際してはリーダーも責任を引き受けなければならない。「グロッグの鉢」の洗礼を受けるべく、列に加わらなければならなかったことは言うまでもないだろう。

部下の功績を認知することは、コーチングの手法の中でも最も重要なテクニックの一つなのだ。あの皇帝ナポレオンでさえも、その威力に驚いたほどである。皇帝の勲章をもらえるのであれば、兵士たちはどんな勇敢な行為でもやってのけることを聞かされた彼は、「そんな取るに足らぬもののために、そこまでするとは驚きだ」と感嘆したという。

叱責をためらってはいけない

リーダーはいつもいつも「好人物」ではいられない。時には部下を叱責して、規律を持たせなければならない。それを怠れば、不適切な行為は繰り返されるだろう。それだけでなく組織全体にあなたの無責任ぶりが知れ渡り、別の不適切な行為も許されると思わせてしまう。もちろんあなたが無責任であれば、部下に責任感を期待することはできない。

パットン将軍は、どんな些細なことについてもすぐに叱責するように勧めている。部下が間違いを犯したときには、直ちにそのことを本人に認識させた。パットン将軍は言う。

「私は戦闘訓練で兵士を殺したりはしないが、私の怒りに触れるくらいなら死んだ方がましだと思わせることはできる」[11]

パットンの叱責に関するこの考え方に、現在でも共感を示す人々が少なくないのは興味深いことである。あの『チーズはどこに消えた?』のスペンサー・ジョンソンとケネス・ブランチャードによる共著『The One Minute Manager』にも次のような記述がある。

「直ちに叱責せよ。どこが悪いのかを告げよ。しかも具体的に。彼らの間違った行為についてあなたがどのように感じているかを告げよ。その際、あいまいな言葉づかいは避けなければならない」[12]

ただし、叱責は一種の批判であることを忘れてはならない。だから第4章でも指摘したように個人的に叱責すべきである。時として本人の口から行為を正当化すべき理由が明らかになることがあるが、他人の目がなければ、それによって困った立場に置かれてしまうようなことは起きないだろう。

もし腹が立っているのだったら腹が立っていることを、その理由も含めて本人に告げなければならない。腹が立つこと自体に問題はない。

しかしあまりにも感情的になり、自制心を失うようではリーダーとして問題だ。それでは何のための叱責なのだかはっきりせず、焦点がぼけてしまう。叱責するときには、どういうことをしようとしているのか、精神を集中するようにしなければいけない。傷付けたり、嫌悪させたり、恐がらせたりすることが目的ではない。自発的な向上心を持ってもらうことが目的なのである。

その意味では、メアリー・ケイが褒め言葉の間に批判の言葉をサンドイッチにしたのも、良い方法かもしれない。また、ブランチャードとジョンソンの次のような勧告を守るのも一つの方法である。

「彼らを高く評価していることを思い出させるために、最後に握手したり、手を添えたりするとよい。今回の行為に満足していないことを明確に伝えなければならないが、叱責が終わればそれで終わりであることを認識させなければならない」[13]

高いレベルの規律を維持せよ

単純に叱るだけでは効果がなく、何らかのけじめをつけなければならない場合もある。そういうときには「実行あるのみ」である。ぐずぐずしていてはいけない。遅くなればなるほど、あなたにとっても、本人にとっても難しいことになる。それに時間が経ってしまうと、懲罰が不当なものであるように思われやすくなる。

規律を持たせるためには、何らかの抑止力を構成する予防策を導入しなければならないだろう。十七世紀のイギリスでは、追いはぎは死罪に相当した。今日では数年の禁固で済む場合が多いが、強盗事件はそれほど多いわけではない。その理由は逮捕されて刑罰を受ける可能性が高いからだ[14]。

一方、アメリカでは強盗事件の発生率が高い。刑罰がイギリスと比べてそれほど軽いわけではないが、逮捕されて刑罰を受ける確率があまり高くないことが原因ではないだろうか。

「規律を与える（discipline）」は、ラテン語の「教える」に由来している。教えるレベルの高さと同じように、規律の高さも、リーダーであるあなたがどこまでそれを達成できるかにかかっている。リーダーを尊敬し、自分自身を尊敬し、そしていつも最高の仕事をすることを部下に期待したいのならば、それを教えなければならない。もちろん、そんなことは一朝一夕にできることではない。任務の遂行を粘り強くコーチする手間を省いて、いきなり暴君のように振る舞っても意味がない。

ジョージ・ワシントンは、「部下が適度に服従するようになるまでには、一日、一カ月、あるいは一年でも足りない」[15]と言っている。高い次元で規律を維持するには、長い時間をかけて厳しく辛い努力を積み重ねる必要があるということだ。

また、ワシントンは触れていないが、ひとたび規律が乱れ始めると、それを引き締めて元に戻すには十倍の苦労をしなければならない。だからこそ高いレベルでの規律の維持に失敗したリーダーが、ほとんどの場合、司令官の任を解かれたり、民間ならば解任されたりするのである。

組織を立て直すには新しいリーダーが必要となる。新しいリーダーなら思い切って厳しい統制を敷き、組織を再建しやすい。古いリーダーにはそれが難しいことが多い。

まず規律の模範を示せ

組織の規律を高めるには、何よりもリーダーであるあなた自身が非常に高いレベルの模範を示すべきである。あなた自身が守れないような規律を部下に守らせようとしても、うまく行くはずがない。

次にある分野を選び出し、それに集中する。例えば、会社の昼休みが一時間と決まっているのに何年も前から守られなくなり、二時間近くになっているようなことがよくある。

もちろんリーダーとしては、そんな現状は受け入れがたい。プロ精神に反する。ならばその理由をすべてリストアップせよ。お客が待たされている、会社のイメージが低下している、若い社員に悪影響を与えている…など。

もちろん、状況は慎重に見極めなければならない。もしかしたら、何か特別な事情があるために昼休みが長引いているのかもしれない。すべてを考慮した合理的な判断が不可欠なのだ。

さて準備が整ったら集合をかけ、問題とその解決方法を伝えるべきである。どんな質問にも答える用意ができていなければならない。あなたが問題についてよく知っていれば、人々はあなたの正しさに気が付き、あなたを支持してくれるだろう。

これまでも規則を守っていた人々は、あなたの新しい方針を歓迎するだろう。昼食をのんびり取っている人々のおかげで余計に仕事をさせられていた人々は、何年も前から損をさせられていると感じていたかもしれないのである。

そして、必要ならば罰を下す決心をせよ。減給、残業命令、果ては解雇まで考慮せよ。すべてあなた次第である。ただし懲罰は公平で合理的でなければならない。

こうして問題が一つ解決したら、次の問題へ進めばよい。リーダーとしてはできるだけ早く事態を好転させ、次々に問題を解決したいと思うに違いない。でも焦ってはいけない。不徹底なままに先を急ぎ過ぎれば、それによってなかなか先へ進まなくなり、新たな問題が持ち上がる恐れもある。

重要なのは、問題解決の方向を決めたら、粘り強く徹底して実行することだ。

食品大手のグリーン・ジャイアントを引き継いだトーマス・H・ワイマンは、社風が自由に過ぎることに気が付いた。彼はどうやって規律を取り戻したのだろうか?

「四時にいくつか会議を招集すれば（それは一時間か二時間かかるだろう）、それで伝達はスムーズに行くようになる。欠席者には、『残念ながら会えなかった』というメモを五時に机に置いておけばよい。翌日、問い合わせがあれば素早く返事をして必要な情報を与え、〝期限が迫っている〟ことを注意するのだ[16]」

連戦連勝のチームを生み出すコーチ術

1・コーチであることを一つの生き方にせよ。
2・部下の話を聞け。
3・定期的に、また必要に応じてカウンセリングを行え。
4・部下の功績を認める機会があれば決して逃してはならない。
5・必要なときには叱責せよ。
6・高いレベルの規律を維持せよ。

これら六つの手法のいずれについても言えることがある。それは、必要だと判断したら速やかに実行することだ。

第11章
動機付けのテクニック

人々が組織やリーダーのために努力しようとするのは、なぜだろうか？ 組織の規模や種類によって状況は違うだろうし、同じ組織に属していても一人ひとり動機は異なるだろう。しかし、動機に関する問題として確実に指摘できることが一つある。それは、リーダーが考えている部下の動機と、実際に部下を駆り立てている動機との間には大きなギャップがあるということだ。

社員はなぜ働くのか？

社員は自分の仕事に関して何が重要だと考えているのだろうか。これまでにさまざまな社会学者たちが、この点を解明するために調査を重ねてきた。なかでも注目されるのは、ジョン・ナイスビットとパトリシア・アバディーンがその共著『Re-investing the Corporation』の中で報告している、パブリック・アジェンダ財団による調査だ。[1] この調査は、多くのリーダーたちにとって実に意外な結果を提示しているのだが、それをご覧いただく前に、あなた自身でアンケートに答えてみてほしい。

あなたの組織で働いている従業員たちが次のどの要素を重視しているのか？　彼らの気持ちになって、一、二、三…とランク付けするのである。私は自分のゼミでもこのアンケートをよく使う。

●敬意を込めて対応してくれる人と働ける。
●仕事が面白い。
●いい仕事をすれば認めてもらえる。
●腕を磨く良い機会である。
●自分の考えに耳を傾けてくれる人の下で働ける。
●指示に従うだけでなく自分で考えて働ける。
●仕事の成果を見届けることができる。
●有能な上司の下で働ける。
●仕事が適度に難しくやりがいがある。
●何が起きているかについてよく知ることができる。
●雇用が保障されている。
●給与が高い。
●手当や給付金が充実している。

「お金」よりも「やりがい」

では、あなたの答を次の調査結果と見比べてほしい。

1．敬意を込めて対応してくれる人と働ける。
2．仕事が面白い。
3．いい仕事をすれば認めてもらえる。
4．腕を磨く良い機会である。
5．自分の考えに耳を傾けてくれる人の下で働ける。
6．指示に従うだけでなく自分で考えて働ける。
7．仕事の成果を見届けることができる。
8．有能な上司の下で働ける。
9．仕事が適度に難しくやりがいがある。
10．何が起きているかについてよく知ることができる。
11．雇用が保障されている。
12．給与が高い。
13．手当や給付金が充実している。

その通り。最初から調査結果通りに並べてあったのだ。何十万人もの社員を対象にアンケートを行った結果がこれである。正解はいくつあっただろうか？

私がゼミで試してみた調査では、実に九割の回答者が、

●雇用が保障されている。

●給与が高い。

●手当や給付金が充実している。

のうちの一項目、または複数を上位五つに含めていた。何よりも安定した収入が、社員にとって最も大切だと考えていたのである。しかし実際には、これらの要素はランキングの下位に位置している。

以前私はエグゼクティブを対象としたヘッドハンターとして働いていたことがある。クライアント企業の意向を踏まえて、条件を満たす個性ある人物を見つけるのが仕事だった。当然のことながら、対象となる人物は既によその会社で高いポストに就いている成功者たちだ。だから仕事のかなりの部分はこういった成功者たちに新しいポストの価値を納得してもらうことだった。

ヘッドハンティングの世界では、報酬が重要な要素であることは間違いない。しかし、多くのエグゼクティブたちは金銭的な待遇だけでは振り向いてくれないのもまた事実である。上積みされる給与や手当は、新しいポストの価値を裏付ける指標に過ぎない。中には、収入ダウンをものともせず転職

した人物もいた。非常に高い給与と充実した手当をもらっているにもかかわらず、現在のポストに不満を感じていて、金銭以外の面でより満足できるポストを求めていたのだ。

マックス・デプリーは、家具製造大手ハーマン・ミラーの元会長兼CEOだ。「フォーチュン」誌が選んだ「最もよく管理され」「最も革新的な」十社の一つであり、さらに「最も働きがいのある米国企業」百社にも選ばれている。デプリーはこう言っている。

「最も優れた従業員は、ボランティアのようなものである。もっと待遇のよい働き口がたやすく見つかるはずなのに彼らが転職しないのは、給与や地位とは別の実体のないもののために働いているからだ。ボランティアには契約書が要らない。必要なのは誓約である」[2]

ではリストに戻り、今度は上位の項目を見てみよう。

1・敬意を込めて対応してくれる人と働ける。
2・仕事が面白い。
3・いい仕事をすれば認めてもらえる。
4・腕を磨く良い機会である。
5・自分の考えに耳を傾けてくれる人の下で働ける。

以上に共通するのは何だろうか? 一つ言えるのは、どれも大してお金をかけずに実行できるということ。もう一つ言えるのは、トップや親会社の判断を仰がなくとも実行できるということ。つまり、現場のリーダー自身の判断によって、今日からでも組織の改善に着手できるということである。

「敬意」を払って人々を味方にする

すべての人間は敬意を込めて対応する価値のある存在であると、多くの卓越したリーダーたちは言っている。メアリー・ケイ・アッシュがしばしば強調したように、誰もが「自分は組織にとって重要な人物である」と感じていたいからである。

アウステルリッツの戦いの前の晩にナポレオンは、味方の軍のキャンプファイアーを渡り歩いた。行く先々で兵士に囲まれると冗談を交わし、彼らの忠誠心に感謝した。そして、彼らが負傷した場合に備えて、救護班ができるだけ早く駆けつけられるように手配したことを説明した。こうしたナポレオンの部下に対する敬意が前線の兵士たちの士気を高め、それにふさわしい成果をもたらしたことは想像に難くない[3]。

アメリカの政治学者ジェームズ・マクレガー・バーンズは、ズバリ『Leadership』というタイトルの優れた学術書を書き、ピュリッツァー賞を受賞した。彼の簡潔な忠告に耳を傾けてみよう。

「歩を歩として扱ってはならず、王子を王子として扱ってはならない。すべての人は人として扱わなければならない。これがリーダーへの最も実践的な忠告である[4]」

仕事を面白くせよ！

やらなければならない仕事を面白くすることができるだろうか？ よく考えれば方法はいくらでもある。例えば、競争という性格を与えることによって仕事に対する興味を高め、組織の生産性を上げることができる。

イギリスの陸軍元帥バーナード・モンゴメリーは、第二次世界大戦でエルアラメインの戦いを前に部下に命じた。

「これから始まろうとしている戦いは歴史の分かれ目になるだろう。これは戦争の重大な転機である」

歴史の分かれ目となる重要な戦闘と言われて、ベストを尽くす気にならない兵士がいるだろうか？ モントゴメリーはこうして兵士たちの興味を駆り立て、全力を尽くさせた。そしてロンメルと「無敵の」アフリカ部隊を打ち破った。

「仕事に対する興味」の重要性について、七十年近くも前にウォーレン・ヒルトンは記している。

「成功を求める漠然とした情熱を持つだけでは不十分である。そういった単なる不明確な願望は、何ももたらさないだろう。漠然とした情熱のほかに、常に新たに沸いてくる明確な興味を持つ必要がある。何かに取り組むには、特定かつ有形の、また直接的な何かがなければならない。また新しい要素を、絶えず付け加えなければならない。そうしなければ興味は失せ、注意は拡散し、活動は鈍ってしまうだろう」

「最大の問題は、どうやったら頭脳をフル回転の状態に保つことができるかである。その答は興味を持ち続けることにある。…部下の関心を新たにし続け、彼らの注意を…任務に集中させる霊感を与え続ける方法を絶えず工夫しなければならない。若い男性に…単調で決まり切った任務をあてがっておいて関心を持てというのはできない相談だ。仕事を面白いものにしてあげなくてはいけない。…古い環境の中に新しいものを見つけ、日々の仕事の中に新しい面を感じ取る努力を通じて、部下の興味もあなたの興味も活性化しておかなければならない」[6]

立派な仕事には〝配当〟を与える

立派な仕事を認知する方法をいくつ思い付けるだろうか？　部下に対していくつの賞や報奨を思い付けるだろうか？　部下の成功を広く知らせる方法をいくつ思い付けるだろうか？　「おめでとう。あなたのことを私たちは誇りに思っている」ということを、いくつの言葉で表現できるだろうか？

イスラエルのエゼル・ワイツマン大統領（初代大統領とは別人）は、一九六〇年代初めにはイスラエル空軍の司令官だった。当時イスラエル空軍は装備が貧弱だった。ほんの数年後にはその名が世界に轟くようになるのだが、この当時はまだ小さな戦力にすぎなかった。

ワイツマン将軍は、空軍の全パイロットのファースト・ネームまで覚えていた。そして話しかけるときには、いつもそれを使っていた。また、一人ひとりの個人的問題や興味も知っていた。パイロットの奥さんに子供が生まれると必ず花束を贈った。

彼は採用広告のスローガンも考え出した。「空軍にとって最高の男たち」である。また、電話を取るときにはいつも決まって「はい、中東一の空軍です」という言葉で話し始めた。

次第に部下たちは、自分たちは数こそ少ないが最高の空軍であると確信するようになった。

ワイツマンがイスラエル防衛軍の作戦部長に昇進してから約一年後に、戦争が始まった。戦闘においてパイロットたちは彼の期待を裏切らなかった。第三次中東戦争（六日戦争）の最初の数時間で三百五十二機の敵機を撃墜したのであった。[7]

誰でも功績の認知を求めている

経営コンサルタントのコニー・ポデスタとジーン・ガッツは共著『How to Be the Person Successful Companies Fight to Keep』の中で、あるCEOが彼らに打ち明けた不満と愚痴について記している。

「私はこの会社を立て直すために一生懸命やってきた。一人もレイオフせずに利益を増やし続けた。各種手当を充実させ、社員が学校に通うのであれば進んで学費を負担した。ピクニック、パーティーその他のイベントにも気前よく資金を提供してきた。こうして私が苦労して社員に報いようと努力しているにもかかわらず、誰ひとり感謝の言葉を口にしてくれない。そのうえ、少しでも不都合なことがあったり、やむを得ず提案を退けたりすると、口をきかなくなったり、会社を辞めると脅す者がいる」[8]

こんな話を聞かされると、「この人はもう少し鈍感なくらいの方がいい」と感じるかもしれない。確かにそうだ。しかし、ここで私が指摘したいのは、会社のトップにまで上りつめた人物が自分の功績を認めてほしいと主張していることだ。稼ぎはいいし、権限もあれば責任もある。こんな成功者でさえ人に褒めてもらいたいというのが現実だとすれば、誰に対しても同じことが言えるのではないだろうか。もちろん、あなたの部下についてもしかりである。

社員の功績を認知する方法については、既にいくつか紹介してきたので繰り返さない。もっと詳しく知りたいという読者には、経営学の専門家ボブ・ネルソンが、社員を褒める千種類以上の方法を解説している『1001 Ways to Reward Employees』[9]という本が参考になるだろう。

部下に腕を磨く機会を与えよ

あなたの組織に属する人々に、腕を磨く良い機会を与えているだろうか？　社員が大学の学位を獲得するために毎週数時間ずつ職場を離れるのを容認できるだろうか？　あるいは、インストラクターを雇って昼休みや終業後にフィットネス・コースを提供するのはどうだろうか？　もしかしたら、ある特技を持ち、インストラクターとして教える意欲を持っている社員がいるかもしれない。聞いてみてはいかがだろうか。

教えることは学ぶことでもある。

オズワルド・ボエルケは第一次世界大戦で活躍したドイツの有名な撃墜王であり教官であった。彼が七十年以上も前に編み出した優れた戦術は、今日でも戦闘機パイロットたちによって使われている。ボエルケは自分の飛行大隊に配属されたパイロットが新しい隊にうまく適応するように、特に念入りに時間をかけた。訓練中のパイロットについては、勝利が確保されるようにあらゆる手だてを講じた。自分の撃墜数の記録を更新する機会をふいにすることも厭わなかったのである。

〝狩猟飛行隊〟というアイデアを提唱し、今日の「戦闘飛行隊」の原型を確立したのはボエルケである。彼は〝狩猟飛行隊〟の教官としての仕事に多くの時間を割いたが、それでも四十機もの敵機を撃墜した。結局彼は、ある飛行機事故で一九一六年十月二十八日、まだ戦争の終結が見えてないうちに死んでしまった。もし飛び続けていたら、彼よりも二年長く生き残って八十機を撃墜したマンフレッド・フォン・リヒトホーフェンの記録を上回っていたかもしれない。

ドイツは、ボエルケ自身による撃墜よりも、彼の教官としての仕事によって、多くの戦果を上げたのかもしれない。撃墜のチャンスをいくつか見送ったにしても、教えることによって得た知識が撃墜数の積み上げに役立っていたのかもしれない。新約聖書から引用しよう。

「かくして汝ら人を教える者は汝ら自身に教えるにあらずや」(ローマ書第二章第二一節)

耳を傾けることによって　やる気を引き出す

話に耳を傾けることによって、人々のやる気を引き出すことができるのは疑う余地がない。少し前に私は、陸海空の四つ星大将たち七人と軍首脳部におけるリーダーシップについて話す機会があった。彼らは退官前にそれぞれの最高の地位にまで上りつめた人々であった。参謀長、総司令官、そして一人は統合参謀本部議長を経験した人々であった。

一般の司令官たちと彼らの際立った違いの一つは、聞く能力の違いであった。このことはリーダーシップにとっての絶対条件ではないにしても重要な要素であると、彼らのうち何人かは語った。

ルメイとランドルフは言う「聞きなさい！」

カーティス・Ｅ・ルメイ将軍はかつて、核報復を任務とする戦略空軍総司令部（ＳＡＣ）の司令官を務め、それを世界最強の軍事組織に育て上げた。

彼はいつも葉巻を口にくわえていて、厳しい司令官というイメージを持たれていた。理屈に合わないことはまったく認めないことで知られていた。いつも彼は予告なくＳＡＣ基地を訪れて、非常に高い基準にすべてが達していないと何から何までやり直させた。視察が終わると彼はいつも部下をまわりに集めて高い台の上に立ってスピーチを行い、そして質問に答えた。現場の部隊から出てくる意見や不安の声に辛抱強く耳を傾けるのであった。

ある時彼が台の上からスピーチを始めようとしていると、若い副官が彼をさえぎって発言した。ルメイ将軍は礼儀正しく話を聞き、質問に答えた。そしてスピーチに戻って話し始めたばかりのときに、また同じ副官がさえぎった。再び彼は礼儀正しく話を聞き、その副官の質問に答えた。それから三度目の正直でまた話し始めようとすると、何と三回目の質問である。

さすがに今度は、人の話をさえぎってはいけないと、言葉を選びながらも指摘した。しかし若い副官は引き下がらなかった。

「言いたいことを言わずにおくことによって将軍になられたわけではないでしょう」

人々は驚いて沈黙した。ルメイはどうするだろうか？　この場でこの副官をやり込めてしまうだろうか？　ややあってルメイはこう言った。

「その通り。ただし大尉になるまでは口をつぐんでいたものだ」

バーナード・P・ランドルフ将軍は空軍システム司令部の司令官であった。冷戦が終わり、この司令部が改組されて空軍資材司令部になるまでは、システム司令部が空軍の研究開発事業を一手に引き受けていた。新鋭航空機、ミサイル、衛星からあの「スターウォーズ計画」まで、何から何まで。

ランドルフ将軍はまた、アフリカ系アメリカ人としては二人目の四つ星空軍将校であり、航空士として初めて四つ星になったという点でも注目すべき人物だった。あるインタビューでリーダーシップ哲学の説明を求められた彼は、「自分の部下に、彼らにとっては何が大切かを聞くこと。そしてその話に耳を傾けること[10]」と答えた。

「部下の話の中」に成功のヒントがある

ロバート・W・ガルビンがモトローラの会長兼CEOであったころ、同社は売上高十五億ドル、従業員は世界中に五万人を数えていた。この十五億ドル企業のトップはリーダーシップの実際について何を強調していただろうか？ ガルビンは言っている。

「話に耳を傾けることを強調したい。人々がわざわざやってきて直接言葉を投げかけてくるとは限らないが、人々が何を私たちに語りたいかをつかむように努めている[11]」

人の話を聞くことは一種の芸だと、メアリー・ケイ・アッシュは主張している。彼女は言う。

「ざわざわした部屋で話しかけるときは、まるでその人と私しか部屋にいないかのような気持ちになってもらえるように工夫します。ほかのことは何も考えず、その人の目をまっすぐに見ます。たとえ部屋にゴリラが侵入したとしても、私は気がつかないのではないかと思います[12]」

〝世界最大のコショウ会社〟であるマコーミック社は、従業員の話に耳を傾け、意思決定に組み入れるシステムを確立していることで有名である。元会長兼社長のハリー・K・ハリー・ウェルズは同社の成功について次のように説明している。
「わが社は何年もかけて人々がどのように反応するかについての経験を重ねてきました。今では、会社の方針やこれからの目標について誰とでもじっくり対話するのが社風となっています[13]」

提案箱で成功した会社

新しい考え方を募るためのよい方法があるだろうか? 古くからある「提案箱」は、くもの巣とガムの包み紙が集まるばかりだと思っている人が多いかもしれない。しかし、自動車部品メーカーのダナ・コーポレーションは提案箱を生かす方法を見つけた。最近では、四万五千人ほどの従業員が月に平均一・二二件もの提案を行うようになったのである。元CEOのウッディ・モーコットは、「それはわが社の価値あるシステムの中核となっている」と述べている。

いったいどんな工夫を凝らしたのだろうか?

同社の従業員は、新しい提案を生み出し、それを発展させる方法についての授業を受ける。多数の優れた提案をした社員には表彰、昼食会、その他のインセンティブが用意される。メキシコにある同社の工場では、新しい提案ごとに従業員に一ドル八九セントが報奨金として支給される。統計によれば、すべての提案のうち七〇%が実際に採用されたという。こうした従業員からの提案によって、同社はかなりの金額を稼ぎ、また節約し、競争力が大幅に強化されたという[14]。

私は、従業員から良いアイデアを集めるための方法として、会社の就業時間を一時間割いてみるのはどうだろうかと考えている。社員は就業後の一時間を使って、会社の施設を利用しながらそれぞれのアイデアを練るのである。ダナ・コーポレーションのように、一定の水準に達している提案にはそれなりの見返りがあるようにする方法を何か考えればいいのだ。こうしたやり方も、話に耳を傾けるひとつの方法である。

「自分で考える部下」を作れ

部下が自分で考えることを、あなたは積極的に受け入れているだろうか?

やるべきことは命令すればいい。しかしどういうふうにやるかは、自分で決めさせるべきだ。求められても手伝ってはいけないと言っているのではない。人にはそれぞれの考え方、経験、そして独特の職歴や学歴がある。だからこそ、あなたではなくその人が今の仕事を任されているのである。だから彼らは貴重な人材なのである。

組織のすべての人が考えるべきことを何から何まであなたが考えることなど、できることではない。やってみればすぐに不可能であると分かるだろう。たとえ組織のすべての人が考えるべきことを何から何まであなたが考えることができたとしても、それが賢明とは限らない。部下が全員あなたと同じ考え方をしたら、あなたの組織はごく限られた考え方しかできなくなってしまう。

ある調査によれば、協力しながら多くの頭脳が作業を進めると、個別に頭脳が進めた作業の総和以上の成果が得られるという。自分一人で組織の作業を引き受けてしまうと、この重要な相乗作用の恩恵を逸してしまうだろう。考えるのは部下に任せなさい。そうすれば、問題を解決するための彼らの創意工夫と専門知識の活用に、あなたは驚き感嘆することになるだろう。

イスラエルのモッタ・グル大佐は、一九六七年の六日間戦争では落下傘旅団の司令官を務めた。後輪のみがキャタピラー式の「ハーフトラック」と呼ばれる車両に乗って落下傘兵を市内へ進攻させているとき、激しい戦闘が起きた。彼の車両を運転していた兵士は、ガリラヤ出身の大男ベン＝ズールだった。このベン＝ズールと共に彼はイスラエル軍の戦車隊の列を尻目に先を急いだが、市内への入口にある獅子門のところで車が炎上していて、車輌が通りにくくなっていた。グル大佐はただ一言、「ベン＝ズール、行け」と命令した。車はそのまま突っ込み、スピードを落とさずに何とか炎上する車の脇をすり抜けた。

さらに進むと、戦車の砲火を浴びて少しだけ開いている鉄の門が見えた。グルは、門を開けるためにスピードを落とせば手りゅう弾の雨に見舞われると考えた。そこで彼はただ、「ベン＝ズール、行け」と言った。ベン＝ズールはアクセルを踏み込んだ。門の留め金がはじけ飛んだ。石が四方八方に飛ぶ。しかし車はそのままドロロサ街道を疾走した。

とある角を左に曲がった彼らは、バイクが道の真ん中に乗り捨てられていて通れないのに気が付いた。地雷かもしれない。しかしグルは「ベン＝ズール、行け」と命令した。ベン＝ズールは止まったりなどせず、バイクを避けようともしなかった。そして正面から乗り上げて通り過ぎた。地雷があったのかもしれなかったが、そうだとすると不発だったようだ。

グル大佐はこんな調子でどんどん進んだ。どんな障害物に出くわしても、「ベン＝ズール、行け」としか命令しなかった。乗り上げるべきなのか、すり抜けるべきなのか、あるいは突き抜けるべきなのかは、運転手であるベン＝ズールの判断に任された。結局グルは旅団を引き連れて、エルサレムのある「神殿の山」に到着し、ほぼ二千年ぶりにユダヤ人が聖地を手中に収めることになった。[15]

グル大佐は後に将軍となり、イスラエル軍の参謀長を務めた。

コンバット・モデルは何を語っているか?

ここでもう一度コンバット・モデルに注目してみることにしよう。月に数百ドルしかもらっていない兵卒が命がけの攻撃に参加したり、グル大佐のベン＝ズールのように危険を顧みずハーフトラックを運転できるのは、なぜだろうか?

マイク・マローン大佐にはその理由が分かっている。彼は陸軍のリーダーシップに関する専門家として、長く知られてきた。またこの分野での業績に対して陸軍の平時における最も名誉な勲章である殊勲章を授与されている。マローン大佐によれば兵士が全力を振り絞って出撃するのは、次の理由による。[16]

1・戦友に頼られている。

2・出撃しなければ戦友に臆病者と言われると考えている。

3・リーダーはやるべきことを的確に知っていると信頼している。

4・リーダーを喜ばせたい。

5・出撃しなければ軍法会議にかけられるに違いない。

6・出撃しなければ取り残されてしまうと思う。
7・命令に従うのが正しいことだと信じている。
8・出撃すれば報奨が受けられると信じている。
9・出撃する方が出撃しないよりも安全だと信じている。
10・出撃しなければ後ろめたさを感じるだろうと信じている。
11・潔さ、勇気、能力、あるいは兵士としての価値を証明したい。
12・戦闘の興奮とスリルを楽しんでいる。
13・命令に従うのが本能となっている。

ここでも高い給与や充実した手当があまり重視されていないことに注目していただきたい。この結果は、南カリフォルニア大学のウォーレン・ベニス教授とバート・ナヌス教授による調査結果とも一致している。たとえ労働環境が劣悪で、十分な金銭的補償を与えることができなくても、すばらしいリーダーシップを発揮することは可能なのだ。

高い給与がモノを言うときは?

給与や雇用保障、充実した手当がそれほど重要ではないなどと言うと、「でもうちの会社ではみんな、給料と手当てが目当てで働いていますよ。そんなもんですよ」という言葉が返ってくるかもしれない。本当にそうだろうか?

しばらく同じ会社にいれば、転職のため依願退職する人を見ることがあるはずだ。なぜ辞めるのかと聞けば、「もっといい職場がほかにあるから」という返事が返ってくるだろう。そして、新しい職場の利点を事細かに並べ立てるかもしれない。高い給与、充実した手当、広いオフィス…などなど。

しかし注意深く聞いていれば、口にこそ出さないがあるメッセージが聞こえてくるはずである。

それはこんなメッセージだ。

「私を採用した会社は私の仕事を本当に評価してくれる。この会社よりもはるかに広い範囲にわたって、私の重要性を認めてくれる。給料が高いのは、私がそれほど重要だからなのだ」

高い給与やより充実した手当が転職の誘い水になっているにしても、その裏に本当の転職理由が隠されているかもしれないのである。

第8章で取り上げたフットボール・チームのように、世の中には給与も手当ても雇用保障もまったくない組織がたくさんあることを思い起こしていただきたい。病院で働いているボランティアの人たち、わずかばかりの賃金で危険な考古学の発掘に従事する人々、平和部隊などのボランティア団体、ボーイスカウトやガールスカウトなどである。こういった組織で働く人々がベストを尽くしていないなどということは全然ない。

ではどういったところで、金銭的なことが動機付けに役立つのだろうか?

マスローの「必要性の階層構造」

一九五〇年代にアブラハム・マスローという社会科学者が、あらゆる動機がどのように絡み合っているかについての理論を構築した。彼はこれを、「必要性の階層構造」と名付けた。

マスローによれば私たちは、さまざまな人間的必要によって動機付けられているという。このさまざまな必要には、さまざまなレベルがある。あるレベルの必要が満たされると、人々はもはやそれ以下の必要によって動機付けられることはなくなる。もうひとつ上位の必要を満たすことを考えるようになるのである。

マスローによれば、第一レベルの必要は食事や呼吸などの生理的必要で構成されている。生理的必要がひとたび満たされると、人々はもう一つ上位のレベルの必要を満たすことを考えるようになる。それは安定や安全という必要である。現代人にとっては、雇用保障や給与といったものが問題になってくるのだ。

その上のレベルでは、社会的必要や集団的必要が問題になり、さらに上に、尊敬や認知などの尊厳の必要がくる。そして、マスローの図式の最上位にあるのは、自分の能力を開花させたいと思う自己実現のレベルである（マスローはまたこの階層構造に含まれない二つの必要性のカテゴリーも考えた。それは知って理解する必要性と、美的必要性である）。

マスローの理論だとこういうことになる。人々はあるレベルを越えると、もはやその下のレベルの必要性は動機付けにはならない。呼吸のことが気になって、心配するだろうか？ 健康上の問題があって呼吸能力に支障が起きていない限り、そんなことはないはずである。給与や雇用保障といったものも同じことである。それほどの経済的不安を抱えていない人にとっては、他の動機のシンボルとなっているのでもない限り、給与や雇用保障それ自体が強力な動機になることはないのである。

例を挙げて説明することにしよう。かつて私が働いていた会社は、毎年給与の見直しを行った。個人の業績に応じて、年間給与の引き上げが検討された。もっとも優れた業績のあった人は一〇％の給与引き上げと生活費の調整分が支給された。平均的な業績にとどまった人は若干の増額、標準以下の人には給与の引き上げはなかった。

ある年、会社の業績が非常に悪かったので、管理職の給与は凍結することにした。全社員の給与を凍結してもよいほどだったが、社業に貢献した社員の給与はたとえわずかでも引き上げるよう配慮した。その結果、例えば年収五万ドルの社員が最高の業績をあげたとすると、七百ドルに満たない額だったがとにかく少しは増額となった。それは好成績のシンボルであり、誰もがもらえるわけではないので、七百ドルでも十分に有効な動機付けとなっていた。

ヘルツバーグが発見した「予防の必要性」

その後マスローの研究をさらに発展させたのが、フレデリック・ヘルツバーグという科学者だ。ヘルツバーグは、何百社もの企業の従業員を対象に、仕事への動機付けに関するデータを集めた。これらのデータを研究した彼は、仕事の満足度に関係のある要素には「予防の必要性」と呼ぶべきカテゴリーがあるとの結論に達した。

動機とは、仕事そのものに関連した満足の要素だと彼は言う。それは達成感、功績の認知、仕事の難しさ、重い責任、成長、そして発展といったものに関係がある。一方、「予防の必要性」に分類される要素は、人々が仕事に不満を持つようになることを防ぐためのものだ。このカテゴリーに含まれるのは、給与や手当、雇用保障といった要素だ。これらは、仕事に不満を持つのを防いでくれる予防薬のようなものだからである。

予防的要素をなおざりにすれば、人々が仕事に不満を感じるようになることは分かっている。減給されたらどんな気持ちになるだろうか？　だから職場に不満が鬱積しないように、現在の水準を維持するように誰しも努めているのである。

反面、与え過ぎても業績が向上するわけではないという点にも注意すべきだ。完全に満たされることが決してないという特徴を持っているのである。既にある程度の業績を収めている組織においては、その業績を維持するために一定の水準を与え続ければよい。給与を引き上げることによって、仕事への満足度を高めようとするのは難しい。

部下がもっと仕事に満足するようにしたければ、仕事そのものへの動機付けが必要なのである。つまり次のようなものを強化する方法を探らなければならない。それは、

1・達成感
2・功績の認知
3・仕事の難しさ
4・重い責任
5・成長と発展

である。

軍隊で成功を収めたリーダーたちは、みんなこれらのことを実行している。苦境に立たされていればいるほど、こうした動機付けの効果があるはずである。

ルイス・B・「チェスティ」・プラーのことを聞いたことがあるだろうか? プラーは海兵隊の歴史の中で五つの海軍殊勲章を授与された、ただ一人の海兵隊員である。海軍殊勲章の上は名誉勲章し

かない。海軍殊勲章を一度授与されるだけでも、めったにあることではない。

彼は一九一八年にバージニア軍事研究所を辞めて、海兵隊に入隊した。そして一九二〇年代の中南米、一九三〇年代の中国、そして第二次世界大戦の太平洋で百回以上も戦闘に参加した。退役してからも、志願して朝鮮戦争に参加した。

プラーは非常に尊敬されていたので、海兵隊の新兵たちはこんな素朴な歌を『グッドナイト、レイディーズ』の曲に合わせて歌ったものである。[17]

グッドナイト、チェスティ！ グッドナイト、チェスティ！
グッドナイト、チェスティ！ 君がどこにいても！
君のあとに海兵隊は続くよ、続くよ、続く〜よ、
君のあとに海兵隊は続くよ、勝利を目指して！

一九五〇年一二月にチェスティ・プラー大佐は、朝鮮の港町、興南へ向けて連隊を退却させているところだった。圧倒的な数の中国共産党軍が海兵隊第一師団を完全に孤立させていた。朝鮮半島の冬は厳しく、朝から吹雪いていた。負傷者は多く、状況は暗かった。プラーは隊列の間を行ったりきたりした。彼はしばしば立ち止まって兵士たちを集合させて、言った。

「俺たちは海兵隊第一師団だぞ。そのことを忘れるな。この世で一番偉い部隊だぞ。共産主義者が全

員束になってかかってきても行く手を阻むことなどできやしない。自分のペースで海へ向かうんだ。誰にも邪魔はさせない。邪魔をするやつは、吹っ飛ばしてやる」

「俺たちは史上最強の部隊だぞ。退却しているんじゃないんだ！　回れ右をしたのは、もっとたくさんの敵を攻撃するためだ！　第一師団に誇りを持て」[18]

最終的に海兵隊を退役したときには、チェスティ・プラーは中将まで昇進していた。

部下に動機を与えるテクニック

人々が組織やリーダーのために努力しようとするのは、決して給与が高いからではない。より重要なのは、次の要素であることを認識すべきである。

1・敬意を込めて対応してくれる人と働ける。
2・仕事が面白い。
3・いい仕事をすれば認めてもらえる。
4・腕を磨く良い機会である。
5・自分の考えに耳を傾けてくれる人の下で働ける。

第12章

危機的状況で責任を引き受けるための七つのステップ

私の友人は、自分の父親が所有するエンジニアリング企業でプロジェクト部長として働いていた。彼は一人息子で、一流私立大学の出身である。しかし彼の父親は子供と権力を共有することは好ましくないという考えだった。息子に会社経営を任せられるようになるまでには、多くの時間と経験が必要だろう彼は感じていた。しかし、その父親は、息子がまだ三十歳の時に心臓発作で急死した。息子は否応なく、一介の中間管理職から会社のトップへと押し上げられた。

それから五年後に私はその友人に会った。彼はわずか五年間で会社の規模を四倍に拡大していた。彼のリーダーシップは何人もの専門家に絶賛され、いくつもの有力ビジネス誌で詳しく取り上げられた。いったい彼は、危機的状況の会社をどのように引き継ぎ、どのようなリーダーシップを発揮したのだろうか？　どうやってこのような成功を収めることができたのだろうか？

私は彼に直接聞いてみた。

友人は言った。

「大変だったよ。父の死でショックを受けたのはもちろん、会社の引き継ぎでも非常に苦労した」

差し当たり会社がどうなっているのかを調べないといけなかったが、父は誰にも何も教えていなかったので、パズルのように皆が断片的にしか状況を分かっていなかった。全体を把握している人がいなかったのだ。

しかし一番大変だったのは、どうやってリーダーシップを発揮するかだった。彼は続ける。

「今では自分よりもかなり年上の人々が、会社で私の部下として働いている。私が生まれる前に入社した人々も、一人や二人ではない。彼らのすべてが私のやり方、私の目標、あるいは私個人とうまく行ったわけではない。彼らは私のリーダーシップを受け入れなかった。できるだけ彼らの居心地が良くなるように努力し、チャンスも十分与えた。しかし本質的なところでぶつかると、解雇するほかはなかった。私が最高責任者なのだ」

その結果、少しずつ状況は改善した。会社の状態を良くするための彼の政策や戦略を、人々は理解するようになったのだ。

「やがて彼らは完全に私の味方になった。最初の数カ月のことを思い返すと、自分でも何をどうやったのか分からない。こんなに難しい局面に遭遇したのは、生まれて初めてだった。しかし、やるしかない。選択の余地はなかった」

こういった危機的な状態の組織を引き継ぎたいと思いますか？

リーダーならば、逃げることが許されないことが時にあるものである。

危機的状況で責任を負うのはリーダーだ

第二次世界大戦の北アフリカ戦線において、英国陸軍第八部隊の司令官に着任したバーナード・L・モンゴメリー中将は、いくつかの重大な問題を抱えていた。

前司令官のクロード・ジョン・オーキンレック将軍はそれまで、ドイツのロンメル将軍が率いるアフリカ軍団の前に劣勢に立たされていた。何カ月も前から退却に次ぐ退却を繰り返していた。そのうえ、「さらに退却する準備を進めよ」という命令が下っていたため、兵士たちの士気は下がり切っていた。そういうところへモンゴメリーが着任したのである。

モンゴメリーが直ちに実行したことは次の通りである。

- 既に出ている退却命令はすべて取り消した。
- 敵の攻撃があった場合には退却せず、現在確保している場所で戦うよう命じた。モンゴメリーの言葉を借りるならば「生きて留まることができないのであれば死してそこに留まるべし」である。
- 新しい参謀長を任命した。
- 〝寄せ集め〟で新しい機甲軍団を編成した。
- 基本的な戦闘単位を、旅団集団や臨時に編成した縦隊から、本格的な師団に改編した。
- 「我々に課せられた義務はロンメルの部隊を破壊することであり、準備が整い次第速やかにそれ

は実行されるだろう」と言って、攻撃計画を呼びかけた。

着任した最初の日のことを後に彼は次のように語っている。

「その夜ベッドに就くころには疲れてしまっていた。しかし成功へ向かいつつあるという手ごたえはあった」[1]

その数カ月後、モンゴメリーの第八部隊はエルアラメインを攻撃し、大勝利を収めた。これが北アフリカ戦域における作戦の転換点となった。この戦闘での功績により、彼は「アラマインのモンゴメリー」と呼ばれる英雄となり、最後には陸軍元帥にまで昇進した。

責任を引き受けるための七つのステップ

リーダーであれば困難な状況の下で組織を率いる責任を引き受けなければならないときがある。それは、全くのゼロから立ち上げなければならない組織かもしれないし、多くの問題を抱えた古い組織かもしれない。あるいは予期せぬ緊急事態かもしれない。私はこういった危機的状況を、「責任を引き受ける」状況と呼んでいる。あなたには、そういった状況下で責任を引き受ける用意があるだろうか？　こういった状況に遭遇したら、直ちに次のようなことを実行すべきである。

1・目的をはっきりさせる。

2・部下との意思疎通を図る。
3・大胆に行動する。
4・決断力を発揮する。
5・主導権を握る。
6・模範を示す。
7・人員の入れ替えを断行する。

1・目的をはっきりさせる

第2章では、見通しを示す大切さについて説明した。どんな状況においても、見通しがはっきりしなければリーダーシップを発揮できない。どこへ進もうとしているのかが分からなければ進みようがないのは当然だろう。見通しがなく、どこへ向かって進むのかはっきりしなければ、目的がないのと同じだ。

モンゴメリーがイギリス陸軍の第八部隊を任されたとき、彼はただ「ここに君の軍団がある。何ができるかやってみたまえ」などと言われたわけではない。陸軍元帥アレクサンダーに明確な目的を言い渡されている。

「アレクサンダーからの命令はきわめて単純だった。ロンメルの軍団を破壊することであった」[2]

明確な目的を持つことが絶対に必要だと、モンゴメリーは考えていた。彼は言う。

「リーダーは自分が何を求めているのかはっきり知っている必要があると、私は考えていた。明確に目的が見えていれば、それを達成するために努力することができる。人々に自分の方針を伝え、自分の方針の根本に何があるかを理解させなければならない。リーダーはしっかりした指針と明確な指導力を発揮しなければならない[3]」

しばらく前に私は、長男がウエストポイントの幹部候補生基礎訓練に参加している様子をビデオで見た。恐らく百年以上前からこの訓練は「猛獣小屋」という名前で知られているものだ。この訓練では、新入りの幹部候補生は、幹部候補生らしく行動するために必要な基本的な技能を叩き込まれる。

ビデオのある場面では、幹部候補生たちが野戦地における人工呼吸の能力を試されていた。私が感心したのは、ひとりひとりが人工呼吸を実演しつつ、想像上の見物人を指さして「そこの人。救急車を呼んできなさい」と指示を出す訓練をさせられていたことだ。どの見物人が指名されたのか、また見物人が何をしなければならないのかに関して、あいまいな点があってはいけない。

こうした訓練はテクニカルな技能の習得だけを目的にしているのではない。むしろ重要なのは、軍隊の指揮官は戦場以外でもリーダーシップを発揮しなければならないという意識を、幹部候補生たちにしっかり植え付けている点だ。ここでのリーダーシップとは、どこへ向かおうとしているのか、何をしたいと考えているのかをはっきりさせることである。

2・部下との意思疎通を図る

パットン将軍はコミュニケーションの大切さを信じていた。訓練のときでも常に近くにマイクを置いていた。当時彼のもとで将校として仕えていたポーター・B・ウィリアムソンは、次のように報告している。

「私たちの砂漠のラジオ局には変わったところが一つあった。それはパットン将軍の事務所にマイクが一つ、そしてテントのベッド脇にマイクがもう一つあることだった。昼夜を分かたずパットン将軍は専用マイクを使ってどんな放送にも割り込んで、特別なメッセージを流したり命令したりできた。音楽が途切れると『こちらはパットン将軍である』と聞こえてくるのだ」

パットンはラジオ放送で次のようなスピーチを行ったという。

「明日は全員警戒態勢だ。戦車のことも砂漠戦のことも基本から分かっていないワシントンの高級将校のために演習を行うからである。どのようにすれば速攻で勝利を収めることができるのかを示さなければならない。私は諸君に期待している」[4]

彼はまた、電話に自分で出ることの大切さも信じていた。彼の著作『War as I Knew It』の中で次のように述べている。

「私個人の意見だが、将軍、あるいは少なくとも司令官となっている将軍は、昼間は自分で電話に出るべきである。それほど面倒なことではない。緊急の用事でもなければ、将軍に電話をする人などほとんどいない。そして緊急事態発生の際には、少しでも早く連絡を取りたいものである」[5]

このようにパットン将軍はリーダーたる者にとってのコミュニケーションの大切さをよく知っていた。そして部下とのコミュニケーションを確保するためならば決して手間を惜しまなかった。

こうしたテクニックを使ったのは、彼だけではなかった。第二次世界大戦で陸軍第七部隊を率いて南仏上陸作戦を指揮したカーク大将は、船の拡声器を使って毎日の作戦の成果を流した。彼の指揮下にあったすべての船のスピーカーから彼の言葉が流れた。上陸作戦が進むにつれて彼は水兵やまだ下船していない兵士たちに、交戦状況のあらましを知らせた。部下に十分な情報を与える司令官が指揮を執っていることを、兵士たちが実感することができたのだ。[6]

ノース・アメリカン・アビエーションは一九五〇年代後半、F－100の開発を請け負っていた。その当時プロジェクト・マネジャーとして働いていたノーム・リーバーマンも、同様に拡声器を活用して部下とのコミュニケーションを図った。彼は自分の事務所から直接かつ確実に、エンジニアその他のスタッフにメッセージを伝えることができた。結果としてF－100の開発計画は予算内の費用できわめて短期間のうちに完了し、空軍もこのF－100の性能を高く評価した。他の航空機産業のリーダーたちも、こうしたコミュニケーションの方法をもっと活用すべきではないだろうか。

第五〇五パラシュート連隊の指揮官であり、後に中将となった「ジャンピング・ジム」・ギャビン大佐は、部下とのコミュニケーションに問題を抱えていた。秘密を守ることを優先しなければならなかったため、拡声器や無線を使うことができなかったのだ。

しかし、第二次世界大戦でシチリア爆撃のために出撃する際、彼はある方法を見つけた。多くの飛行機に分乗している何千人ものパラシュート部隊員に直接メッセージを伝えるため、ギャビンは無線と同じような効果を持つ方法を使った。それは、全員に小さな紙切れを渡すという単純なものだった。その紙切れには次のような言葉が書かれていた。[7]

第五〇五戦闘チームの兵士へ

今晩諸君が乗り組んだ出撃は、二年前から我が国をはじめとする世界中の自由主義諸国の国民が待ち望んでいたものである。諸君はアメリカ軍によるシチリア島への上陸作戦の先兵となる。幸運に頼らなければならない部分を無くすために、あらゆる準備がなされた。任務遂行に必要な装備はすべて与えられている。そして歴史上最大の空軍が、諸君の後ろには控えている。世界中の目が諸君を見ている。すべてのアメリカ人の希望と祈りは、諸君と共にある…。

ジェームズ・M・ギャビン

パットン将軍のメッセージ

メッセージを伝える方法と共に、「どういう言葉で伝えるべきか」も重要である。自分の発言は、極力鮮明で興味深い言葉づかいになるようにしなければならない。そうすれば、あなたの言葉は野火のように組織中に広がるだろう。

パットン将軍は確かにこの点に関してはプロであった。映画『パットン大戦車軍団』では、主演のジョージ・C・スコットが忠実にパットンのドラマチックなメッセージを再現している。このメッセージを見るだけでも十分に価値がある映画だ。

戦闘の前夜に第三部隊に向けて彼が発したメッセージに勝るものは、数少ない。

「ああ、何ということか、これから対決する野郎どもが哀れなり。何ということか、実に哀れなり」[8]

鮮明であったりドラマチックであるために、下品な言葉を使わなければならないということはない。いくつかのメッセージは非常に印象深く、何年たってもその新鮮な響きは変わらない。南北戦争のときに、戦争に勝つには「イの一番にそこへ行き」さえすればよいと言ったのは、南軍の将軍ネイサン・ベッドフォード・フォレストであった。

また別の日には、部下がフォリスト将軍に、北軍の部隊が前線から勢力を伸ばして今では背後にも回っていると報告したとき、彼はこう答えた。

「はて、ではやつらの中にいるわけか」[9]

圧倒的な数の中国軍によって孤立させられた部隊を北朝鮮から退却させたある海兵隊の将軍は、次のような有名な言葉を残した。

「退却なんてとんでもない。方向を変えて攻撃しているんだ」

そのほかお馴染みの名言に、

「まだ戦い始めていない」

「やつらの白目を見るまでは発砲するな」

「頼んだぞ魚雷、全速前進」

「必ず戻って来る」

などがある。どれも戦闘の中で部下とのコミュニケーションを図るためにリーダーが発した言葉である。どれもリーダーシップに大きな影響を与えた。

自分の言葉が速やかに伝わり、何度も復唱され、ことによると歴史に残るとしたら——。鮮明で興味深い言葉使いに努めるべきであろう。

スターバックスの最大の危機

スターバックスのハワード・シュルツ会長兼CEOによれば、同社にとって最大の危機は一九九四年六月に始まった。ブラジルでの霜害でコーヒー豆の価格が急騰したためである。シュルツは部下からの電話を取った。

「その一本の電話で私の生活がすべて変わった。その日に私たちを襲った問題を乗り越えるには、丸二年が必要だった」

スターバックの問題は複雑だった。顧客が前より高い価格でも財布の紐を緩めるかという問題であるだけではなく、ウォールストリートの問題でもあった。シュルツは次のように説明している。

「スターバックスのほとんどのスタッフは、状況の深刻さも、どんなに恐ろしいことになっているかも本当は分かっていなかったと思う。四年連続で収益は五〇％以上増え続けていた。ウォールストリートの投資家たちは、今後数年は利益が出続けるものと当てにしていた。この期待に応えることができないと株価が急落し、将来の資金調達に困難が生じるかもしれなかった[10]」

コーヒー豆焙煎の大手三社がただちに価格を引き上げた。危機が深まるにつれて、彼らは再び価格を引き上げた。フォルジャーズ・コーヒー社の製品は一週間に二回も値上げされた。

シュルツは率先してコミュニケーションに努めた。彼は状況を共同事業者に説明し、価格の引き上げに支持を取り付けた。投資家や顧客、そして部下とのコミュニケーションにも力を注ぎ、しかも途切れることがないように努力した。

「私たちは頻繁に電話会議を開き、全米に最新のボイスメールを流した。また店内にはポスターを張り、人々に最新の情報を提供した。顧客との対応においては、コストが上昇しその一部をお客さんにも負担してもらわなければ事業が継続できないことを正直、かつ簡明に説明するように努めた[11]」

もしもあなたが彼らと同じように組織の責任を引き受けるのであれば、常に「何をやりたいのか」についてのコミュニケーションに努めなければならない。

3・大胆に行動する

パイロットの世界では古くから、「長生きしたパイロットはいる。大胆なパイロットもいる。しかし長生きした大胆なパイロットはいない」と言われてきた。

この言葉は、若いパイロットに愚かで無謀な操縦をしないように諫めるためのものである。しかし、大胆な飛行や大胆さそのものが必要なことが時としてある。状況に応じて大胆な行動を決断できないのであれば、リーダーはその責任を全うすることができない。

パットンは「古風な荒々しい闘争心」で有名だった。彼は親分肌で、大胆で、決断力に富んだリーダーだった。しかし決して無謀ではなかった。彼の大胆さには、はっきりとした目的があった。

彼はこう言っている。

「作戦策定に当たっては、二つのことを思い出し、常に自分に言い聞かせることを忘れてはならない。それは、『戦争においては不可能なことは何もない。ただしそれには勇敢さが必要だ』ということだ。この二つの原則を厳しく守れば、わが軍の勝利は確実だ[12]」

パットンの二つの原則をもう一度見てみよう。これらは二つの部分からなる一つの思想である。パットン自身は戦争のことしか問題にしていないが、あらゆる状況のリーダーシップについても当てはまることが分かる。勇敢であれば不可能なことは何もない。勇敢さとは大胆さにほかならない。

つまりあなたが考えている行動に違法性がなく、倫理や信義にも反しないのであれば、リスクがあるからといって前進することを恐れてはいけない。正しいと思ったら、前進あるのみ！である。

4・決断力を発揮する

人々は自分の考えがまとまらないリーダーや決断がなかなかつかないリーダーの後などに付いて行きたいとは思わないものだ。リーダーシップを発揮するとは、決断を下しそれを伝達することである。

一八六三年六月のゲティスバーグの戦いにおいて、北軍のミード将軍はリー将軍率いる南軍に勝利した。しかしミードが追撃の決断を下さなかったので、リー将軍のノーザン・バージニア軍は兵力を維持したままポトマック川を渡って退却することができた。ただちにミードがリーを追撃していたならば、ポトマック川の手前でノーザン・バージニア軍を孤立させることができただろう。もしもリーの軍隊がそこで敗北を喫していれば、南北戦争がさらに二年間も続き、一万人の戦死者が出ることはなかったであろう。

グレゴリー・ペックが出ている古い映画『Twelve O'clock High』を見たことがあるだろうか。この映画で描かれている第二次大戦中の実話（かなり脚色されているが…）からも、「決断」の重要性を学ぶことができる。

ある爆撃航空隊が窮地に立たされていた。何回もの難しい出撃で多くの戦力損耗を被っていた。士気は下がり切っていて、上層部ではこの部隊の解体さえ検討していた。そうした状況の中で新たに十八機の爆撃機を送り出したが、帰還できたのはわずか六機だった。いよいよ彼らは窮地に立たされた。司令官は思い切った決断を下す必要があった。このままではすべてが終わりになることが目に見えていたからだ。そこで彼は、二日間の「非番」の許可を与えたのである。

一日目に彼はバーを開けることを命令し、乗組員が極力気晴らしをすることを許した。その間彼と彼の参謀は、翌日全員が実行すべき集中訓練の計画をまとめる作業に取り組んだ。それは起床ラッパから夜まで続いた。検査、演習、目標研究、そして訓練飛行と続いたのである。全員が一日中必死に働いた。夜になると彼らは疲労困憊し、難なく眠りに就いた。

翌日になると彼らは以前よりも緊張がほぐれ、ひどい損失を被ることなく戦闘任務を終えることができた。その後数週間にわたって補充兵が加わったことも味方し、結局この航空部隊は戦争が終わるまで任務を継続することができた。[13]

すべての要素が揃わなければ決断が下せないと考えている人がいるが、それは間違いである。すべての要素が揃うなどということはない。リーダーシップとはそういうものだ。決断を下すために必要な要素がいくつか欠けていても、実際には決断を下さなければならないのである。

じっくり待てば状況がはっきりしてくるかもしれない。時にはこういった重要な要素が揃うのを待って、決断を下すほうが良い場合もある。しかし決断の遅れによる悪影響と慎重に決断することの利点とを秤に掛けてみなければならない。状況は変わることがある。チャンスを逃すかもしれない。相手は「イの一番にそこへ行く」戦略で攻めて来るかもしれない。部下は決定が遅れていることに不安を感じるかもしれない。優柔不断が繰り返されると、もはやあなたをリーダーとしては望まなくなるかもしれない。

私が会ったリーダーの中にも、状況がもっと詳しく分かるのを待つために決断を遅らせているのだと自分に言い聞かせている人々がいた。具体的にどういう理由があるのかは分からないが、彼らは決断を下すのを恐れているのである。決断を下さないというのも、一種の決断である。すべてを運に任せるとか、相手次第にして様子を見るという決断である。しかしこれはリーダーシップの発揮とは言えない。そして結局は失敗を招いてしまう。

リーダーシップを発揮するには、独力で数百万ドル長者になったW・クレメント・ストーンの忠告に従った方が良い。ストーンは、理由もなく自分が何かを先送りにしているなと感じたら、「今すぐやれ！」と大きな声で叫べと言っている。

5・主導権を握る

リーダーシップを発揮しなければならない状況に置かれたリーダーは、主導権を握らなければならない。さもなければ状況に引っ張り回されてしまうだろう。そして主導権を握り続けるには、絶えず行動を仕掛けて行かなければならない。

これに失敗すれば、相手の行動に振り回されて時間も精力も浪費する。私たちはこれを「火消し」と呼んでいる。火消しに忙殺されるようになれば、新しい局面を切り開きながらリーダーシップを発揮する時間的余裕はなくなるだろう。

その理由は二つあるが、それは複雑なことではない。主導権を発揮すべき状況では、必ずリーダーシップが強く求められているのである。あなたが主導権を握らなければ、誰かがリーダーシップの不在空間を埋めることになる。ほかの誰かが主導権を握ろうとするだろう。たとえあなたが正規の手続きを踏んだリーダーであり、誰より経験豊かであろうと、そんなことは関係ないのである。あなたがすぐに行動し、すぐに主導権を取らなければ、誰かがリーダーとしてのし上がろうとするだろう。あなたは失地回復のために戦わなければならなくなるかもしれない。

もうひとつの理由は、状況の変化の問題である。あなたが主導権を取らなければ、状況に押し潰されることになるかもしれない。最初は一つの問題が持ち上がる。次にもう一つ。そしてさらに増えるかもしれない。どうにもならない状況になるのは、それほど先のことではない。

別の言い方をすると、あなたが積極的に主導権を握ることによって、相手に、あるいは状況に、あなたの行動の後を追わせるのである。その逆であってはならない。

前述したように、英国軍のモンゴメリーが第八軍を引き受けたとき、前任者はロンメルの行動に対し、さらに退却するしかないと考えていた。モンゴメリーは退却を拒否し、直ちに攻撃計画を練ることによって状況を逆転させた。一日で「成功へ向かいつつある」という手応えを感じながらベッドに就くことができたというのだから大したものだ。歴史上の有名な司令官やリーダーたちの多くもまた、主導権を握ったという手応えを感じつつベッドに就いている。

紀元前二一六年、カルタゴの大将軍ハンニバルはウァロ将軍率いるローマ軍に攻め立てられた。

敵の勢力は七万二千人以上で、カルタゴ軍の三倍以上の兵士を引き連れてきたのだ。ハンニバルの将軍たちは即刻退却することを忠告した。しかし彼は主導権を握るために一計を案じた。ウァロをおびき寄せてハンニバル軍の弱い部分である中央を攻めさせ、両翼の強い部分は温存したのである。

ハンニバル軍の中央部隊が押し戻すと同時に、強力な両翼の部隊がローマ軍に襲いかかった。挟まれたローマ軍は兵士が密集してしまい、刀を満足に振り回せなくなった。すかさずハンニバルは門を閉めるような形で退路を断つよう、両翼の部隊に命令した。そして騎馬兵が止めを刺し、六万以上のローマ兵が討ち死にしたのである。

最初は主導権を握っていなくても、また形勢が不利であっても、主導権を奪って形勢を逆転させることが可能であることに注目してほしい。状況の読み次第で主導権を奪い取れるということだ。

ウィンストン・チャーチルは彼の著作『The Hinge of Fate』の中でモンゴメリーに関するエピソードを取り上げている。

モンゴメリーは第八軍の司令官となるためにイギリスを後にするべく空港へと向かっていた。車の中で、随行していた参謀会議議長のイスメイ将軍を相手に〝ある将軍〟の任務の厳しさと危険について話した。

「その将軍は軍人一筋できた人物で、長年にわたり研究と自制の生活を送っていた。最近運命の女神がほほえんで、成功の兆しが見え始めた。昇進とチャンスが到来し、大任を引き受けることになった。そして勝利を収め世界に名を馳せ、人々がその名を口にするようになった。それから急に運が巡ってこなくなった。瞬く間にそれまでの苦労が泡と消えた。彼自身の失策が元ではなかったのだろうが、彼は軍事的敗北が度重なっているところへ身を置いてしまった」

話が終わるとイスメイが諌めた。

「そんなに悲観なさることはありません。中東には非常に優れた軍団が集結しております。大敗北ということはないはずです」

「何！」とモンゴメリーは叫んで、車の中で背筋を伸ばした。

「君は何を言っているんだ？ 私はロンメルの話をしていたんだ！」

モンゴメリーは自分の本の中でこう言っている。

「優れた軍のリーダーは、まわりの状況を引っ張るものなのだ。ひとたび状況に引っ張り回されるようになったリーダーは、部下の信頼を失ってしまうだろう。そうなるとリーダーとしての価値はなくなってしまう」[14]

松下幸之助のリーダーシップ

日本の奇跡的な経済復興を象徴する人物の一人、松下幸之助のリーダーシップについても触れておきたい。ハーバード・ビジネススクールのジョン・コッター教授がその著書でこんな逸話を記している。かつて松下電器産業のある子会社が赤字に陥ったときの、松下と子会社トップとの会話だ。


「売り上げがゼロで人件費が赤字になっているというのなら分かる」と松下は叫んだ。

「しかし一千億円の売り上げがあるのに九十億円の赤字というのは何だ。こんな目茶苦茶な経営の責任は君と君の下の役員にある。本社にも責任を取ってもらう。最近君のところへ二百億円を貸しただろう。私が明日本社に話をして、返してもらうことにする」

「ですが松下さん。それじゃあ、うちは破滅です！　五日後には給料日が控えています。月末には原料や部品の代金を払わねばなりません。今二百億円を引き上げられたら、支払いができません」

「その通り。しかしこんな調子で会社をやるつもりなら、君たちにはびた一文貸す気はない。貸した金は明日には引き上げるぞ」

「でも、それでは破産です！」

「四千人の優秀な社員がここにはいるじゃないか。彼らとよく話し合って知恵を出し合い、ちゃんとした再建案をまとめたまえ。まともな案がまとまったら住友銀行に紹介状を書いてやろう。それを持って行けば、ここの土地と建物と設備を担保にして二百億円を融資してくれるだろう。さあ、取りかかれ！」[15]

リーダーシップが必要とされる状況では、時にリーダーは劇薬を処方しなければならない。成功を収めるには、指導力を発揮して状況を引っ張らなければならないのである。

6・模範を示す

リーダーシップに関する非常に古い格言は、「部下に実行を求めることはすべて自分でも実行するつもりがなければならない」と述べている。しかしリーダーシップを発揮しなければならない状況においては、「つもり」だけではダメだ。部下に実行を求めることは「すべて」自分でも実際に実行しなければならない。

ジャック・ブロートン大佐はベトナム戦争の時にF－105航空団の作戦部長だった。ブロートンは北ベトナムとハノイ市街の攻撃という難しい任務を与えられていた。当時その地域の防空態勢は世界で最も徹底したものとなっていて、何千基ものZPU、二三ミリ、三七ミリ、五七ミリ、八五ミリ、そして一〇〇ミリの対空砲火だけでなく、無数の地対空ミサイル（SAM）の砲列がF－105を待ち構えていた。もちろんミグ戦闘機による迎撃も脅威である。

政治的な理由から、ベトナム戦争で出撃した空軍パイロットには過去の戦争よりも多くの制限が課せられていた。いくつかの軍事施設や政治的標的は絶対に攻撃してはならなかった。場合によっては攻撃を予告することがあった。砲火を浴びせられても、民間の施設からの砲火であれば、反撃に際してはいくつかの規制条件があった。戦闘によって機体に損傷を受け、帰還するために爆弾を投棄しなければならないときにも、「交戦規則」によって投棄は人家のないところで行わなければならなかった。こうしたさまざまな規則が結果として高い損耗率につながったことは否めない。

ブロートンのような空軍司令官は、部下の出撃にいちいち参加するものではない。ほかにもいろいろと仕事があるので時間を割けないのだ。しかしブロートンは困難な任務にはすべて参加した。

彼は言う。

「戦友を知り、彼らがどういうことをしているかを知るのは重要なことである。それはエアコンの効いた事務所に座ってそれほど重要とも思われない細々した作業を続けているだけでは決して分からない。汗を流して、尻をひっぱたかれながら、一緒になって動いてみなければ、人も手順も、具合の悪いところが見えてこないのだ。また、楽な出撃に参加するだけでは、現場の一部しか分からない。それなりに難しい出撃に参加してこそ全体が見えてくる。部隊のスタッフはみな、スケジュール表を子細に眺めている。誰が格好だけ参加して、誰が本気で参加しているのかはすぐ分かるので、それが彼らの任務に影響を与えるのである」[16]

リーダーシップを発揮しなければならない状況で率先して模範を示したもう一人の空軍司令官は、ジミー・ドーリットルである。彼は中佐のときに、第二次世界大戦初期の最初の日本空襲に参加した。その後、大将に昇進した彼はヨーロッパへ配属された。

彼の部下にあてがわれた機材のひとつは、B－26だった。この機種にはいろいろと問題があり、フロリダで訓練中のときから既に墜落を繰り返し、パイロット仲間では「タンパ湾では一日一機」という悪評が立っていた。乗組員を殺してしまうため、この飛行機を「キラー」と呼ぶ者さえいた。当然のことながら、戦闘の現場では、この飛行機を難しい任務に使うのにはためらいがあった。

ドーリットル将軍はリーダーシップを発揮すべき状況にあった。彼はあるB－26航空部隊を訪れて、この飛行機に関するパイロットの不満に熱心に耳を傾けた。それから、自ら操縦してみてよいかと聞いたのだ。

彼は通常の操縦を一通り全部試してみた。それから突然、一つのエンジンを切った。B－26はエンジンを二基しか搭載してなかったので、これはエンジン一基だけで飛ぶことを意味する。彼は一基のエンジンだけで着陸し、再び離陸した。そしてそのまま一基のエンジンだけで、さきほど試した通常の操縦を再びやってのけ、無事に着陸した。

飛行機から降りた彼はパイロットたちに言った。

「まあ、アメリカの最高の飛行機というわけではないが、使えると思う」

B－26は第二次世界大戦を通じて、すばらしい作戦記録を達成し続けた[17]。その後ドーリットル将軍は、予備役将校としては初めて四つ星の将軍になった。

ダグラス・マンローは模範を示した

次にダグラス・マンローという名前の英雄的リーダーを紹介することにしよう。ダグラス・マンローは沿岸警備隊の一等通信隊員だった。一九四二年九月二十七日に彼は、車両や人員を上陸させるために使われていた「ヒギンズボート」二十四隻を率いる曹長だった。彼の任務は、ガダルカナル島のポイント・クルーズにおいて、圧倒的な数の敵船に取り囲まれていた海兵隊を救出することだった。

敵の機関銃の絶え間ない銃撃を浴びながら、通信隊員マンローは五隻の上陸用船艇を率いて岸へと向かった。砲火があまりに激しいので、海兵隊の救出は不可能と思われた。しかし彼はあきらめなかった。機銃二基を備える自分の小さな船を敵と海岸堡の間に盾の代わりに置いた。当然彼の船艇は集中砲火を浴び、何度も弾が命中したが、そのお陰で海兵隊員を救出することができた。この勇気ある行為がなかったら、多くの兵士が命を落としていただろう。

残念なことに彼は、任務完了間際に敵の弾を浴びて戦死した。彼は名誉勲章を追叙された。[18]

ダグラス・マンローのように、リーダーが自分の命を投げ出してまで組織に尽くす必要があることは、ビジネスや普通の市民生活ではめったにないだろう。しかし彼の行為からは学ぶべきことがある。結局、どんな世界のリーダーであっても、本当のリーダーであれば、危機的状況においても模範を示すべきなのである。

パラシュート部隊のジェームズ・ギャビン将軍は、ノルマンディー上陸作戦では師団と共に自ら降下した。第一次大戦で若きジョージ・S・パットンは、自ら戦車部隊を率いて進軍した。同大戦でマッカーサー准将は部隊の最前列に出て攻撃を指揮した。第二次中東戦争では、イスラエル陸軍のモシエ・ダヤン将軍は戦闘中の被弾によりジープの運転手を失った。

これらのリーダーたちはすべてリーダーシップを発揮すべき危機的状況に遭遇した。それはリーダーが模範を示すべき状況であり、彼らは見事にそれを実行したのである。

7・人員の入れ替えを断行する

危機的な状況に置かれたリーダーには時間を無駄にしている余裕はない。働きが悪いスタッフはすぐに解雇し、まともに仕事ができるスタッフと入れ替えなければならない。

誰にとっても人を解雇するのは生やさしいことではない。あなたが首を切ろうとしているスタッフは長年のキャリアを持っているかもしれないし、彼なりにベストを尽くしていたのかもしれないし、そうでないのかもしれない。いずれにしても解雇の通告は、収入のロス、社会的地位の低下、自尊心の喪失をもたらすことになるからだ。しかし、あなたが自分自身と組織にとって誠実であろうとする限り、選択の余地はないのである。

忘れないでほしい。我々は日常的なマネジメントについて話しているのではなく、危機的な状況におけるリーダーシップについて話しているのだ。危機的な状況の中で、なにがしかの目標を達成しなければならないとしたら、やはり人員の入れ替えは真っ先に検討すべき課題である。

兵士の行動一つが生死と勝敗を分かつ戦場での原則を、一般企業などの現場に当てはめるのは適当でないと考える人がいるかもしれない。しかし、一定水準以上の仕事をこなせない人材を雇い続けることのデメリットをよく考えてほしい。第一、彼らに今まで以上の成果を期待することなどできるだろうか。もしそれが期待できるのなら、そもそも危機的状況など起きなかったのではないか。ならば、あなたが望む成果を上げてくれそうな人材を主要なポジションに登用すべきであるのは当然だろう。

重要なポストを現職者が占領していたのでは、それが実行できない。また、部下がある程度の成果を上げるだけであなたが満足していることが分かってしまえば、それを見た人々が危機的状況に全力を振り絞って立ち向かおうとはしなくなることは、明らかだろう。

誤解しないでもらいたいのだが、私はリーダーとして常にスタッフの入れ替えを検討すべきだと言っているわけではない。リーダーがそんな態度では組織の士気に悪影響を及ぼすだろう。危機的状況でないのであれば、能力の高くない人材を雇っておく理由はいくつでも見つかる。例えば、過去に実績があるけれども、今では往年の職務遂行能力を期待できないという人もいるだろう。平時であれば、彼らを雇い続けることに何ら問題がない。解雇はあくまでも最終手段であり、平時であれば、部下の生活を守り、できるだけ解雇されないように配慮するのがリーダーたるものの使命である。そのためのコンサルティングやコーチングの方法は、既に述べた通りである。

しかし、もしもあなたが危機的状況に遭遇したときには、人員の入れ替えをためらってはいけない。

解雇するためのガイドライン

人員を解雇しなければならないときには、直ちに行動しなければならない。ここで、そのためのガイドラインを示しておこう。

- ●中途半端な指示を与えてはいけない。直ちに解雇を通告せよ。
- ●誰かに任せてはいけない。自分で解雇を通告せよ。
- ●人の見ている前で通告してはいけない。自分の部屋に呼んで個別に通告すべし。
- ●解雇の理由を率直に伝えよ。
- ●決して能力がないのではなく、その職場のその仕事に向いていないことを強調せよ。

●どの階層のスタッフを解雇するのかに応じて、必要ならば、法律の専門家、広報担当者、人事部、転職斡旋会社、心理学者に事前に相談すべし。

アイアコッカのクライスラー再建

リー・アイアコッカはクライスラー社を立て直した。それは二十世紀で最も驚くべき再建事業の一つだった。誰もが不可能だと思っていたが、アイアコッカは果敢に取り組んだ。確かにアメリカ政府による融資は大いに役立ったが、だから難事業がうまく行ったと考えるのは正しくない。アイアコッカは、主に人事に手を着けることによって難事業を成し遂げたのだ。

ジョージ・C・マーシャル将軍のように彼も、第一線で活躍する何百人ものエグゼクティブたちを対象に、彼らの職歴を調べ上げた。実はそれらのデータは、彼が役員を務めていたフォードが所有する専用ノートに記されていた。アイアコッカがフォードのウィリアム・フォード社長から特別な許可をもらって、そのノートを借り出したのである。実際、アイアコッカが引き抜いてクライスラーに連れてきた役員はこのノートに記されていた人が多かった。後にアイアコッカはこう語っている。

「結局事業というのは三つに要約される。それは、人、製品、そして利益である。なかでも人である。優れたチームを組むことができなければ、残りの二つについて成功を収めることはできない」[19]

これでお分かりのように、共に働くべき役員を外部から選任する際には、自分が直接関与すべきである。アイアコッカのような専用ノートを持っていれば大いに結構だが、ほとんどのリーダーはそこまで用意周到ではないだろう。だからといって心配する必要はない。正しいやり方で面接を行えば、かなりのことが分かるはずである。

ほとんどのリーダーに当てはまるのは、面接に向けての準備が足りないことである。一つか二つ質問して、問題がなければ採用してしまう安易なリーダーが実に多いのには驚かされる。これではいかにもお粗末である。

スタッフの採用面接こそ、最もリーダーシップを発揮しなければならない場面だと認識を改めてもらいたい。役に立たない人には直ちに退場してもらわなければならないのだ。ここでいい加減な判断を下せば、あなたが求めている仕事には向かない人と入れ替えてしまうかもしれないし、もっと無能な人と入れ替えてしまうかもしれない。

適材適所の人材採用のためにうってつけのチェックリストを、ペリー・M・スミス将軍がまとめているので参考にしてもらいたい。このチェックリストは、その人の人柄と、あなたとの相性の感触を得るためのものである。面接において彼が推奨する質問は以下のとおりである。[20]

- ●この仕事をしたいですか？　またなぜですか？
- ●この仕事でどのような才能、資格、また長所を生かしたいですか？
- ●あなたの短所は何ですか？
- ●どのくらい長くこの仕事を続けたいですか？

●あなたの指導・管理のスタイルはどのようなものですか?

●あなたの部下にあなたのリーダーシップについて質問したら、どのような返事が返ってくると思いますか?

●もしあなたが今回採用されなかったら、代わりに誰を推薦しますか?

●あなた個人の長期的目標は何ですか?

●すぐに昇進できると期待していますか?

●何か個人的な秘密がありますか?

●現在の勤務先で最も尊敬する人は誰ですか? またなぜですか?

●現在の勤務先では清廉潔白の基準はどのようなものですか?

●他の転職先を検討中ですか?

●もし採用されたら、検討中の他の転職先に優先してこの仕事を選びますか?

●近々退職する予定ですか?

●これまでの職歴において監督下に何人の人がいましたか?

●解雇したことがありますか? 解雇されたことがありますか?

●次のような仕事の経験がありますか?

・経営

・プランニング

・ファイナンス
・マーケティング
・エンジニアリング
・研究開発
・採用・人事
・コンピューター・システム

●これまでの職歴において何か失敗したことがありますか?
・もしあるとしたらその失敗から学んだ教訓は何ですか?
・あなたの組織で起きた失敗の中で、あなたが直接知っているのはどのようなケースですか?

●これまでに直面した最も困難な仕事上の問題は何ですか? それにどのように対応しましたか?

●これまでの質問で何か足りないものがありますか?

●私に何か質問がありますか?

採用面接で以上の質問を全部するように言っているのではない。状況に応じて必要だと思われる質問を選べばいいのである。そしてもちろん、適切と思われる質問を自由に付け加えてもよい。大切なのは、優れた組織を作るために人を採用するのだから、きちんと時間をかけて相手を選ぶことである。採用面接こそリーダーシップを発揮すべき重要な場面であることを忘れてはならない。

危機的状況で責任を引き受けるための七つのステップ

1. **目的をはっきりさせる**――どこへ向かおうとしているのかはっきりしなければ、誰も、どこへも、引っ張って行くことはできない。
2. **部下との意思疎通を図る**――部下の注意を引きそうなやり方で、自分が求めているものについての意思疎通を図らなければならない。
3. **大胆に行動する**――慎重であるべきときではない。リスクを引き受けるべきときである。
4. **決断力を発揮する**――決断を下すのを先延ばしにしてはいけない。
5. **主導権を握る**――自ら主導権を握って状況を引っ張れ。そうしなければ状況に引っ張り回されるだろう。
6. **模範を示す**――「付いて来い」をモットーとし、それに生きよ。
7. **人員の入れ替えを断行する**――仕事のできない人材は退場させ、できる人材を雇い入れよ。選択を誤ることがないように面接は入念に行え。

第13章

カリスマ性を発揮するための七つの行動

「カリスマ（Charisma）」というのはギリシャ語で「神からの贈り物」という意味である。要するに、与えられるものということになる。生まれつき備わっているものと言ってもよい。しかしナポレオンは、そのようには考えなかった。彼は言っている。

「私の権力は、私の栄光から来ている。そして私の栄光は私の数々の勝利から来ている。さらに勝利を重ね、さらに栄光を増していかなければ、私の権力は失墜するだろう。征服が今日の私を作った。征服だけが今日の私を支えることができる」[1]

ナポレオンが言おうとしたのは、自らのカリスマ性は成功に基づいているということである。逆に言えば、カリスマ性を維持するには成功し続けなければならないということだ。この主張には一理ある。前の章で取り上げた二人の研究者、南カリフォルニア大学のウォーレン・ベニス教授とバート・ナヌス教授も、成功したリーダーはにカリスマ性が備わっていると指摘している。

私はこの説に完全には同意しかねる。カリスマ性のあるリーダーになるためにリーダーとしての成功が必要だとしたら、成功するまでカリスマ的リーダーになれないという理屈になる。しかし現実には、カリスマ的だからこそリーダーとして成功する人物も存在するのではないだろうか。成功する前にカリスマ性を身に付ける方法があるのではないだろうか。確かにあるのである。

カリスマ性は自ら築き上げるもの

数年前に私はワシントンにある国立国防大学の全軍工学部で受講を許された。全軍工学部というのは、武官や文官のエリートたちを集めて訓練するところである。

ある日の講義で、リーダーシップの評価についての調査が行われた。第一線で活躍しているリーダーたち（受講者）の資質や能力や性格を、一般の人たち（受講生の部下や上司や同僚）が評価するのだ。講義に先立って調査対象者には、受講生百十五人についての調査票九百九十五通が送られていた。無記名の調査票には、二十一の領域における百二十五項目の質問が並んでいた。

受講生の多くは実績のあるリーダーたちなので、予想された通り、リーダーとして優れているという結果が出た。受講生の平均値は、測定されたすべての特性について、満点五・〇点に対して四・〇点を越えていた。これは期待平均値の三・〇点をかなり上回っていた。

特に注目すべきは、「カリスマ」領域におけるリーダーたちの測定値で、受講者百十五人の平均値は四・三二だった。これだけでも大変な高得点であるが、その中に一人ずば抜けて高得点をマークした受講生がいた。彼のカリスマ性は五・〇満点だった！

私はこの異常に高い評価を得た人物の秘密を探りたいと思って、これが誰なのかを調べてみた。実際に会ってみると、彼は平均的な身長の、平均的な外見の男性だった。たとえ彼に会っても、カリスマ性の高得点のことを知らなければ、特別なものは何も感じないだろう。

しかし有名な社会科学者マックス・ウェーバーが言っているように、「人は伝統や制定法の徳によって彼に従うのではなく、彼を信仰するから彼に従う[2]」のである。

彼の秘密はどこにあるのだろうか？　彼は、リーダーとしての成功の大部分は、カリスマ性を認められたことによると主張した。「最初に成功ありき」ではないのである。ひとたび成功するとカリスマ性を認められるのがはるかに簡単になるということである。

しかし、彼がリーダーとして成功したのは、成功する以前に少なくとも部分的にはカリスマ性を発揮できたからでもあった。しかも、彼のカリスマ性は偶然の産物ではなかった。彼は意図的にそれを築き上げたのである。それだけではない。新しい集団を率いるたびに、カリスマ性を構築するために意図的にいくつかの行動を取ったというのである。

クレアモント・マッケナ大学のクラビス・リーダーシップ研究所所長である社会心理学者ロナルド・リアッジオ博士は、カリスマを生み出す彼独自の方法を考案した。リアッジオ博士は次のように記している。

「カリスマ性は人に与えられるようなものではない。遺伝するものでも、生まれつき持っている性質でもない。カリスマは時間をかけて築き上げるものである。もっと重要なことには、私たちは皆それぞれ、自分なりのカリスマ性を築き上げる能力を持っている」[3]

カリスマ性を築き上げるために、国立国防大学で遭遇した男性は、七つの行動を実行していた。長年の観察を通じて私は、カリスマ性を持った他のリーダーたちも同じような行動を実行していることに気が付いた。彼らが実行している七つの行動とは、次のようなものだ。あなたがリーダーとしてカリスマ性を発揮したいと思っているなら、ぜひ参考にしてみるといい。

1・本気であることを示す。
2・「それらしく」見えるようにする。
3・大きな夢を掲げる。
4・目標へ向かって進み続ける。
5・「宿題」はきちんとこなす。
6・神秘性を演出する。
7・「間接的方法」を利用する。

では、それぞれの行動が必要とするものについて見ていこう。

1・本気であることを示す

カリスマとみなされたければ、達成しようとしていることが何であれ、それに本気になって取り組むだけでは足りない。「本気になって取り組んでいること」を部下に示さなければならない。

歴史上の軍事的リーダーたちはしばしば、海から攻撃して上陸した後に、船を焼いた。歴史家はたいていこのことは、部下に「選択の余地がない」ことを示すためのものであったと記述している。もはや海には戻れないのだから、勝って生き残るしかないというわけである。

しかし私は、そのためだけに船を焼いたとは思えない。たとえ船を焼いたとしても「降伏する」という選択肢は残されているではないか。私は、こういったリーダーが船を焼いた本当の理由は、リーダー自身が目標なり目的に向かって「本気で取り組むこと」を示す大変効果的な方法であったからだと思う。

本気であることを示す方法はいくつもある。目標達成のための徹底した努力、自己犠牲、リスクを承知の行動、そして個人的財産の支出などだ。

合衆国の建国の父たちにカリスマ性を感じるアメリカ人は多いだろう。その理由のひとつは、彼らがあらゆる領域において本気で取り組んだからだ。彼らは集団の掲げる目標のために、生命、財産、そしてかけがえのない名誉までも投げ出したのだ。

本気で「百万長者になること」を示した男

ジョー・コスマンは数百万ドルの資産を持つ男である。今ではカリフォルニア州のリゾート地パーム・スプリングスに住んで、気ままに世界中を旅行して、人々の起業を手助けしている。

しかし彼の家は裕福ではなかった。第二次世界大戦での兵役を終えた彼は、ペンシルベニア州ピッツバーグにある貿易会社で働くようになった。大卒でもなく、特殊技能もなかった割には週給三十五ドルという高給をもらっていた。彼は野心家だった。毎晩夕食後に台所のテーブルを使って、世界中の取引先への手紙を書き続けた。何としてでも自分の手で商品を輸出したかったのである。

彼は一年以上にわたって何百通もの手紙を書き続けた。はかばかしい返事はどこからも来なかったが、自由時間はすべてそのために費やした。こうした持続性が「本気であること」の証明となることに注意してほしい。

ある日彼がニューヨーク・タイムズを読んでいると、箱入りの洗濯石鹸の小さな広告に目が留まった。まだ石鹸自体が珍しかったころの話である。彼はその石鹸が入手可能なことを電話で確かめると、世界中の取引先へ手紙を送った。

数週間後、銀行から十八万ドルの信用状を受け取ったとの知らせが届いた。このことは、石鹸を船に積んだことを証明する船荷証券を示せば十八万ドルを引き出せることを意味した。しかし、信用状には三十日間の期限が記されていた。三十日以内に船荷証券を銀行に示すことができなければ、信用状は無価値となるのだ。

石鹸の卸業者は、石鹸はニューヨーク市にあると彼に知らせてきた。積み荷の手配をするためにはニューヨークに行きさえすればよかったので、ジョーは上司のところへ行って、数週間の休暇を願い出た。ところが上司はそれを拒否した。そこで彼はピッツバーグ中の友人たちに連絡を取り、代わりにニューヨークへ行って取引をまとめてくれればお金は山分けにしようと持ちかけた。しかし、この話に乗ってくる友人は一人もいなかった。困り果てたジョーは再び上司のところへ行った。休みが取れないのなら会社を辞めると言ったのだ。結局、上司はジョーが本気であることを見てとり、折れてくれた。

ジョー夫妻には銀行に合計三百ドルの貯金があった。ジョーの妻も彼が本気であると信じ、全額を引き出した。ジョーは三百ドルを懐に、ニューヨーク市へと向かった。

ホテルでチェックインを済ませたジョーは、もう一度石鹸の卸業者に電話した。ところが既にその番号は使われておらず、業者の居所も分からなかった！

しかし彼はあきらめなかった。彼は図書館へ行って製造業者のリストを見つけ出した。すぐにホテルの部屋へ戻り、アメリカ中の石鹸会社に片っ端から電話をかけようとした。ところが運悪く電話会社はストライキ中で、オペレーターを呼び出すだけでも大変な時間がかかった。それでも彼の熱意に気圧された女性オペレーターは、彼が電話をかけ終えるまで回線を維持してくれた。電話代が八百ドルを越えたところでやっと、石鹸を持っているアラバマ州の会社を見つけることができた。しかしアラバマ州まで石鹸を取りに行かなければならない。

次は運送会社だ。三千ケースの石鹸を信用貸しで運搬してくれる運送会社を求めて、彼はニューヨーク中を駆け回った。既に三十日の期限のほとんどが過ぎていたが、ジョーは目標達成への強い意志を決して失わなかった。石鹸と共にニューヨーク市へとんぼ返りしたジョーには、船に積み込む時間が半日しか残されていなかった。当時の組合は今ほど規則づくめではなかったので、ジョーは自ら石鹸の積み込み作業を手伝った。夜を徹して作業を続けたものの、どうやら間に合いそうにないことがはっきりしてきた。銀行の窓口が閉まるまであと三十分もないという切羽詰まった状況の中で、彼は荷役作業中の波止場を後にして定期汽船会社の社長を探しに行った。

後にジョーは私に言った。

「一週間以上も入浴していなかったので、石鹸の箱を眺めると自分で使いたくなる有り様だった。石鹸の積み込み作業を手伝っていたので、前の晩は一睡もしていなかった。所持金は底を突き、昼食はトラックの運転手から借りた小銭で済ませていた。石鹸会社は石鹸の代金の支払いを迫り、運送会社は運送代の支払いを迫ってきた。ホテルには居所を知らせていなかったが、もちろん彼らも支払いを求めてきた。妻でさえ、私がどこにいるのか知らされていなかった」

そんな状態で定期汽船会社の社長室へ押しかけた彼は、社長に一部始終を話した。社長はジョーの顔をまじまじと見た。そしてジョーの熱意に打たれた。社長は言った。

「コスマンさん、これだけ一生懸命なのだから、この取り引きは成功させてあげましょう」

そういいながら彼は、石鹸の積み込みが全部終わっていないのにもかかわらず、ジョーに船荷証券を書いて渡した。このことは、積み込み作業が完了するまで、石鹸の不足分の責任を負わされるリスクを引き受けることを意味した。それだけではない。彼はジョーを銀行へ送り届けるために、社長専用のリムジンを出してくれたのである。この取り引きの成功によって、ジョーは三万ドルの利益を手にした。週給三十五ドルの男にしては、大した稼ぎであった。

ジョーはこの取り引きを成功させる過程で出会ったすべての人々との交渉で主導権を握り、うまく動かすことができた。なぜだろうか？　それは、ジョーが本気だったからだ。その気持ちが人々を圧倒したのだ。人々には彼の熱意が、私たちが「カリスマ性」と呼んでいるものに見えたのだろう。

真剣でなければ「本気」を示すことはできない

本当に真剣に取り組まなければ「本気であること」を示すのは不可能だ。部下にはあなたの本心が丸見えだからである。「本気であるふり」をすることによって「本気」を示すことはできない。マーケティングの専門家トニー・アレッサンドラ博士は、著書の中で次のように問いかけている。

「皆さんは何に情熱を感じていますか？　何に〈本当に〉深く関心を持っていますか？　どんな目的であれ、つまり、世界から飢えを追放することであれ、迷子の犬や猫の保護を充実することであれ、自分自身で強い関心を持っていなければ、人の意見を変えたり、人の行動を促したりすることは決してできないのです」[4]

もしあなたが本気であれば、ロジャー・アイルズの言葉に耳を傾けていただきたい。彼は、数多くのCEOや選挙候補者のアドバイザーを務めたことがある広報活動コンサルタントである。

「カリスマの本質はある構想や目標の実現へ向けてあなたが本気で努力していることを人々に示すことである」[5]

カリスマとみなされたければ、本気であることを人々に示す方法を考えなければならないのだ。

2・「それらしく」見えるようにする

「仕事で成功するにはどういう格好をすべきか」についてまじめに調査を行い、ビジネスの成功と服装との重要な関係を説いたのが、ジョン・T・モロイである。その結果をまとめた彼の著書『Dress for Success』[6]は全米でベストセラーになった。ビジネスマンであれば、買って読まずにはいられないだろう。アメリカにあるほとんどの職業について、モロイの助言は非常に価値があると思われる。

しかし最大の効果を引き出すためには、自分がどういう種類のリーダーで、どういう部下を相手にしているかを踏まえた上で、最適な種類の服装を選択すべきかを知らなければならない。

牧場労働者を相手にしてビジネススーツでは、カリスマ的リーダーにはなれそうにない。海外には、アメリカのビジネスマンやビジネスウーマンのような服がふさわしくない国もある。あなたの服装は、あなたのリーダーとしてのイメージとうまく調和するものでなければならない。

実は軍隊のリーダーたちは、服装の重要性について昔から気が付いていた。将軍たちは自分たちのイメージを演出するために独自の制服をしつらえることが多い。

モンゴメリー陸軍元帥は、自分が指揮している部隊のエンブレムを着けた特製のベレー帽で有名だった。またプルオーバーのセーターを制服の一部にしていて、たとえ激戦のさなかでもカジュアルな着こなしを狙った。兵士たちはエンブレムが並んだベレー帽とプルオーバーのセーターを見ると、すぐにモンゴメリーだと分かった

パットン将軍も、「それらしく見えるようにする」ことの大切さを確信していた。彼の特製の制服には、戦闘に際してもぴかぴかのヘルメット、両腰に下がったピストル、そしてきちんと結ばれたネクタイが含まれていた。それらを見れば、彼の兵士は誰でもパットンだと認識できた。

アイゼンハワーは特製の短めの軍服を考案した。後にアメリカ陸軍は、この軍服を制服として採用した。いわゆる「アイク・ジャケット」である。

マッカーサーは、また別のイメージを演出した。第一次世界大戦に若き大佐として戦闘に参加した彼は、早くも特製の制服を着用していた。彼はヘルメットの着用や武器を腰に下げることを拒否した。その理由を、「ヘルメットは頭が痛い、そしてリーダーとしての仕事に支障がある。武器を腰に下げ

るのもお断りだ。戦うことが仕事ではなく、戦う部下に指示を出すのが仕事だからだ」[7]と説明した。

第二次世界大戦では、彼はネクタイを着けないカーキ色の制服と、金色の真田紐の付いた帽子、コーンパイプとサングラスを着用した。それらのアイテムが後に〝マッカーサー神話〟のシンボルとなった。

戦闘服を脱がなかったシュワルツコフ

ほかにも多くの軍のリーダーが「それらしく見えるように」自らの服装に工夫を凝らしてきた。標準的な制服を着用したリーダーもいたが、それでも微妙に手直ししたり、標準よりも良い素材を使ったりした。「伊達の短いステッキ」を持ち歩く司令官もいた。これはアメリカ式〝元帥の指揮棒〟のようなものである。

朝鮮戦争でマッカーサーの任務を引き継いだ司令官マシュー・リッジウェー将軍は、冬用の大外套の上に手榴弾を下げていた。F－4戦闘機の指揮官でベトナム戦争の撃墜王であるロビン・オールズ准将は、（規則の対象とはなっていない）とんでもない口髭を生やし、部下に親しまれていた。また、記憶している人も多いと思うが、H・ノーマン・シュワルツコフ将軍は中東での任務を終えて帰国した後も、砂漠での戦闘服を離さなかった。それは彼の魅力とカリスマ性の一部となっていた。

私の同級生である「テクス」・ターナー大佐がウエストポイントの指導教官主任だったころ、彼は教室でも迷彩服を着ていた。陸軍のレンジャー・スクールで指揮を執っていたこともあるテックスは勇猛なリーダーで、そのイメージをキープするように努めたのだ。幹部候補生たちは、テックスなら水の上でも歩けると思っていたのではないだろうか。

アルフレッド・M・グレイ将軍は海兵隊の指揮官だったころ、たとえペンタゴン（国防総省）の中でも迷彩服を着ていた。私の知る限り、国防総省の建物の中を迷彩服で歩いた指揮官は彼ぐらいのものだったろう。それだけに、その迷彩服を見れば一目で彼だと分かった。「私は戦士であり、私の任務は戦うことである」と言っているようなものであった。

皆さんは戦闘服を着る必要はないかもしれない。しかしカリスマ性を発揮したければ、自分のリーダーとしてのイメージを明確に把握し、それらしく見えるように服装を整えるための時間を惜しんではならない。

二百年前にフランスのバーテルミ＝カテリーヌ・ジュベールは言っている。

「服装のきちんとしている兵士は、自分に誇りを持っている。また敵に対して侮りがたい印象を与え、敵を威圧する。きちんとした外見はそれ自体が一種の力なのである」[8]

私が将官になり、誰もが「チャームスクール」と呼んでいたオリエンテーション・コースを受講した時、ある上級将校が私たちに言った。

「平服を着ているときでも将官らしい服装に努めることを忘れないように」

それは業種や職種にかかわりなく、我々にとってよい助言である。将校らしい服装に努めるということは、すなわち、プロフェッショナルらしい服装に努めるということを意味する。

3・大きな夢を掲げる

これまでの章で私は、希望を高く持たなければならない理由を説明した。達成しようと思っていた以上のことを達成することはできないことを、示したつもりである。

部下や集団に目標を示す場合も同じである。低い目標のために必死に働いたり、犠牲を捧げたりしたいと思う人はいない。当然の話ではないだろうか。低い目標なら自分で日常の中で達成することができるから、リーダーなど必要としない。やり甲斐がないし、面白くもない。達成しても達成感がないのである。

しかし、もし部下に困難な目標、大きな仕事、そして本当に価値のある任務をを示すならば、人々はあなたがそれを達成するのを助けるために、あらゆるものを犠牲にするだろう。

チャールズ・ガーフィールド博士の観察によれば、アポロ11号のための月面探査モジュールを開発していたエンジニアたちは、驚くほどの技術革新を次々に成し遂げたという。「毎週私は、ほんの数カ月前までは誰も予想しなかったほど優れた成果を上げたという話を聞かされた」[9]とガーフィールドは振り返る。

その甲斐もあってアポロ11号の月面探査計画は無事成功し、一九六九年七月二十日にニール・アームストロングとバズ・オルドリンが月面に降り立った。エンジニアたちの任務は終了した。そして彼らの職務遂行能力は平均的レベルに戻った。「彼らはある頂点を極めた。そして再び元の地面へ戻った」と、ガーフィールドは記している。[10] 職務遂行能力を維持するためには、この組織のリーダーがすぐに次の「大きな夢」に取り組むべきだったのかもしれない。大きな夢のためなら、どんなことでも可能なのだから。

五百ドルの元手で水晶の大聖堂を建てた男

ロバート・H・シュラー博士のことを聞いたことがあるだろうか？　シュラー博士は牧師でもあり、二十冊以上の本と数多くのカセットテープの著作者であり、彼自身のテレビショーも持っている。

彼が所持金わずか五百ドルでカリフォルニアへ来たときに信者は一人もいなかった。しかしその二十五年後には、二千万ドルの資金を投じて四千の座席を持つ「水晶の大聖堂」を建てたのだ。今では毎週彼の説教に何百万人もの人が耳を傾けている。彼は自らが名付けた「可能性の思考」を唱道し、不可能なことでも達成できると強調しているのだ。なぜそんなことが可能なのか？

シュラー博士によれば、手伝ってもらえる人を見つけられるかどうかの問題に過ぎないという。協力者が見つかれば、不可能な目標も達成できるというのだ。

あなたが示す目標が十分に大きければ、ウィンストン・チャーチルが要求したように、彼らは血と汗と涙をあなたに捧げるだろう。

海兵隊ハクスレー中佐が命じた地獄の行進

では、どういう種類の目標を示せばいいのだろうか？

実は、大きくて価値のある目標であれば何でもよいのである。

レオン・ユリスはその著書『Battle Cry』の中で、第二次世界大戦における海兵隊での自身の経験を描いた。主人公である「ハイ・ポケッツ」・ハクスレー中佐は、師団一の訓練記録を打ち立てるために、自分の部隊を厳しい十二時間の行進へ駆り立てる。兵士たちはへとへとに疲れ果て、足からは血を流しながらも行進をやり遂げ、新記録を打ち立てた。しかしそれだけでハクスレーは満足せず、トラックでキャンプに戻るのではなく、数時間休憩した後に再び行進して戻ることを命令した。茫然として道路脇にへたり込む兵士たち――。そんなところに、別の海兵隊部隊が一日の行程を終えてトラックでキャンプへ戻るところを目にする。とんでもなく困難なことの実行を命令されていることと思い知らされたハクスレー部隊の兵士たちは、なぜか突然、もうひと頑張りする気になる。気力を振り絞ってキャンプへの帰りの行進を成し遂げた彼らは、自身の記録も更新したのであった。

バルジの戦いにおいて第一〇一航空師団は、数においてはるかに勝るドイツ軍部隊によって孤立させられ、取り囲まれた。誰が救援に来てくれるだろうか？　パットンはある戦線から兵隊を引き抜き、何百マイルも行進して、四十八時間以内に三師団を駆けつけさせると宣言した。ほとんど不可能に思えることを命令すれば、そしてそれが本当に重要で困難な仕事であれば、部下はやり遂げるだろうことをパットンは知っていた。

大きな夢を持ちたければ、フランク・シナトラが歌っていた「ハイ・ホープス」のこんな歌詞を思い出せばよいだろう。

「ゴムの木相手に蟻一匹で何ができるというのだろう。でも高い望みを持っていれば、うわっ、ゴムの木がもう1本生えてきた！」

トニー（アンソニー）・ロビンズは、何百万人もの人々に語りかけ、彼らの人生を変えてきた。アメリカ合衆国大統領をはじめとする多くの国家元首さえ動かしてきた。動機付けのスピーチのバイブルと呼ばれる本を著したマイケル・ジェフリーズは、「アメリカでは多くの人々が、今日ではアンソニー・ロビンズがもっとも積極的で、もっともカリスマ的なスピーチをすると感じている」[11]と言っている。

大学で学んだこともないロビンズが、多くの聴衆を惹きつける理由は何だろうか？　彼自身の言葉を借りることにしよう。

「私は使命感を持って生きてきた。七歳のときには、大勢の人々を前にしてとてつもないことをしている自分を夢想していた[12]」

大きな夢を持ち、部下に高い希望を与えれば、あなたのカリスマ性は揺るぎないものになるだろう。

4・目標へ向かって進み続ける

大きな夢と目標を持つことは重要である。しかしそれに安住してはいけない。自分で定めた困難な目標へ向かって、実際に進み続けなければならない。自分がリーダーであることを忘れてはいけない。あなたが進まなければ、人々は進まない。しかしあなたが大きな夢へ向けて進み始めると、彼らに信じられないような影響力を発揮し、目標を達成してしまうだろう。

もちろん、あなたの支持者たちは満足するはずだ。「言った通りだろう?」と彼らは周りの人々に言うだろう。どうしようか決めかねていた人々もいるだろう。あなたを支持してはいたが、行動するほどの確信がなかった人々である。「きっとやってのけるだろうと思っていた」と彼らは言うかもしれない。

あなたの夢に反対した人もいるかもしれない。彼らは「そんなことは不可能だ」と言っていたが、これからは言わなくなるだろう。「たまげた」とつぶやくかもしれない。

こうして最後には、どんな人に対してもあなたのカリスマ性は強まるだろう。

もちろん、目標へ向かって進むことは、ただ目標を定めるよりは難しい。第一に計画を立てなければならない。それから多数の中間目標を設定する。シュラー博士は、いきなり水晶の大聖堂を建て始めたわけではない。彼は全体的な目標を立てた。それからたくさんの中間目標を達成した。大きな目標には、まず達成すべき小さな中間目標が必ずたくさんある。そしてすべての目標には、たくさんの仕事がある。

大きな目標へ向かって進みつつあることを示すには、中間目標とそれを達成するための仕事を部下に理解させせなければならない。そしてタイムスケジュールに従って、それぞれの個人にそれぞれの仕事を割り振らなければならない。

定期的な点検も欠かせない。成功はすべて公表し、大きな目標へ向かって前進していることを知らせなければならない。部下が問題を抱えていたら、前進を助けるために必要な助力をしなければならない。しかし、止まってはいけない。どんな目標であっても前進を続けることが必要である。そうすればジョー・コスマンのように、ほとんどの人があなたに魅了されるだろう。そして部下たちの間であなたのカリスマ性が話題になるだろう。

5・「宿題」はきちんとこなす

オリンピックの体操競技を見たことがあるだろうか？　離れ業の連続である。多くの演技が何の欠点もないように見える。一般の人には百万年かけてもできそうもないことを、彼らはやすやすとやってのける。

実際には、そうした素晴らしい成果を披露している選手も、皆さんや私と同じ人間なのである。始めたときには彼らだってあんなことはできなかった。できるとは夢にも思わなかったかもしれない。それなのに今私たちの目の前で信じられないような演技を披露し、実力でメダルを獲得している。どうしてそんなことが私には分かるのか? 実は私は経験者で、その秘密を直接知っているからである。

私は子供のころしつこいリューマチ熱に悩まされていた。そのためスポーツができず、虚弱体質だった。しかし十五歳のとき、ウエストポイントに進学するのなら体が丈夫でなければならないことに気が付いた。ウエストポイントへは、少なくとも六回の懸垂ができなければ入学できない。私は一回もできなかった。それから二年間というもの私は懸命に体を鍛えた。そして予想以上の結果を得た。十七歳でウエストポイントを受験したときには十五回も懸垂ができたのである。

ウエストポイントへ入ると、上半身の筋力が人並み以上の新入生は体操チームに入れられた。入学前から体操をやっていた者はほとんどいなかったので、使えそうな新入生は誰でも勧誘したのだ。

私はロープ・クライマーのチームに入った。ロープは非常に単純な競技だった。床に座り、腕を頭上に延ばして、両手でロープを握り締める。用意が整ったら腕力だけで登り始める。足を使ってはいけない。床から二十フィート(約六メートル)のロープのてっぺんには、炭を塗った丸い皿がある。片手を延ばしてそいつにさっと触わるのだ。

床を離れてからこの皿に触れるまでの時間を三人の記録係が記録する。この間四秒以下でなければ不合格とされる。最初の一年間は、私はどんなに努力しても六秒がやっとだった。あまり感心しない記録だが、それしかできなかったのである。

しかし、私は毎日宿題をこなした。宿題とは、二十ポンド（約九キログラム）の重さのトレーニング用ベルトを着けて何度も何度もロープを登ることであった。努力がこれほど直接的に進歩につながる例を、私はほかに知らない。かくして一週ごとに、私の記録は少しずつ伸びていった。

一年目の最後には、誰かが冗談で「新記録を狙っているつもりか？」と聞いた。そのころ私は、向上の秘密はすべて練習にあることを理解していた。私は「やって見せるさ。ただし最終学年までに」と答えた。

三年後に私はこの約束を果たした。

三・四秒で登り切ったのである。

最初の年と最後の年とでは別世界だった。最後の年には、繰り返し四秒以内に二十フィートを登っても息切れしなかった。記録破りのロープ登りと、単なる上手なロープ登りの違いは、ロープのグリップを見失わないで、いかに素早く手を動せるかであった。私はいつも、ちょうど八〝歩〟でタッチした。まるで全然筋肉を使う必要がないかのようだった。気球に吊り上げられるように「難なく」登っているみたいだと、見物していた人々は言った。最初の惨めな成績と最後の素晴らしい成績との間にあった秘密は、ただ一つ「宿題」であった。

カリスマ的なリーダーシップについても同じことが言える。人は目の前の結果しか見ない。そこに達するまでの何時間もの宿題は見えていない。だからこそ、目の前で何か非常に難しいことを楽々とやってのければ、あなたはカリスマとみなされる。

宿題をこなすことによって、あなたのカリスマとしての評判は一生の財産となる。一八一二年戦争（米英戦争）のチペワの戦いで、イギリス軍のフィニアス・リオール将軍は一千七百人の正規軍とインディアンやカナダ人の民兵七百人で攻撃を仕掛けた。相手はウィンフィールド・スコット率いる民兵である。リオールはかつてスコット軍を打ち破ったことがあった。そのときは、灰色の制服を着た民兵たちが隊列を崩して敗走したものであった。

スコットはまだ二十代の若い指揮官だったが、この敗戦を教訓に、前年の冬には宿題に励んでいた。そのことをリオールは知らなかった。スコットは民兵たちが倒れそうになるまで演習を繰り返させた。そのお陰でスコット軍の練度は確実に上がっていた。

リオール軍の砲火を浴びつつも、彼らは平然と隊列を組んだ。まるで練兵場での演習であるかのように正確に、彼らはリオール軍に銃剣で応戦するために移動した。リオールは前進して迫って来るアメリカ軍に感嘆し、スコットの能力を称える言葉を発した。

「何と、あれは正規軍だ」

スコットはリオールに多大な損失を与えて押し戻した。その後スコットは三十歳にもならないうちに将軍になり、最後には陸軍の最高司令官になった。しかし、彼のそもそものカリスマ性はチペワの戦いの前にこなした「宿題」から来ていたのである。

6・神秘性を演出する

皆さんは手品を見たことがあるだろうか？　手品師は数々の素晴らしい手品を見せてくれる。象が姿を消したり、水中に沈めて鍵をかけたトランクから手品師が抜け出すような大掛かりなものから、単純なカードやコインを使ったものまで、さまざまな手品がある。

重要なのは、観衆にとっては、手品師がカリスマ性を持っているように見えることである。その理由は、どういう方法でだましているのか分からないからだ。それによって手品師には、何とも言われぬ神秘性が醸し出される。だからこそ手品師は決して種明かしをしない。種明かしをしてしまったら神秘性がなくなってしまうことを、彼らは知っているのだ。

もちろん観衆は「自分たちがだまされている」ということを知っている。しかしそんなことは問題ではない。自分たちが知らないやり方を手品師は知っていて、だから神秘性とカリスマ性のオーラを持っている。それが重要なのである。

ある人物が、私たちが知らないやり方を知っているように思われるとき、私たちはその人の後に付いて行こうとする。何となくその人が特殊な性質を持っているように思えるので、忠誠心や崇拝の気持ちが生まれるのである。人を熱中させる魅力、と言ってもいいかもしれない。

クラウゼヴィッツのカリスマ性

そういったカリスマ性は、死後もその人物に付きまとう。ナポレオン戦争における将軍クラウゼヴィッツの例を挙げることにしよう。彼の死後に出版された著作『戦争論』は、今日では世界中の軍人や政治家に広く読まれている。しかし百年前には、彼はあまり評価されていなかった。二十世紀の軍事研究家リデル・ハートは「クラウゼヴィッツは多くの人に誤解されていた[13]」と指摘している。

クラウゼヴィッツはドイツ人だった。しかしドイツ人でさえ、クラウゼヴィッツを高くは評価しなかった。百年前のドイツの軍人たちは、ナポレオン時代に活躍したもう一人の将軍アンリ・ド・ジョミニの著作を熱心に研究していたようだ。ジョージ・B・マクレナン少将は一八六九年に次のように記している。

「ジョミニは最も有能な軍記作家の一人だった。偉大な将軍たちの作戦から戦争の真の原理を引き出し、それを明晰な知的な言葉で書き表した、最初の著述家である[14]」

南北戦争当時のアメリカの将軍たちも、クラウゼヴィッツではなく、ジョミニの著作を読んでいた。しかし、一八七〇年の普仏戦争を境に状況は一転した。この戦争において勝利を収めたのはドイツ軍であった。ドイツが勝利を収めた理由は、ドイツ人であるクラウゼヴィッツの著作の中に隠されていると、誰もが思ったのである。こうして高まったクラウゼヴィッツの人気は、その後ドイツが戦場において武勇を馳せるたびにますます確かなものになった。もっとも、ドイツ軍の勝利が主にジョミニの戦争理論に基づいていたのは皮肉な話である。

同じようなことが一九八〇年代前半にも起きている。日本企業が世界的に成功を収めていることに興味が集中したとき、日本の経営者は宮本武蔵を読んでいると報道された。江戸初期の剣豪として名高い武蔵は、果たし合いにおける戦略をまとめた『五輪書』を著した。当初この本は、日本美術も紹介している奇書として翻訳・出版され、主にリビングルームのお飾りとしてありがたがられていた。だが、一年後には経営書としてベストセラーになり、米国で十万部以上が売れた。今でも書店で見かけることがある。

百年か二百年前に死んだ人物でも突然神秘性を獲得できるのであれば、誰にだって少しの努力によって神秘性を演出できるチャンスがあるのではないだろうか。

その秘訣があるとしたら、何かを成し遂げた方法を絶対に秘密にしておくことだろう。そうすれば人々は、「いつの間にそんなスゴイことができるようになったのか！」と驚くことだろう。それでいい。驚くに任せればいいのである。一週間徹夜の連続だったなどと種明かしをしてはならない。体重が二十ポンド（約9キログラム）も減ったことを皆が不思議がるとしたら、ダイエットをしているとか運動しているなどと言ってはならない。ただ微笑みなさい。あなたが提出した〝本格的な販売計画〟が、実は五年前の企画を少し手直ししたものであるなどと、種明かしをしてはいけない。ただ神秘的な微笑みを浮かべるだけでいいのである。

ただし、このことを別の問題と取り違えないようにしてほしい。部下には常に情報を与え、可能な限り多くの情報を提供するように心掛けねばならない。時間の許す限り、「ああしてほしい」とか「こうしてほしい」という理由を部下に説明する必要がある。また、あることがうまくいったときにはその理由を説明するのもいいだろう。あなたの下で働く人々を訓練するには必要なことだ。

しかし部下に指示を与えたり、コーチしたり、あるいは助言を与える目的がないのであれば、種明かしは避けるべきである。「ウワーッ！　どうやったらできたんですか？」という感嘆の声には、ただ微笑みなさい。そうすればカリスマ性を演出することができるだろう。

7・「間接的方法」を利用する

イソップの寓話に、太陽と風とではどちらが強いかを議論する話がある。風はコートを着て歩いている人を見つけて、太陽に向かって言う。

「私の方が強い。それを証明するために、私が先にあの男にコートを脱がせて見せることにしよう」

太陽はこの挑戦を受けることにした。風は激しく吹きつけた。しかし強く吹けば吹くほど、男はしっかりとコートをつかんだ。風はハリケーンのように強く吹きつけた。しかし男はしっかりとコートをつかんで離さなかったので、とうとう風はあきらめた。

太陽はまったく別のやり方で臨んだ。ひたすらその男に暖かい陽の光りを注いだのである。やがて男は自分からコートを脱いだ。

このイソップの話は「間接的な方法」の典型である。あなたがではなく、彼らがそうしたいからそうするという方向へ持って行くのである。

こうした間接的な戦略を中国で二千年以上も前に編み出したのが、孫子である。二十世紀になってリデル・ハートをはじめとする人々が、孫子の兵法が戦争の戦略としてだけでなく、さまざまな人間活動におけるリーダーシップについても当てはまることに気付いた。

リデル・ハートはその著書『Strategy』の中で、次のように述べている。

「そのような場合は常に、新しい考え方を直接ぶつけても激しい抵抗に会い、考え方を変えさせるのは極めて困難となる。…男女の世界と同じように政治の世界においても、間接的な方法が基本である。商売の世界では、無理やり買わせようとするよりも、値引きを持ちかける方がはるかによい結果をもたらすものである」[15]

間接的にあなたの考えを人に示すことは、大きな利点がある。それは強制ではなく、相手との意見の一致を図ることを意味するからである。[16]

ドナルド・トランプを完敗させた間接的戦術

実業家ドナルド・トランプは、グランド・ハイアット・ホテルの支配人の話を例に挙げて、間接的な方法の効果について語っている。トランプはそのホテルの所有権の五〇%を持っており、トランプ夫妻が支配権を握っていたが、当時の支配人はそのことに我慢ならなかった。そこでその支配人は、ハイアット・ホテル・チェーンのトップに苦言を呈したのだが、結局は支配人の方が交替させられることになった。

新しい支配人はもう少し賢明だった。トランプの言葉を借りることにしよう。

「新しい支配人は少し違っていた。彼は私たちにあれこれと細かいことを聞いてきた。1週間に何回も電話に呼び出しては、『ドナルド、十四階の壁紙を張り替えたいので承認してほしい』とか『レストランに新しいメニューを付け加えたい』とか『ランドリー・サービスを新しいシステムに変えようかと思うのだが…』などと聞いてくる。またすべての管理職会議に私たち夫婦を招待した。この男は極端で、私たちにいちいちお伺いを立ててホテル経営に関わらせようとするので、とうとう私は言った。『好きなようにしろ！　何でもいいから私たちを煩わせないでくれ！』と。彼の作戦は完璧だった。争うのではなく、積極的かつ友好的に下手に出ることによって望み通りのものを得たのだから」[17]

米軍の駐屯地や基地では、各住宅の芝生がきちんと刈られ、周囲の管理が行き届いていることを確認するために、毎週住宅地域の検査が義務付けられている。

しかし、第二次世界大戦で陸軍参謀長を務め後に国務長官になったジョージ・マーシャル将軍は、もっといい方法を思い付いた。マーシャル夫人によれば、当時大佐であったマーシャルが司令官を務めていた駐屯地の住宅は荒れ放題だった。それを一言も苦言を呈せずに、立派な駐屯地に変えたのだそうである。

マーシャル大佐は勤勉に自分の庭を清掃し、草を刈り込み、芝生を刈り、花を植えた。やがてその駐屯地の人々はこぞって庭に出て、同じように手入れに精を出した。かくしてその駐屯地は輝くばかりになった。[18]これこそまさに、間接的方法である！

私は高校生だったころ、友人のテッド・ウェルズのおじいさんに会ったことがある。このおじいさんは退役した少将だった。ある夜に私は彼の隣に座ってバスケットの試合を見ていた。ホットドッグを食べ終えたところで私は、汚れた紙ナプキンを観覧席の上に落としてしまった。将軍はしばらく何も言わなかった。それから優しく言った。

「あのね、ビル君。僕なら観覧席にゴミを落としたままにはしないよ。悪いお手本になるからね」

言うまでもなく私はかがみ込んでそのナプキンを拾った。将軍は間接的方法の何たるかをよく心得ていた。

古くからよく、「戦闘機乗りは一つの命令なら聞くが、いくつも命令しても無駄だ」と言われる。海兵隊員についても同じような言い方がされているのを聞いたことがあるかもしれない。実はこの言葉は、どんな集団にも当てはまる名言である。何をやるべきかいちいち言われたくないのは何も戦闘機乗りに限らない。誰だっていやである。従って、できるだけ間接的方法を取るべきなのである。

間接的方法を効果的に使うには、直接命令しなくても進んで何かをやるように、人々を仕向ける機会を探さなければならない。部下の誇りや自尊心を傷つけない方法を考えなければならない。

一つの方法としては、状況をただ分かりやすく示して部下自身に結論を出させればよい。そしてそれを彼らの功績として認めればよい。

もう一つの方法は、丁重にお願いするのである。「ベティ、十一時に師団会議がある。部長たちに通知を出しておいてくれないか?」と頼んだ方が、「十一時に部長たちを私の事務所に呼んでくれ!」よりも好ましい。また、「ジョージ、月曜までにやれないかな?」というふうに、相手の意見を尊重するような形でお願いする方法もある。

間接的方法の基本は提案である。提案する際には以下のことを忘れてはならない。

●動かそうとする人の注意を引き付けること。矛盾する内容や余計なことが含まれていてはならない。注意を引き付けることができなければ、間接的方法は失敗するだろう。

●地位、生まれ、お金、業績その他、何か利用できそうな材料があなたに備わっていればいるほど、あなたの提案は強い力を持つ。しかしあなたがリーダーである事実だけでも、あなたの提案は重みを増す。

●動かそうとする人とあなたが親しければ親しいほど、あなたの提案は強い力を持つ。しかし親密さは間接的方法に不可欠の要素ではない。特定の場合に間接的方法を利用しやすくすることがあるだけである。

●提案は、繰り返すことによって力を増す。間接的方法でひとたび何かをやらせることに成功すれば、もはや誰もそれを止められない。マーシャル大佐が庭の手入れをするのを見て、ひとたび人々が競って真似し始めると、どうにも止まらなくなったはずである。

●積極的提案の方が消極的提案よりも効果がある。人々に何かをさせるためにも、何かをやめさせるためにも間接的方法を使うことができるが、積極的に何かをさせるために使う方が効果がはっきり表れやすい。[19]

カリスマ性を発揮するための七つの行動

1. 本気であることを示す。
2. それらしく見えるようにする。
3. 大きな夢を見る。
4. 目標へ向かって進み続ける。
5. 宿題はきちんと済ませる。
6. 神秘性を演出する。
7. 「間接的方法」を利用する。

第14章

リーダーにふさわしい問題解決と意思決定

リーダーは問題解決と意思決定を行う。逃れることはできない。それらは車の両輪である。アメリカン・カレッジでクリエイティブ・リーダーシップを教えるロジャー・D・コロンズ教授は調査研究の結果、多くの有能なリーダーの特質は問題解決の能力と問題解決への寄与度にあることを発見した。[1]

リーダーが解決しなければならない問題は非常に困難だ。あなたの決断一つで結果が大きく左右される。しかもその決断は、大きなリスクと不確実性のもとになされなければならない。従って決断を下すだけでも大変な仕事である。

「決断」はすべてのリーダーの責務である

世界最大級の金融グループ、J・P・モルガンの元会長兼CEOであるエルモア・C・パターソンは、意思決定の重要性を次のように強調する。

「新入社員には、不確実な要素や未知の要素が常にあることを最初からはっきりと言い渡している。あらゆる関連情報を集め、検討を加えてもらいたいからである。しかしどんなに研究しても、意思決定はまた別のものである」[2]

ピーター・ドラッカーはこう言っている。

「経営管理者は何よりも人々を管理し、人事の決定を行うのに時間を費やしている。そして、そうすべきなのである」[3]

統合参謀本部議長を務めたウィリアム・クロー大将は、雑誌「タイム」によるインタビューの中で、「私は大きな決定を下しながらもまったくその後迷いを感じない人を何人か知っている。私はそうではない。大きな問題であれば、私は安眠などできない」[4]と述べている。

軍のリーダーは時に重大な決定を迫られることがある。聖書によれば、紀元前一一〇〇年頃にギデオンは圧倒的多数の敵を攻撃しなければならなかったという。要塞化された野営地にいる、練度が高く実戦の経験も豊富なミデアン人との対決が迫っていたのだ。片やギデオンの部隊は訓練の行き届いていない寄せ集めであった。やむなくギデオンは「去りたい者は去れ」と言った。すると二万二千人の兵士が振り返りもせずに帰って行った。なんと三分の二が離れて行ったのである。

ギデオンは急いで作戦を練らなければならなかった。普通のやり方で敵と戦っても意味がないと、彼は判断した。そこで、ある困難な決定を下した。さらに人数を減らして三百人の特に勇気のある精鋭だけに絞ったのである。この三百人にそれぞれトランペットと松明と空の水差しを与えた。そして彼らを三つの中隊に分けた。

その夜この三中隊はミデアン人の野営地を、三方から取り囲んだ。空の水差しは、たいまつの火を隠すのに使った。ギデオンの合図で彼らは水差しを割り、トランペットを吹き鳴らした。それから叫んだ。

「神の剣を受けよ。ギデオンの剣を受けよ」

ミデアン人の野営地で何が起きたか、想像がつくだろう。通常は一つの松明は少なくとも一中隊の兵士を意味した。ミデアン人は何千ものヘブライ人に攻撃されていると思ったに違いない。聖書（「士師記」）にはこう記されている。

「神はすべての兵士の剣を敵に向かわせた。大軍勢であったとしても。そして敵はゼレラートの地のベツシータへと逃げた。それからアベルメホラの国境を越えタバトへと」

今日でも、このギデオンによる攻撃は、イスラエル軍における奇襲作戦のお手本とされているのである。

湾岸戦争におけるグレイ大佐の決断

戦闘が切迫する中で決定を下すことは、どんな軍隊の奇襲部隊にとっても珍しいことではない。

湾岸戦争のときには、空軍特別奇襲部隊の第一特別作戦航空団を率いていたジョージ・グレイ大佐が大きな問題を抱えていた。大空襲を警戒するバクダッドでは、攻撃をいち早くキャッチできるようにレーダー網が敷かれていた。そのため多国籍軍による最初の空爆は、損失率が非常に高くなりそうだった。こんな状況で最も賢明な戦術は、ペーブロー型ヘリコプターを砂漠地帯に飛ばして米陸軍のグリーンベレー部隊を地上に投下し、敵のレーダー施設を爆破することであった。しかし、きわめて微妙な政治的状況の中で、開戦時間以前に地上「境界線」を越えることはリスキーであった。下手をすると戦争計画そのものが台無しになってしまう可能性さえあったので、シュワルツコフ将軍が認めそうになかった。

大型爆撃機を投入することも考えられたが、目標破壊の精度に不安があった。その点、ペーブロー型ヘリコプターは暗闇の中でも正確に目標を捉える電子機器を備えていたが、機関銃程度の武装しかされていないという不安を抱えていた。一方、陸軍のアパッチ型ヘリコプターは十分に武装されていたが、暗闇で目標を捉えるための装備はなかった。

グレイ大佐はある解決法を思い付いて、シュワルツコフ将軍にそれを示した。グレイの部隊のペーブロー数機が先導して、陸軍のアパッチがレーダー施設を破壊するという作戦だ。シュワルツコフ将軍はこの作戦が気に入って、出撃のための訓練と準備を承認した。

作戦の準備が整い、リハーサルを視察したシュワルツコフ将軍はグレイの方を向いて確認した。

「一〇〇%の成功を保証できるか？」

かなり間があった後、グレイ大佐は答えた。

「はい、保証いたしましょう」

そしてシュワルツコフは言った。

「分かった、大佐。君が戦争を始めてよい」[5]

結局、多国籍軍の損失はごくわずかだった。グレイによる空爆の成功は、その後の地上戦における損失を抑えることにもつながった。大部隊の参加にもかかわらず、シュワルツコフ将軍の損失は結局数百人にとどまった。

問題に目を奪われて見通しを見失ってはならない

目標へと向かう途中には必ずいくつかの障害が待ち構えている。しばしば生じる不都合は、価値ある目標へと進むときには付きものだと思わなくてはならない。問題が起きること自体は異常ではない。覚悟せよ。リーダーならば、慌てずこういった問題を解決する用意ができていなければならない。

問題を解決できる確信は、どうやったら持てるのだろうか? 第一に、問題には二種類あることを理解しなければならない。一つは自分で解決しようとしてはならない問題、もうひとつはリーダーであるあなただけが解決できる問題である。ではその両方を見てみよう。

自分で解決しようとしてはならない問題

リーダーが遭遇する問題の多くは、部下に解決を任せるべき問題である。それにはいくつもの理由がある。もしリーダー自身が組織の中で問題を解決する人間になったら、やがて組織の中にいる人々は次々と問題をあなたのところへ持ち込むようになるだろう。やがてあなたは自分の時間はすべて問題解決に費やすようになり、組織全体にかかわる意思決定に時間が割けないようになるだろう。いわば「火消し」に明け暮れる毎日になってしまう。

もう一つの理由は、価値ある問題解決の訓練の機会を部下から奪うことになることだ。組織の重要な歯車になってしまったために失敗したリーダーが何人かいる。いったんそうした状況になると、やがてリーダーが歯車として機能しなくなったときに、部下だけで問題を解決することができない。問題を先送りにするか、訓練が足りないのでお粗末な解決策しか思い浮かばないかのどちらかである。

部下は、自分で問題を解決することができたときに達成感を持ち、そして自信が深まる。こうした経験が将来における組織全体の問題解決能力の強化をもたらす。何から何までリーダーが解決していたのでは、組織の中の人々からこの鍛錬の機会を奪ってしまう。

問題が起きたらリーダーはただ微笑めばいいと言っているわけではない。もちろん求められれば部下に考え方や提案を示して問題解決の手助けをすべきである。できるだけ簡単に問題が解決できるように支援することは必要だ。しかしあくまで彼らの問題であって、リーダーの問題ではない。

ペリー・M・スミス将軍はこう言っている。

「最後の手段として問題解決をリーダー自らが行うようにすれば、組織は成長し、たくましくなる」[6]

リーダー自らが問題解決を行うべきとき

もちろん、リーダー自らが問題解決を行うべきときもある。あなたがどのレベルのリーダーであっても、それは避けられない。

コロラド州エングルウッドにあるインフォメーション・ハンドリング・サービシズの社長兼CEOであるE・M・リーは、次のように言っている。

「CEOは問題を解決しなければならない。いわば問題をかち割って、部下の専門的知識に委ね、解決可能は断片的問題にしなければならない」

そして、それぞれの部下に「判断の枠を」作ってやらなければならないと彼は指摘する。[7]

リーダー自らが問題解決を行うべき場合は、次の通りである。

1・問題が組織のリーダーシップに関連している場合

2・リーダーが、問題解決に必要とされる独特の専門知識や経験を持つ場合

3・緊急事態

4・部下の身動きが取れなくなっている場合

人種差別問題を解決した海軍作戦部長

一九七〇年代、アメリカ海軍が直面していた問題の一つに人種差別の問題がある。百年以上前から数多くのアフリカ系アメリカ人を受け入れてきた陸軍と異なり、海軍はほとんど白人だけの歴史が長かった。既に陸軍と空軍には黒人の将官がいたが、当時海軍にはいなかった。そういった状況の中でエルモ・ズムウォルト大将が海軍作戦部長になり、人事問題の改革に取り組んだ。

それまで海軍では、アフリカ系アメリカ人が若くして重要な指揮官や参謀になることがなかったので、最終的に高い地位にまで上りつめる例はなかった。指揮官や参謀としての経験が、高い地位に就いて指揮を執る必要条件とされていたからだ。少しづつ改善されつつあったが、その進歩はあまりに遅く、相変わらず黒人将校に対して不公平な状況が続いていた。

海軍作戦部長の任期はほんの数年しかなかったので、改革は困難だった。つまりズムウォルトの後任者が改革の継続を怠ってしまえば、せっかく改善した状況が元に戻ってしまうこともあり得るからだ。ズムウォルトが置かれた立場は、そういうものだった。

しかし彼は道徳的勇気を振り絞り、かなりの抵抗を押し切って、海軍の昇進と配属のシステムに大きく手を入れた。彼は少数民族にもトップの地位につく道を切り開いただけでなく、あえて過去の不公平も正した。また彼は、後戻りすることのないように改革を進めなければならない点にも留意した。

彼の改革は、けっして広く歓迎されたわけではないが、ともかく改革は成し遂げられた。ズムウォルト大将が去ってからいくつかの点で後退が見られたが、平等原則に基づく基本的システムは今日に至るまで維持されている。一九九九年にズムウォルト大将は私に言った。

「私のほかにもこういった変革を実行したいと考えた人はいたが、彼らは不可能だと考えていた。リーダーにはやってみる実行力が必要なのだ」

問題解決に有効な三つの方法

有能なリーダーは、問題の解決方法を知っている。「どうしたらいいだろうか?」とか、「自然に解決しないだろうか?」などと考えてお茶を濁したりなどしない。彼らには組織的な方法論がある。問題や状況に応じて正しい方法で対処し、そして前進する。リーダーとして問題解決を図るに当たり役に立つと思われる方法は次の三つである。

1・ブレーンストーミング
2・「心理学的」な意思決定
3・選択肢分析法

1・ブレーンストーミング

ブレーンストーミングとは、創造的な集団思考法である。基本概念は単純だ。二人以上が集まっていろいろな案を出し合う。どんな突拍子もない案であっても取り上げる。そうやって案を出し合い、積み重ねていくうちに、使えそうな解決策が見えてくる。

私の友人である南カリフォルニア大学のアラン・ロウ博士とカリフォルニア州立大学ロサンゼルス校のジム・ブルガリーズ博士は、共に意思決定に関する研究者である。彼らは、ブレーンストーミングが抑圧、自己批判、他人に対する批判といったものから人を解き放って、人々に自由に考えさせる効果を持つと考え、「多くのアイデアを生み、成功の確率を高める傾向がある」と指摘している。[8]

次のような条件が揃っているときは、ブレーンストーミングを利用するとよい。

●集団内にさまざまな専門知識を持った人々がおり、彼らの専門知識をできるだけ生かしたいと考えているとき。

●できるだけ多くの人を問題解決に参加させたいと考えているとき。従って問題が解決すれば全員の功績となる。

●創造的な解決をしたいと考えているとき。ブレーンストーミングでは、ざっくばらんにものを言うことになる。あらゆる種類の案に耳を傾けることになる。奇妙で役に立ちそうもない案もあるだろう。しかしリーダーが熱心に耳を傾けることによって、思いがけない拾い物をするかもしれない。ただし、何か創造的な解決方法がブレーンストーミングから生まれたとしても、リーダーの手柄だとは考えてはいけない。

ブレーンストーミングを実行する方法

ブレーンストーミングをうまく仕切るのはけっこう難しい。できるだけ多くの案を出す必要があり、不用意に案をボツにしてはならないからである。またノリを損ねることなくある程度は交通整理をしなければならない。

うまく進んでいるブレーンストーミングでは、実に多くの案が出てくる。そうした案は誰かが黒板などにメモし、話を整理しながら進行していくと効率が上がるようだ。

最初に問題を示す。問題に関する制限や条件を次に説明するが、こういったものは、さらに詳しく検討することを妨げてはならない。問題に関する質問は、できるだけすべて答えるようにする。それから問題解決の案を求める。

誰かが案を出したら、皆に見えるように黒板に書き出す。新しい案をどんどん出してもらって、既に出ている案に重ねていく。つまり、出された案はすべてその価値を認めなければならない。どんなにばかげた奇妙な案であっても、出された案を批判するようなことは許してはならない。なぜ役に立たないかを考えるよりも、「愚かな」案をどうやったら役に立つ案にできるかに集中する。

それぞれの案の実行可能性を検討する前に、集団の中から案が出尽くしているようにする。新しい案はいつでも歓迎するようにしなければならない。要点を黒板か何か全員に見えるところに記録するようにする。問題に関して参加者が持つかもしれない疑問には、いつでもすべて答えるようにしなければならない。

最後にもっとも使えそうな解決策がいくつか残る。最終的に好ましい解決法に関する集団内の合意が形成されるまで、これらの解決策に関する討論に集中する。

参加者全員の寄与をリーダーが十分評価しているとの認識を、一人ひとりが持つようにしなければならない。あくまであなたがリーダーである。集団の中で問題の解決策に関して合意が形作られたとしても、この判断をよしとするのか、また少し修正して使うのかは、リーダーであるあなたの判断である。このことは、問題の理解に当たり部下が重要な寄与をした事実の重みを、少しも減じるものではない。

二十年以上も前にコートニー・ホイットニー将軍は、マッカーサー将軍と共に働いたことがある。マッカーサーの偉さは何かと聞かれたときに彼はこう答えている。

「彼は部下に、それぞれが重要な寄与をしていることを実感させた。つまりそれぞれがひとかどの人物だという自負を、彼の部下は持っていた[9]」

だからブレーンストーミンが終了したら、この重要なステップを忘れてはならない。

ブレーンストーミングの威力

どんな組織であっても、ブレーンストーミングが素晴らしい威力を発揮することがある。私自身がそれを何回も経験した。

ウィリアム・ローリー少将は、空軍予備役の将軍として退役し、今では国際的ビジネスマンとして活躍している。彼が准将のころ、カリフォルニアにある空軍予備役の研究開発組織を引き継いだ。この組織はいろいろと問題を抱えていて、その当時は六カ月間も将官不在のまま運営されていた。ほかにも配置転換や退官が相次いでいたので、管理職ポストにいくつも穴が開いていた。ローリー将軍が引き継いだとき、士気は低下し、生産性も〝低空飛行〟を続けていた。

こういった状況はリーダーシップを発揮してこそ解決する。ローリー将軍は上級予備兵からなる部下を集めて、ブレーンストームを行った。八時間にわたる活発な討論を通じて、新しい組織構造、新しい目的、そして新しい人生目標がもたらされた。どんな組織でも「1週間あれば士気を高めることができる」というパットン将軍の主張の正しさを、ここでもローリーが実証したことになる。

一カ月後には、この組織はそれまでになく大がかりな訓練会議を開催した。この組織が、支援している現役の軍隊に、平時にこれほどまで貢献した例はなかったし、またこれほど高い水準で速やかに動員したこともなかったので、数々の賞賛の手紙を受け取った。後にローリー将軍は当然のことながら、少将に昇進した。

2・「心理学的」な意思決定

心理学的な意思決定とは、人の心に関係している問題である。

実はリーダーの中には、心理学的なものを敬遠したがる人々がいる。一般にリーダーには行動第一主義者が多く、頭がやや固い傾向にある。彼らにとって心理学とは、軟弱で不確実で、何だか落ち着かない「スキンシップ療法」というイメージなのではないだろうか。しかし、こういったリーダーでも、知らず知らずのうちに問題解決に当たって心理学的方法を利用していることが多いのである。

あなたはどうだろうか。恐らく利用したことがあるはずである。例えば、問題がなかなか解決せずに眠り込んでしまったが、翌朝目覚めると、何の助言も受けていないにもかかわらず解決策が思い浮かんだ経験はないだろうか。考えたのではなく、突然ひらめいたのである。直感が働いたのだと、あなたは考えたかもしれない。

意図的であるにせよ、ないにせよ、解決策を得るに当たって我々は心理学的方法を利用しているのである。では、どういうことが実際には起きたのだろうか？

意識層は解決策を思い付くことができなかった。そして疲れ果ててしまった。眠るしかなかった。

目を覚ますと突然解決した。ということは、無意識層が働いていたのである。無意識層は眠らない。

二十四時間起きていて、意識層が眠っているときだけ支配力を発揮する。つまり、意識層は解決方法を思い付かないままに眠り、問題を無意識層に引き渡したのだ。衛兵の交代のように、無意識層が問題に取り組み始めた。そして解決策を見つけた。目覚めた直後に、この解決策を意識層に引き渡した、というわけである。

ドナルド・トランプの心理学的意思決定

ドナルド・トランプのケースを見てみよう。彼はその著書『Trump:The Art of the Deal』の中で、友人が彼に「絶対儲かる」という条件で五千万ドルの投資を持ちかけた話を紹介している。最初トランプは同意した。
「書類を用意しているところだった。ところがある朝目覚めたときに、『どうもまずい』という感じがした」
そこで彼は投資しないことにした。数カ月後その会社は倒産した。そして投資家は注ぎ込んだお金をすべて失った。[10]
ゼルマ・バリノフ博士は二十五年以上も前から意思決定について研究している。そして最初はモスクワで情報科学とサイバネティックスの博士号を獲得し、それからある研究センターで部長を務めた。

バリノフ博士によれば、重大な意思決定に関連した情報の九八パーセント、時には一〇〇%が言葉によらないものだという。彼女は、「意思決定を行っているものの中で、無意識層がもっとも大きな影響力を持っている」と述べている。[11]

無意識層が意識層より優れた仕事をするのはなぜか？

必要な情報がすべて揃ったら、意識層より無意識層の方が時に優れた仕事をするのはよくあることである。なぜそうなのだろうか？　一つの理由は、無意識層は余計なことにとらわれないところにある。意識層は他の問題、心配、恐れ、時間の切迫その他の要素に注意が拡散しやすい。

また無意識層の方が問題に取り組む時間が十分にある。ほとんどの人は、他の用事で邪魔されたりせずに、一つの問題を集中して長時間考えることは難しい。しかし無意識層は邪魔されることがない。眠っている間もそれは働き続けている。

最後に無意識層は意識層がとかく陥りがちな思い込みに惑わされない。例えば、ある「事実」に関する記憶が不正確なことがある。しかし無意識層はもっと賢い。その記憶は、完璧である。従って、間違った仮定に基づいて意識層が退けるある解決法を、無意識層が採用することがある。

トーマス・エジソンという例外

長時間にわたって考え続けることができる人々は、例外である。トーマス・エジソンはそのよく知られた例である。彼がよく使った問題解決法は、集中するために暗い部屋へ行き、とにかく座り込んで考え続けるという方法であった。最後にはひらめきが訪れるという確信を持って、何時間でもそうしているのである。彼の確信は、それまでの実績に基づいていた。従ってエジソンは解決法がひらめくまで、しばしば「思考室」で何時間も過ごすのであった。

無意識層で解決法がひらめくのを促す

これで、一定の問題に関しては無意識層で解決法がひらめくことが分かってもらえただろうか。この現象を問題解決法として利用するのであれば、明確な方法論を持たなければならない。次のような手順をお薦めする。

1・問題に関する情報をできるだけたくさん集める。あらゆるものに目を通す。解決法に関連のある人々と話をする。同じような問題を調査し、どのように解決されたかを確かめる。

2・寝る前に三十分から一時間、何もしないでひたすら問題について考え、集めた情報を分析する。

3・ごく自然に寝る。無理に問題のことを考えない。くつろぎ、むやみに心配しない。鉛筆と紙を枕元に置いておく。普通は翌朝目覚めたときに解決法が思い浮かぶものだが、夜中に思い浮かぶこともある。その場合は突然目が覚めるので、すぐに書き留める。半ば眠っている状態であることもあるのでこうやって書き留めておかないと、翌朝には忘れてしまっているかもしれないからである。

3・「選択肢分析法」

アメリカ軍が選択肢分析法、いわゆる集団研究法を確立したのは一八九〇年代である。問題に関連した主要な要素を検討し、選択肢を比較する方法として、それは威力を発揮する。分析や思考の流れをまとめ、他人に示す方法としても優れたものである。今日では非常によく利用され、さまざまな職種で見かけるようになっている。ハーバード・ビジネス・スクールでも教えられている。弁護士や一部の開業医も利用している。もちろん軍では今でも使っている。まったく異なる職種でも使えるほどの柔軟性のある方法なので、実に優れたシステムと言える。

選択肢分析法は六つのステップに分かれる。

1・問題の核心を明確にし、問題の状況を記述する。

2・関連する要素を明らかにし、列挙する。

3・問題解決の選択肢を明らかにし、それぞれの長所、短所を考える。
4・それぞれの選択肢の相対的利点を分析し、比較する。
5・あなたの分析による結論を出す。
6・最も良い解決をもたらす選択肢を選ぶ。

ではそれぞれ順を追って見て行こう。

問題の核心を明確にし、状況を記述する

恐らくこの手法の最も重要な作業は、問題の核心を明確にし、問題の状況を記述することである。医師の診断書が的外れでは、薬を処方しても効くわけがない。かえって有害かもしれない。同じことが問題解決法に関しても言える。

J・エドワード・ルソー博士とポール・J・H・シューメーカー博士は意思決定過程を詳細に研究した。ルソーはコーネル大学、シューメーカーは私が経営学修士号（MBA）を取得したシカゴ大学経営学大学院で教鞭を執っている。彼らは、意思決定において最も大きなつまずきの原因となるのは、「直面する問題の核心について考え、どのように意思決定すべきか確かめることなく、情報を集め始め、結論を出してしまう」[12]ところにあると述べている。彼らはこれを「飛び込み」と呼んでいる。

「飛び込む」前に問題の核心を明確にすることが重要であるのは言うまでもない。そうしなければ、解決に向かって行動しても効果がないだろう。あるいは実際には、かえって状況を悪化させてしまうかもしれないのだ。

問題の核心とは何だろうか？　実はこれはクラウゼヴィッツから借用した概念である。前述したように彼はナポレオン戦争で将軍として参加し、『戦争論』を著した。これは戦争の特質について書かれた最も有名な本である。

クラウゼヴィッツによれば、どんな戦争においても敵は一つまたは二つの重心を持っている。重心とは、「すべてがそこにかかっている、力と運動の軸」であり、「この点にこそ我々のすべての力を向けなければならない」[13]という。リーダーシップの問題についても、同じことが言える。問題の重心を見定め、持てる力のすべてをここへ向けて集中しなければならない。

例を挙げよう。あなたの組織に優れたエンジニアがいるとしよう。[14]これまでの七年間、彼は熟練した創造的なエンジニアであるだけでなく、信頼できる社員でもあった。しかし数カ月前に彼の上司である主任が、彼が夜と週末にパートの仕事を始めたことを知った。その仕事で作って売っているものは、会社のものと同じであった。

その数カ月間、この主任は何もせずに静観した。仕事量は大したことなく、そのエンジニアは最後には興味を失うだろうと考えたのである。しかしある日の午後、彼が就業時間中に会社の電話を使って材料を注文しているのを目にした。

この主任はただちに彼を叱責した。このことを上司であるあなたに報告すると告げ、実際あなたに報告した。あなたは書面で彼に、サイドビジネスをやめるか会社を辞めるかのどちらかにするように通告した。どちらを選ぶにせよ、あなたは彼に三十日間の猶予を与えている。

三十日後に主任が直接そのエンジニアに、サイドビジネスを続けているのかと聞いた。彼は友人や組合の役員と話し合ったと答えた。彼はその仕事をやめる気もないし、会社を辞める気もないと言った。自分は善良な社員で、サイドビジネスは会社の仕事を妨げていないと言った。少しぐらいサイドビジネスをしても会社に損害を与えているはずがないというのが、彼の主張であった。それに彼は会社の資産を使っているわけでも、会社の金を使おうとしているわけでもない。だから、彼が自分の時間をどう使おうが会社には関係がないと言うのである。

主任はこのやり取りをあなたに報告してきた。

明らかに困った問題である。あるいは皆さんは最初に主任から報告を受けた段階で、違った対処の仕方をしていたかもしれない。しかし今は私の筋書きに沿って行動したことにしてもらいたい。では、どうするか? まず問題の核心を突き止めなければならない。

要するにこのエンジニアを解雇せずに済めば良いのであろうか。そうではない。最良の解決方法を選択するためには、解雇もやむを得ないのではないだろうか。このエンジニアを会社が失わずに済むことを中心に考えても、同じようなことが言える。

外部の仕事をしている社員に関して、会社がどういう方針を採るべきかという点が問題の核心だろうか？　この点はもう少し後で取り上げる必要があるかもしれない。しかしこれでこのエンジニアの問題が解消してしまうわけではない。

「サイドビジネスをやめるか、会社を辞めるか」と迫った警告に焦点を絞るのはどうだろうか？　確かにそれは重要な関連要素かもしれない。しかし、それが核心のはずがない。警告を出していなくても、問題はやはり存在するのではないだろうか。

状況を詳しく分析すれば、問題の核心は「このエンジニアの社外でのサイドビジネス」であることが分かるだろう。それをどうするかということが、問題の核心についての公平な状況認識というものだろう。

次に掲げるのは、問題の核心を探り、問題の状況を記述するためのいくつかのヒントである。

●問題の核心ではない争点にも注意を払うべきである。

●問題が引き起こす症状を問題そのものと誤認してはならない。「利益が減っている」のは症状である。なぜ利益が減ったかをよく考え、問題の核心を探り当てなければならない。

●二者択一的な状況の記述は避けるように努めなければならない。こういった記述では他の選択肢が無視されてしまう。このエンジニアを解雇するべきかどうか、などというのがそういった記述である。

●分析を進める際に、問題の記述を手直しすることを恐れてはならない。何か見落としたものに気付いたときには、別の問題の核心に注目することも必要である。

関連する要素を列挙する

「関連する」と「要素」という単語はどちらも重要である。問題の核心に関連のない要素があれば、それを無視せよ。関連のある要素と同居させれば争点がぼやけるだけである。

ここで使われている言葉は「要素」であって「事実」ではない。事実だけでなく、仮定、計算、また推測も含めるべきだからである。ただし、関連する要素を列挙するときには、事実と仮定は必ず区別しなければならない。そうすることによって、仮定の正確さを確かめることができるからである。もしその仮定が間違っていた場合には、そのリスクを引き受けることになることがはっきりする。

では、このエンジニアの社外でのサイドビジネスに関して、どのような関連する要素が考えられるだろうか？　私ならば以下のようなものを考える。

〈事実〉


1・この問題が起きるまでの七年間、彼は優れたエンジニアであり、かつ信頼できる社員であった。

2・彼がサイドビジネスで作っている製品は、我が社で作っている製品と似ている。

3・彼の上司である主任は、このサイドビジネスを知りながら何カ月も何もしなかった。

4・彼は就業時間中に会社の電話を使ってサイドビジネスをしているのを目撃されている。

5・彼に対し書面で、サイドビジネスをやめるか辞職するかのどちらかにするよう通告してある。

6・彼は、会社を辞める気も、サイドビジネスをやめる気もないと表明している。

〈仮定〉

1・彼の友人も組合の役員も、彼が表明している立場を支持している。解雇されれば組合に訴えるだろう。

2・彼が表明している通り、会社の金を使おうとしているわけではない。

3・サイドビジネスの仕事量が今のままならば、会社の仕事に影響はないだろう。

4・彼のサイドビジネスはもはや就業時間中にはなされていない。あるいは、もし要求すれば、そのようにすることに同意するだろう。

5・現在の会社の方針では、サイドビジネスは禁じられていない。しかし、「利益相反」の問題は存在する。会社での仕事によって得た知識や技能の所有権、守秘義務条項、その他である。

6・このエンジニアは重要社員ではない。つまり、彼が会社を辞めても、社業に直接的悪影響はないだろう。しかし彼が不当な扱いを受けたと他の社員が受け止めれば、社員の士気に悪い影響が出るかもしれない。

選択肢の長所、短所を検討する

これで予備的作業が完了した。問題の解決をもたらすと思われるさまざまな選択肢を検討する用意が整った。検討作業の中では、さまざまな解決方法の長所と短所の両方を列挙したいと考えている。

長所ばかりで短所のない解決方法というものがあり得るだろうか？　多分ないだろう。もしあるとすれば、その解決方法があまりに明快で、問題解決の方法論など必要ない場合だろう。短所が無く、長所が非常に些細なものなのかもしれない。そんなものは一種の短所である。

一つの解決方法は、現在の仕事の流れを変えずにこのまま行くということになる。なぜなら、たとえ不都合があるにしても、現在の行動は現在の状況の中では最善のものかもしれないからである。最初に考えたほどには問題を解決しないかもしれないが、今回の問題に関して他の条件を変えない限り、少なくとも現状における最善の行動を取っていることになるからである。

問題解決方法の選択肢がすべて出揃ったら、それぞれを状況の記述と突き合わせなければならない。記述されているような問題を、それぞれの方法は解決するだろうか？　解決しなければ、問題の状況の記述を書き直さなければならない。

では例のエンジニアのサイドビジネスについて、問題を解決するための選択肢を検討してみよう。

1・解雇する。

〈長所〉

A・規律を引き締めるだろう。

B・社員が将来サイドビジネスに手を染めるのを抑止するだろう。

C・会社とエンジニアのサイドビジネスとの利益相反は解消するだろう

〈短所〉

A・組合の問題をもたらすかもしれない。

B・もし不当な行為だと人々が感じれば、他の社員との問題を引き起こしてしまうかもしれない。

C・経験豊かで、こういうことがなければ優秀で信頼できるエンジニアを失うだろう。

2・雇っておく。

〈長所〉

A・組合の問題が持ち上がるのは避けられる。

B・経験豊かで、こういうことがなければ優秀で信頼できるエンジニアに引き続き働いてもらえる。

C・不当な扱いだと受け取られることによって発生する他の社員との問題を避けることができる。

〈短所〉

A・他の社員との兼ね合いで規律の問題が起きるかもしれない。

B・会社とエンジニアのサイドビジネスとの間で直接的な利益相反を招いてしまうかもしれない。

C・サイドビジネスを容認するという先例を作ってしまうかもしれない。

D・他の社員がサイドビジネスを始めるのを促してしまうかもしれない。

3・辞職を求めるがコンサルタントとして雇っておく。

〈長所〉

A・組合の問題が起きるのは避けられるかもしれない。

B・規律は維持されるだろう。

C・利益相反を招く可能性は排除できるだろう。

D・エンジニアのこれまでの勤務実績を考えれば公平だろう。

E・他の社員のサイドビジネスは抑止できるかもしれない。

〈短所〉

A・社員であるよりはコンサルタントになろうとする社員を生み出してしまうかもしれない。

B・辞職もせず、コンサルタントにもならないことをエンジニアが選び、問題が解決しないかもしれない。

各選択肢の相対的利点を分析・比較する

このステップにおいては、それぞれの解決法の長所と短所の相対的利点を分析する。ある解決方法は、一つしか短所がないかもしれないが、もしその短所が重大なものであれば、この解決方法はほとんど利点がないことになる。問題の状況の記述と関連する要素をいま一度確かめれば、自分が何をしようとしているかがはっきり浮かび上がってくるだろう。

このエンジニアの問題に関する相対的利点の分析に際して考えるべきことをいくつか挙げよう。

この問題にはいくつかの重要な争点がある。第一に規律という問題がある。エンジニアは辞職するかサイドビジネスを止めるかのどちらかにするように言われている。彼はどちらも断った。公平な扱いが非常に大切だ。このエンジニアはこれまでは立派な勤務実績を残している。現在は利益相反はなく、会社の資産を私用で使ってもいない。どういう行動を取るにせよ、他の社員への影響、組合の介入の可能性、そして訴訟のことも検討しておかなければならない。会社の方針の問題もある。あなたの解決方法が先例となり、将来の会社の方針となるだろう。きちんとした方針を確立する必要がある。そうしなければ、将来似たような問題で悩まされることになるだろう。

こういったことを考えると、解雇するのは賢明でないようである。この優秀な、信頼できる社員にとって、サイドビジネスを始めたのがそもそもの間違いだったが、うかつに処分すれば、他の社員には不当だと受け止められるかもしれない。組合が介入してくるのも、ほぼ確実だろう。こういった結果はいずれも好ましくない。

とはいえ、残念ながらこのエンジニアを雇っておくことは現在の状況では難しいだろう。利益相反が生じるのは我慢するとしても、他の社員がそれぞれにパートの仕事を始めるのを促してしまうかもしれないことは、あまりに深刻で受け入れがたい事態である。

コンサルタントとして雇うことを条件に辞職してもらうのが、主要な争点において否定的影響を残さずに解決する唯一の方法である。彼がどうしても辞職を拒み、解雇するしかないとしても、コンサルタントというポストを提案すれば他の社員は公平に扱ったと受け止めてくれるだろう。規律は維持され、サイドビジネスを促すことにはならないだろう。恐らく訴訟の可能性もなくなるので、万一裁判に負けたときの損失のことも考えなくてよい。

では、次のステップに進む前に、すべてをもう一度見直しておこう。何か見落としてはいないだろうか？ 変更や修正が必要であれば、次のステップへ進む前に済ませておくべきである。

あなたの分析による結論を出す

あなたの分析による結論を出すときには、説明を加えてはならない。新しい材料を付け加えてもならない。そして簡潔であるべきである。そうすれば結論はくっきりとした輪郭を持ち、欠点を手直しするのが楽になる。欠点というのは、分析において裏付ける材料に乏しいものや、分析によって論理的に導き出されてはいないものである。

これは非常に重要なので、ここでもう一度強調しておきたい。結論は分析において合理的な過程を経て出てきたものでなければならない。それぞれの結論は、前述の作業を通じて明らかになったものでなければならない。そうでなければ論理に欠陥があるはずである。あるいはその結論は、前述の部分に十分に裏付けられてはいないはずである。

エンジニアの問題に関して導き出されるいくつかの論理的結論とは、どのようなものだろうか？そのいくつかを挙げると、次の通りである。

1．すべての解決方法にはいくつかの否定的側面がある。

2．辞職を求める一方でコンサルタントとして雇えば、事業に及ぼす悪影響を最小限に抑えながらエンジニアに仕事を続けてもらうことができるだろう。

3．エンジニアが辞職を拒否すれば、解雇すべきである。

4．どんな内容であるにしろ、両者にとって公平と思われる解決方法を本人に示すべきである。

5．社外での仕事に関するきちんとした方針をできるだけ早く確立すべきである。

最善の解決をもたらす選択肢を選ぶ

これで最後のステップへ進む準備ができたようだ。正確にこれまでの作業が進められていれば、最善の解決方法ははっきりしている。この例で言えば、エンジニアに辞職を求める一方でコンサルタントとして雇い続ける方法である。

条件が異なれば、他の解決方法のどれかがもっとよい解決方法かもしれない。

あなたの会社にはコンサルタントという制度がなく、それを変えることができないとしたらどうなるだろうか？ もしそのエンジニアが会社の事業にとってなくてはならない存在だとしたら、どんな犠牲を払ってでも雇い続けようとするだろう。

エンジニアがライバル企業の仕事をしていたとしたら、どうだろうか？ コンサルタントなど論外で、解雇するしかないだろう。

状況次第で数限りない変数と多くの可能な解決方法が出現する。大切なことは、この意思決定のプロセスをよく理解し、実際の問題解決にうまく当てはめる能力を身に付けることである。

では最後に、この章のポイントをまとめておこう。

●共に行動することによって解決できるような問題ならば、ブレーンストーミングを利用せよ。

●自分で解決しなければならない問題なら、「心理学的方法」か「選択肢分析法」を利用せよ。

最後にもう一言。

多くのリーダーは、問題の中に大きな成功の鍵が隠されていることに気付いている。成功した南軍の将軍、ナサニエル・ベッドフォード・フォーリストをここでも引用しよう。

「敵が後ろにいるとしたら、我々も敵の後ろにいるのだ」

モチベーションに関する演説家で哲学者でもあるアール・ナイチンゲールも、フォレスト将軍の哲学の正しさを裏付ける話をしたことがある。

シカゴ万国博覧会のときにアイスクリーム売りが紙コップを切らした。納入業者からの納品は間に合いそうにない。そこでアイスクリーム売りは、ワッフル・ミックスを使うことを思い付いた。妻がワッフル・ミックスを円錐状に成型して乾かした。これでアイスクリームを盛った容器も食べられるようになった! この発明で、このアイスクリーム売りは百万長者になった。彼はこれをアイスクリーム・コーンと名付けた。

ナイチンゲールはまた、成功したビジネスマンの話もした。

このビジネスマンは部下が深刻な問題を彼のところへ持ってくると、いつも熱狂的に「そうか、素晴らしい」と言うのだった。どんな問題も一面では幸運をもたらす可能性があることを彼は知っていた。これらの問題を解決する中で、彼はしばしば金儲けにつながるアイデアを得ていた。

彼にとって、問題は成功の鍵だったのである。彼が熱狂的になったのも不思議ではない。

あなたがリーダーであるなら、さまざまな問題とそれらの解決方法について悩みなさい。本章で述べたいくつかの方法を使って、直面する問題を成功に結び付ける作業を始めていただきたい。

第15章

いざ、行動！

本書では数千年にわたる歴史の中から、さまざまな経歴を持つリーダーたちの経験を選りすぐって紹介してきた。彼らの知恵、勝利、敗北、栄光、そして悲劇があったからこそ、今日私たちが活用している方法論や概念が形作られたのである。

これらのリーダーは部下と共に、血と汗と涙と財産と苦労を差し出して教訓を手にした。そこで得られた知識の価値は測り知れない。どんなに優秀な科学者であっても、研究室で作り出せるものではない。どんな金持ちであっても、お金では得られるものではない。私はアメリカ人なので主にアメリカ人の事例を取り上げたが、本来こういった経験はどこの国の所有物でもない。

第2章で取り上げた「リーダーシップに関する八つの普遍法則」は、リーダーの行動原則である。そのほかの章で紹介したさまざまな技術を、いつ使うべきで、いつ使うべきでないかは別の問題である。

リーダーとしての経験が浅い人々にとっては、こういった概念の多くは真新しいものだろう。

経験が豊富なリーダーにとっては、多くが既に馴染みのあるものだろう。本書に示された概念を見ることによって物事がはっきりし、こういった技術を自分なりのスタイルに作り替えることがやりやすくなるだろう。

しかし単に知識を持っているだけでは不十分だ。知識は活用しなければ腐ってしまう。知識を自分のものにするには、読むだけではダメだ。日常の仕事の中で応用してみなければならない。リーダーは物事を成し遂げる人である。しかも行動によって成し遂げる人である。この本を単に読むだけの読者にとどまらないことを、私の希望としてお願いしておきたい。

現実の状況に飛び込んで、学んだ知識を活用してほしい。間違いを恐れず、自分の方法論を少しずつ修正してほしい。批判を甘んじて受け、向上してほしい。

リーダーの「仕事の法則」は、あくまでも行動主義でなければならない。だから皆さんに忠告して、締めくくりとすることにしよう。

リーダーになりたければ、「いざ、行動!」である。

米軍将校の階級と名称

陸軍（Army）		海軍（Navy）		空軍（Air force）	
元帥	General of the Army ☆☆☆☆☆	元帥	Fleet Admiral ☆☆☆☆☆	元帥	――
大将	General ☆☆☆☆	大将	Admiral ☆☆☆☆	大将	General ☆☆☆☆
中将	Lieutenant General ☆☆☆	中将	Vice Admiral ☆☆☆	中将	Lieutenant General ☆☆☆
少将	Major General ☆☆	少将	Rear Admiral ☆☆	少将	Major General ☆☆
准将	Brigadier General ☆	准将	Rear Admiral ☆	准将	Brigadier General ☆
大佐	Colonel	大佐	Captain	大佐	Colonel
中佐	Lieutenant Colonel	中佐	Commander	中佐	Lieutenant Colonel
少佐	Major	少佐	Lieutenant Commander	少佐	Major
大尉	Captain	大尉	Lieutenant	大尉	Captain
中尉	1st Lieutenant	中尉	Lieutenant, Junior Grade	中尉	1st Lieutenant
少尉	2nd Lieutenant	少尉	Ensign	少尉	2nd Lieutenant

注：海兵隊（Marine Corps）に元帥はいない。大将以下は陸軍と同じ。英国陸軍では元帥＝Field Marshal、准将＝Brigadier、中尉＝Lieutenant、その他は米国と同じ。英国海軍では元帥＝Admiral of the Fleet、中尉＝Sub Lieutenant、少尉＝Second Sub Lieutenant、その他は米国と同じ。英国空軍では元帥＝Marshal of the Royal Air Force、大将＝Air Chief Marshal、中将＝Air Marshal、少将＝Air Vice Marshal、准将＝Air Commodore、大佐＝Group Captain、中佐＝Wing Commander、少佐＝Squadron Leader、大尉＝Flight Lieutenant、中尉＝Flying officer、少尉＝Pilot Officer。

5. Orr Kelly, *From a Dark Sky: The Story of U.S. Air Force Special Operations* (New York: Pocket Books, 1996), 294-296.
6. Perry M. Smith, *Taking Charge* (Washington, D.C.: National Defense University Press, 1986), 5.
7. Charles R. Day, Jr., "What It Takes to Be a CEO," A. Dale Timpe, ed., *Leadership* (New York: Facts on File Publications, Inc., 1987), 9より.
8. Alan J. Rowe and James D. Boulgarides, *Managerial Decision Making* (New York: Macmillan Publishing Co., 1992), 123.
9. Edgar E Puryear, Jr., *Nineteen Stars* (Presidio, CA: Presidio Press, 1971), 149.
10. Donald J. Trump and Tony Schwartz, *The Art of the Deal* (New York: Warner Books, 1987), 27-28.
11. Zelma Barinov, *Instant Decisions* (Bala Cynwyd, PA: Access Press, 1998), 17, 154.
12. J. Edward Russo and Paul J.H. Schoemaker, *Decision Traps* (New York: Fireside, 1990), 4.
13. Michael Howard and Peter Paret, eds. and translators, *Carl von Clausewitz: On War* (Princeton, NJ: Princeton University Press, 1976), 595-596.
14. "Theodore Thorburn Turner," *Principles of Management, 4th ed.*, by George R. Terry (Homewood, IL: Richard D. Irwin, Inc., 1964), 222より.

20. Perry M. Smith, *Taking Charge* (Garden City Park, NY: Avery Publishing Group, Inc., 1993), 177-178.

第13章

1. John Wareham, *Secrets of a Corporate Headhunter* (New York: Atheneum, 1980), 35.
2. Hans Gerth and C. Wright Mills, *From Max Weber: Essays in Sociology* (New York: Oxford, 1958), 79.
3. Ronald E. Riaggio, *The Charisma Quotient* (New York: Dodd, Mead, & Company, 1987), 4.
4. Tony Alessandra, *Charisma* (New York: Warner Books, 1998), 235.
5. Roger Ailes, "The Secret of Charisma," *Success* (July/August, 1988), 14.
6. John T. Molloy, *Dress for Success* (New York: Warner Books, 1980).
7. Douglas MacArthur, *Reminiscences* (New York: McGraw Hill Book Co., 1964), 70.
8. Peter G. Tsouras, *Warriors Words* (London: Arms and Armour Press, 1992), 448.
9. Charles Garfield, *Peak Performers* (New York: Avon, 1986), 23.
10. 同上, 26.
11. Michael Jeffreys, *Success Secrets of the Motivational Superstars* (Rocklin, CA: Prima Publishing, 1996), 2.
12. 同上, 1.
13. B. H. Liddell Hart, *Strategy, Rev. ed.* (New York: Frederick A. Praeger, 1962), 352.
14. *Jomini, Clausewitz, and Schlieffen* (West Point, NY Department of Military Art and Engineering, USMA, 1954), 1.
15. 「13」と同じ, 18.
16. *Air Force Leadership*, AFM 35-15 (Washington, D.C.: Department of the Air Force, 1948), 44.
17. Donald J. Trump and Tony Schwartz, *Trump*: The Art of the Deal (New York: Warner Books, 1987), 140.
18. 「16」と同じ, 45.
19. 「16」と同じ, 76.

第14章

1. Rodger D. Collons, "Spotlight on Leadership Traits," A. Dale Timpe, ed., *Leadership* (New York: Facts on File Publications, Inc., 1987), 30.
2. Chester Burger, *The Chief Executiv*e (Boston: CBI Publishing Co., 1978), 37より.
3. Peter Drucker, *On the Profession of Management* (Boston: Harvard Business School Press, 1998), 33.
4. Bruce van Voorst, "Of War and Politics," *Time* (December 26, 1988), 74.

Inc., 1978), 48.
12. Mary Kay Ash, *Mary Kay on People Management* (New York: Warner Books, 1984), 30-31.
13. 「11」と同じ, 24.
14. Richard Teitelbaum, "How to Harness Gray Matter," *Fortune* (June 9,1997), 168.
15. Arieh Hashavia, *A History of the Six-Day War* (Tel Aviv: Ledory House), 226-229.
16. Dandridge M. Malone, *Small Unit Leadership* (Presidio, CA: Presidio Press, 1983), 3-4.
17. Burke Davis, *Marine!: The Life of Chesty Puller* (New York: Bantam Books, 1964), 6.
18. 同上, 3.

第12章

1. Bernard L. Montgomery, *The Memoirs of Field-Marshall Montgomery* (New York: The World Publishing Company, 1958), 94.
2. 同上, 93.
3. 同上, 75.
4. Porter B. Williamson, *Patton' Principles* (New York: Simon & Schuster, 1979), 31.
5. George S. Patton, *War as I Knew It* (New York: Pyramid Books, 1966), 309.
6. *AFM 35-15, Air Force Leadership* (Washington, D.C.: Department of the Air Force, 1948), 33.
7. James M. Gavin, *On to Berlin* (New York: The Viking Press, 1978), 18.
8. 「4」と同じ, 32.
9. 「4」と同じ
10. Howard Schultz and Don Jones Yang, *Pour Your Heart Into It* (New York: Hyperion, 1997), 235.
11. 同上
12. 「5」と同じ, 308.
13. 「6」と同じ, 30.
14. 「1」と同じ, 75.
15. John P. Kotter, *Matsushita on Leadership* (New York: The Free Press, 1997), 10.
16. Jack Broughton, *Thud Ridge* (New York: J. B. Lippincott Company, 1969), 30.
17. 「6」と同じ, 33
18. U.S. Army Center of Military History, *Full-text Listings of Medal of Honor Citations*, http://www.army.mil/cmh-pg/moh1.htm(July 23, 1999)より.
19. Lee Iacocca, *Iacocca* (New York: Bantam Books, 1984), 167

3.「1」と同じ, 39-43
4. *AEM 35-15 Air Force Leadership* (Washington, D.C.: Department of the Air Force, 1948), 23.
5. 同上
6. Aubrey Newman, *Follow Me* (Presidio, CA: Presidio Press, 1981), 176-177.
7. Mary Kay Ash, *Mary Kay on People Management* (New York: Warner Books, 1984), 25.
8. 同上, 23.
9. William F. Dowling and Leonard Sayles, *How Managers Motivate, 2nd ed.* (New York: McGraw-Hill, 1971, 1978), 18.
10. Al Kaitman, *Leadership Lessons from General Ulysses S. Grant* (Paramus, NJ: Prentice Hall Press, 1998), 157.
11. Porter B. Williamson, *Patton's Principles* (New York: Simon and Schuster, 1979), 35.
12. Kenneth Blanchard and Spencer Johnson, *The One Minute Manager* (New York: William Morrow and Company, 1982), 59.
13. 同上
14.「4」と同じ, 38.
15. *The Armed Forces Officer* (Washington, D.C.: Department of Defense, 1975), 123.
16. Chester Burger, *The Chief Executive* (Boston: CBI Publishing Company, Inc., 1978), 88.

第11章

1. John Naisbitt and Patricia Aburdene, *Re-inventing the Corporation* (New York: Warner Books, 1985), 85-86.
2. Max DePree, *Leadership Is an Art* (New York: Dell Publishing, 1989), 28.
3. John Laffin, *Links of Leadership* (New York: Abelard-Schuman, 1970), 189.
4. William Safire and Leonard Safir, *Leadership* (New York: Simon & Schuster, 1990), 202.
5.「3」と同じ, 265.
6. Warren Hilton, *Applied Psychology: Processes and Personality* (San Francisco: The Applied Psychology Press, 1920), 97.
7. Eli Landau, "Ezer Weizman," in Moshe Ben Shaul, ed., *Generals of Israel* (Tel Aviv, Israel: Hadar Publishing Co., Ltd., 1969), 72.
8. Connie Podesta and Jean Gatz, *How To Be the Person Successful Companies Fight to Keep* (New York: Simon & Schuster, 1997), 184.
9. Bob Nelson, *1001 Ways to Reward Employees* (New York: Workman Press, 1994).
10. "AFSC's New Boss, Gen. Randolph," *Airman* (December 1987), 9.
11. Chester Burger, *The Chief Executive* (Boston: CBI Publishing Company,

5. Betsy Burton, "Transformations in the Workplace: The Emergence of the Entrepreneurial Manager," in Michael Ray and John Renesch, *The New Entrepreneurs* (San Francisco: Sterling & Stone, 1994), 50.
6. 「1」と同じ, 100.
7. Kevin Freiberg and Jackie Freiberg, *Nuts!* (Austin, TX: Bard Press, 1996), 152.
8. Peter F. Drucker, *The Effective Executive* (New York: Harper & Row, 1967) 68-69.
9. *The Armed Forces Officer* (Washington, D.C.: Armed Forces Information Office, 1975), 157.
10. 同上, 68.
11. Alan Axelrod, *Patton on Leadership* (Paramus, NJ: Prentice Hall, 1999), 241.
12. Scott O'Grady, *Return with Honor* (New York: HarperCollins, 1995), 71.

第9章

1. *The Armed Forces Officer* (Washington, D.C.: Armed Forces Information Service, 1975), 132.
2. 同上, 138
3. Edgar E Puryear, *Nineteen Stars* (Presidio, CA: Presidio Press, 1971), 19.
4. *Air Force Leadership* (Washington, D.C.: Department of the Air Force, 1948), 44.
5. 同上,46.
6. 「1」と同じ, 74.
7. 「3」と同じ, 233.
8. 「1」と同じ, 159.
9. Thomas E. Cronin, "Thinking About Leadership," in Robert L. Taylor and William E. Rosenbach, eds., *Military Leadership* (Boulder, CO: Westview Press, 1984), 206.
10. Perry M. Smith, *Taking Charge* (Washington, D.C.: National Defense University, 1986), 28-29.
11. Dave Oliver, Jr. *Lead On!* (Novato, CA: Presidio Press, 1992), 147.
12. 「3」と同じ, 326.
13. Tom Clancy with Fred Franks, Jr., *Into the Storm* (New York: G. P. Putnam's Sons, 1997), 187.

第10章

1. Perry M. Smith, *Taking Charge* (Washington, D.C.: National Defense University Press, 1986), 4.
2. Burt K. Scanlon, "Managerial Leadership in Perspective: Getting Back to Basics," A. Dale Timpe, ed., *Leadership* (sew York: Facts on File Publications, 1988), 25より.

461.
12. Tom Peters and Nancy Austin, *A Passion for Excellence* (New York: Random House, 1985), 240.

第5章

1. *Patton on Leadership* (Paramus, NJ: Prentice Hall, 1999), 223.
2. *The Armed Forces Officer* (Washington, D.C.: U.S. Government Printing Office, 1950), 83.
3. Howard Schultz, *Pour Your Heart Into It* (New York: Hyperion, 1997), *Fortune* (September 29, 1997), 268より.
4. Pamela C. Cumings, *The Power Handbook* (Boston: CBI Publishing, 1981), 100.

第6章

1. Robert B. Cialdini, *The Psychology of Influence, rev. ed.* (New York: William Morrow, 1993), 4.
2. Gregory Boyington, *Baa Baa Black Sheep* (New York: Bantam Books, 1977), 185.
3. *The Armed Forces Officer* (Washington, D.C.: U.S. Government Printing Office, 1950), 86.

第7章

1. *AEM 35-15 Air Force Leadership* (Washington, D.C.: Department of the Air Force, 1948), 30.
2. Arnold Schwarzeneger with Douglas Kent Hall, *Arnold: The Education of a Bodybuilder* (New York: Fireside, 1997), 24.
3. Edgar F Puryear, Jr., *Nineteen Stars: A Study in Military Character and Leadership, 2nd ed.* (Novato, CA: Presidio Press, 1981), 155.
4. Adolf von Schell, *Battle Leadership* (Columbus, GA: The Benning Herald, 1933), 92-94.
5. Charles Garfield, *Peak Performers* (New York: Avon Books, 1986), 72-73.
6. Walter Anderson, *The Confidence Course* (New York: Harper Collins Publishers, 1997), 166.

第8章

1. Jon W Blades, *Rules for Leadership* (Washington, D.C.: National Defense University, 1986), 75.
2. 同, 76-78
3. *The Armed Forces Officer* (Washington, D.C.: Department of Defense, 1975), 6.
4. S.L.A. Marshall, *Men Against Fire: The Problem of Battle Command in Future War* (New York: William Morrow, 1947), 42.

University Press, 1986), xvii.
11. Jonathan Carr, "Success as a State of Mind," *Financial Times* (February 13, 1984).
12. Charles Garfield, *Peak Performers* (New York: Avon, 1986), 121-122.
13. *The Armed Forces Officer* (Washington, D.C.: U.S. Government Printing Office, 1950), 136-137.
14. Roger Ailes, "The Secret of Charisma," *Success* (July/August 1988), 14.
15. Kith H. Hammonds, "Balancing Work and Family," *Business Week* (September 16, 1996), 74.
16. Committee of the National Research Council with the collaboration of Science Service, *Psychology for the Fighting Man* (Washington, D.C./New York: Infantry Journal/Penguin Books, 1944), 306-307.
17. *The Armed Forces Officer* (Washington, D.C.: U.S. Government Printing Office, 1950), 28-29.
18. Andrew S. Grove, *One-On-One with Andy Grove* (New York: G. P. Putnam's Sons, 1987), 60.
19. Peter Fay, *The Book of Business Anecdotes* (New York: Facts on File, 1988), 166.
20. Henry H. Arnold and Ira Eaker, *Army Flyer* (New York: Harper, 1942).
21. Bill Creech, *The Five Pillars of TQM* (New York: Dutton, 1994), 301.

第4章

1. Kenneth Blanchard and Spencer Johnson, *The One Minute Manager* (New York: William Morrow, 1982).
2. Michael Shaara, *The Killer Angels* (New York: Ballantine Books, 1974), 265-266, 許諾済.
3. *Leadership Lessons from General Ulysses S. Grant* (Paramus, NJ: Prentice Hall, 1998), 197.
4. Edgar F. Puryear, *Nineteen Stars: A Study in Military Character and Leadership* (Presidio, CA: Presidio Press, 1971), 229-230.
5. Dwight D. Eisenhower, *Crusade in Europe* (New York: Doubleday and Co., Inc., 1948), 314.
6. Chester Burger, *The Chief Executive* (Boston: CBI Publishing Co., Inc., 1978), 48.
7. Alan Axelrod, *Patton on Leadership* (Paramus, NJ: Prentice Hall, 1999), 102.
8. Tom Clancy with Fred Franks, *Into the Storm* (New York: G. P Putnam's Sons, 1997), 189.
9. Jerome M. Rosow, "A View from the Top," *Success* (February 1986), 69.
10. James M. Kouzes and Barry Z. Posner, "The Leadership Challenge," *Success* (April 1988), 69.
11. Bill Creech, *The Five Pillars of TQM* (New York: Dutton Books, 1994),

6. Joseph Menn, "First Woman Named to Lead Blue-Chip Firm," *Los Angeles Times* (July 20, 1999).
7. Douglas MacArthur, *Reminiscences* (New York: McGraw-Hill Book Co., 1964), 70.
8. Karen E. Klein, "Spa's Staff Discovers the Beauty of Loyalty," *Los Angeles Times* (July 14,1999).
9. 講演より, the Industrial College of the Armed Forces, Ft. McNair, Washington, D.C., October 18, 1988.
10. Larry Light, "The Fall and Rise of Harper Collins," *Business Week* (June 14, 1999), 74, 78.
11. Jack Anderson and Dale Van Atta, *Stormin' Norman: An American Hero* (New York: Kensington Publishing Corp., 1991), 77.
12. Rod Walsh and Dan Carrison, *Semper Fi* (New York: AMACOM, 1999), 140.
13. Matt Rothman "Into the Black," *INC.* (January 1993), 59.
14. 「2」と同じ, 319.
15. 講演より, the Industrial College of the Armed Forces, Ft. McNair, Washington, D.C., October 25, 1988.
16. 「7」と同じ, 70.
17. *The Armed Forces Officer* (Washington, D.C.: The Department of Defense, 1950), 85.

第3章

1. Alf J. Mapp, Jr., *Frock Coats and Epaulets* (New York: Hamilton Press, 1987), 203.
2. Jack L. Mendleson, "Manager Disrespect," *Business Forum* (Winter/Spring 1998), 20.
3. Sherman Baldwin, *Ironclaw* (New York: William Morrow and Company, 1996), 201-202.
4. Tom Peters and Nancy Austin, *A Passion for Excellence* (New York: Random House, 1985), 48.
5. 同上, 275.
6. Warren Bennis and Burt Nanus, *Leaders* (New York: Harper & Row, 1985), 28.
7. 講演より, the Industrial College of the Armed Forces at Ft. McNair, Washington, D.C., on November 8, 1988.
8. John Wilke, "McGowan: The Man Who Cracked AT&T;" *Business Week* (January 21, 1985), 69.
9. Michael Moeller and Kathy Rebello, "Visionary-in-Chief: A Talk with Chairman Bill Gates on the World Beyond Windows," *Business Week* (May 17, 1999), 114, 116.
10. Perry M. Smith, *Taking Charge* (Washington, D.C.: National Defense

引用文献

序文

1. Stephen E. Ambrose, *Eisenhower*: Vol.1 (New York: Simon and Schuster, 1983).
2. Peter F Drucker, *The Practice of Management* (New York: Harper and Row, 1955), 194.
3. Maxwell D. Taylor, "Military Leadership: What is it? Can it be taught?" *Distinguished Lecture Series* (Washington, D.C.: National Defense University).

第1章

1. Warren Bennis, *Managing People Is Like Herding Cats* (Provo, Utah: Executive Excellence Publishing, 1999), 81.
2. Colin Powell, *My American Journey* (New York: Random House, 1995), 185.
3. CINCSAC's Views on Professional Military Education, "*Air Force Policy Letter for Commanders* (October 1988), 2.
4. 講演より，the Industrial College of the Armed Forces at Ft. McNair, Washington, D.C., on October 4,1988.
5. Norman Schwarzkopf, *It Doesn't Take a Hero* (New York: Bantam Books, 1992).
6. Donna Fern, "The Lord of Discipline," *INC*(November 1985),82-85, 88, 95.

第2章

1. H. Norman Schwarzkopf, *It Doesn't Take a Hero* (New York: Bantam Books, 1992), 70.
2. Colin Powell, *My American Journey* (New York: Random House,1995), 149.
3. Susan Chandler, "Lands' End Looks for Terra Firma," *Business Week* (July 8, 1996), 128, 131.
4. 講演より，Ronald Fogleman, "The Bedrock of Integrity," presented at the U.S. Air Force Academy Commandant's Leadership Series, November 8, 1995.
5. Stratford Sherman, "How Tomorrow's Best Leaders Are Learning Their Stuff," *Fortune* (November 27, 1995), 92.

宮本武蔵
(Miyamoto, Musashi) 305
ミラー、ジョン
(Miller, John) 31
メイヤー、エドワード・C
(Meyer, Edward C.) 92
メノへ
(Menoher) 79
メンドルソン、ジャック
(Mendleson, Jack) 85
モーコット、ウッディ
(Morcott, Woody) 236
モリール、ベン
(Moreell, Ben) 184
モロイ、ジョン・T
(Molloy, John T.) 290
モンゴメリー、バーナード・L
(Montgomery, Bernard L.) 128,228
251,266-267,291

ヤ行

ヤング、ジョン
(Young, John) 92
ユアン、カム
(Yuan, Kam) 202
ユリス、レオン
(Uris Leon) 296

ラ行

ラムゼー、ベトラム
(Ramsay, Betram) 128
ランドルフ、バーナード・P
(Randolph, Bernard P.) 234
リアッジオ、ロナルド
(Riaggio, Ronald) 283
リー、ハリー・「ライト・ホース」
(Lee, Harry "Light Horse") 136
リー、E・M
(Lee, E. M.) 318
リー、ロバート・E
(Lee, Robert E.) 84,99,108,141,156,262
リーバーマン、ノーム
(Lieberman, Norm) 256
リーヒー、フランク
(Leahy, Frank) 177
リー＝マロリー、トラフォード
(Leigh-Mallory, Trafford) 128
リオール、フィニアス
(Riall, Phineas) 302
リコーバー、ハイマン・G
(Rickover, Hyman G.) 98
リッケンバッカー、エディー
(Rickenbacker, Eddie) 116
リッジウェー、マシュー
(Ridgway, Matthew) 292
リヒトホーフェン、マンフレッド・フォン
(Richthofen, Manfred von) 232
リンカーン、アブラハム
(Lincoln, Abraham) 15,141
ルーズベルト、セオドア
(Roosevelt, Theodore) 25
ルソー、J・エドワード
(Russo, J. Edward) 330
ルメイ、カーティス
(LeMay, Curtis) 65,147,234
レズニック、アーサー
(Resnick, Arthur) 168
レディック、マーシャル・E
(Reddick, Marshall E.) 194
ロウ、アラン
(Rowe, Alan) 321
ローゼンウォルド、ジュリアス
(Rosenwald, Julius) 25
ローリー、ウィリアム
(Rowley, William) 324
ロックフェラー、ジョン・D
(Rockefeller, John D.) 25
ロビンズ、トニー・「アンソニー」
(Robbins, Anthony) 297
ロングストリート
(Longstreet) 100

ワ行

ワイツマン、エゼル
(Weizman, Ezer) 230
ワイマン、トーマス・H
(Wyman, Thomas H.) 220
ワシントン、ジョージ
(Washington, George) 126,136,186,219

(Fiolina, Carleton "Carly") 54
フォーグルマン、ロン
(Fogleman, Ron) 35,53
フォード、ヘンリー
(Ford, Henry) 25
フォレスト、ナサニエル・ベッドフォード
(Forest, Nathan Bedford) 258,343
フォッシュ
(Foch) 128
プラー、ルイス・B・「チェスティ」
(Puller, Lewis B. "Chesty") 246
フライバーグ、ケビン
(Freiberg, Kevin) 174
フライバーグ、ジャッキー
(Freiberg, Jackie) 174
ブラッドレー、オマー
(Bradley, Omar) 144
フランクス、フレッド
(Franks, Fred) 113,195
ブランチャード、ケネス
(Blanchard, Kenneth) 106,216,217
フリードマン、ジェーン
(Friedman, Jane) 66
ブルーム、アーロン
(Bloom, Aaron) 33
ブルガリーズ、ジム
(Boulgarides, James D.) 321
ブレイズ、ジョン・W
(Blades, John W.) 170
フレデンドール、ロイド・R
(Fredendall, Lloyd R.) 140
ブロートン、ジャック
(Broughton, Jack) 270
ペック、グレゴリー
(Peck, Gregory) 262
ベニス、ウォーレン
(Bennis, Warren) 24,91,241,281
ペリー
(Perry) 209
ヘルツバーグ、フレデリック
(Herzberg, Frederick) 245
ボイイングトン、グレゴリー・「パピー」
(Boyington, Gregory "Pappy") 138,141
ホイットニー、コートニー
(Whitney, Courtney) 323
ボエルケ、オズワルド
(Boelcke, Oswald) 232
ポーター、ジョン
(Porter, John) 200
ボールドウィン、シャーマン
(Baldwin, Sherman "Ironclaw") 86
ホーン、ラルフ
(Horn, Ralph) 95
ポデスタ、コニー
(Podesta, Connie) 230
ボナパルト、ナポレオン
(Bonaparte, Napoleon) 37,215,227,281

マ行

マーシャル、S・L・A
(Marshall, S. L. A.) 171
マーシャル、ジョージ・C
(Marshall, George C.) 144,156,276
マーシャル、ジョージ
(Marshall, George S.) 308
マクガワン、ウィリアム・G
(McGowan, William G.) 92
マクダニエル、スティーブン・W
(McDaniel, Steven W.) 65
マクドナルド、ウェスリー・L
(McDonald, Wesley L.) 77
マクナマラ、ロバート・S
(McNamara, Robert S.) 158
マスロー、アブラハム
(Maslow, Abraham) 243
マッカーサー
(MacArthur, Douglas) 39,56,79,156
168,185,273,291,323
松下幸之助
(Matsushita, Konosuke) 268
マップ・ジュニア、アルフ・J
(Mapp, Alf J. Jr.) 84
マリオット、J・W
(Marriot, J. W.) 74
マローン、マイク
(Malone, Mike) 240
マンロー、ダグラス
(Munro, Douglas) 272
ミード、ジョージ
(Meade, George) 110,262

(Chamberlain, Joshua) 156
チャーチル、ウィンストン
(Churchill, Winston) 67,267,295
チュオン、ゴー・クァン
(Truong, Ngo Quang) 37
ディケンズ、チャールズ
(Dickens, Charles) 95
テイラー、マクスウェル・D
(Taylor, Maxwell, D.) 15
アーサー・テダー
(Tedder, Arthur) 128
デプリー、マックス
(DePree, Max) 226
ドーリットル、ジミー
(Doolittle, Jimmy) 271
ド・グラース、フランソワ
(De Grasse, Francois) 126
ドラッカー、ピーター
(Drucker, Peter) 14,18,45,143,176,313
トランプ、ドナルド
(Trump, Donald) 307,326
トルーマン
(Truman, Harry S) 37

ナ行

ナイスビット、ジョン
(Naisbitt, John) 222
ナイチンゲール、アール
(Nightingale, Earl) 343
ナヌス、バート
(Nanus, Burt) 91,241,281
ニューマン、「レッド」
(Newman, "Red") 212
ニューマン、ゲルハルト
(Neuman, Gerhardt) 112
ネルソン、ボブ
(Nelson, Bob) 231
ノックス、ジョン
(Knox, John) 136

ハ行

バーガー、ジェームズ・E
(Buerger, James E.) 93
パーシング
(Pershing) 128,195
ハート、B・H・リデル
(Hart, B. H. Liddell) 304,307
バートン、ベッツィ
(Burton, Betsy) 173
バーナード、チェスター
(Barnard, Chester) 184
ハーボード
(Harbord) 190
バーンズ、ジェームズ・マクレガー
(Burns, James MacGregor) 227
パウエル、コリン
(Powell, Colin) 26,51,75
ハクスレー、「ハイ・ポケッツ」
(Huxley, "High Pockets") 296
パターソン、エルモア・C
(Patterson, Ellmore C.) 312
パットン、ジョージ・S
(Patton, George, S.) 15,32,77,111,120,140
144,156,158,179,188,194,216,255,258
261,273,291,297
ハミルトン、アレクサンダー
(Hamilton, Alexander) 136
バリノフ、ゼルマ
(Barinov, Zelma) 326
バンク、カール・C
(Bank, Carl C.) 185
ハンクス、トム
(Hanks, Tom) 31
バンデグリフト、A・A
(Vandegrift, A. A.) 121
ハンニバル
(Hannibal) 266
ピーターズ、トム
(Peters, Tom) 28,88,111
ピケット、ジョージ
(Pickett, George) 100
ピサロ、フランシスコ
(Pizzaro, Francisco) 114
ヒットラー
(Hitler, Adolf) 94
ヒル、ナポレオン
(Hill, Napoleon) 25
ヒルトン、ウォーレン
(Hilton, Warren) 228
フィオリーナ、カールトン“カーリー”

サルツマン、ジェフ
(Salzman, Jeff) 29
サンダース、ハーラン
(Sanders, Harlan) 159
シーザー、ジュリアス
(Caesar, Julius) 15,113
ジェフリーズ、マイケル
(Jeffreys, Michael) 297
フォン・シェル、アドルフ
(Von Schell, Adolf) 156
シェンノールト、クレア
(Chennault, Claire) 112
シナトラ、フランク
(Sinatra, Francis) 297
シャーマン
(Sherman) 15
シャアラ、マイケル
(Shaara, Michael) 108
ジャクソン、「ストーンウォール」
(Jackson, "Stonewall") 100,156
シューメーカー、ポール・J・H
(Schoemaker, Paul J. H.) 330
ジュベール、バーテルミ＝カテリーヌ
(Joubert, Barthelemy-Catherine) 293
シュラー、ロバート・H
(Schuller, Robert H.) 295,298
シュルツ、ハワード
(Schultz, Howard) 74,129,259
シュワッブ、チャールズ
(Schwab, Charles) 25
シュワルツェネッガー、アーノルド
(Schwarzenegger, Arnold) 149
シュワルツコフ、H・ノーマン
(Schwarzkopf, H. Norman) 37,49,72
195,292,315
ジョーンズ、デービッド・C
(Jones, David C.) 65
ジョブス、スティーブ
(Jobs, Steve) 160
ジョミニ、アンリ・ド
(Jomini, Henri de) 304
ジョンソン、スペンサー
(Johnson, Spencer) 106,216,217
ジレット、ジャック
(Gillette, Jack) 123
スカンロン、バート・K
(Scanlon, Burt K.) 202
スキナー、B・F
(Skinner, B. F.) 213
スコット、ウィンフィールド
(Scott, Winfield) 302
スコット、ジョージ・C
(Scott, George C.) 258
スチュアート、ジェブ
(Stuart, Jeb) 100,108,214
スチューベン、フリードリッヒ・フォン
(Steuben, Friedrich von) 124,187
ストーン、W・クレメント
(Stone, W. Clement) 264
スピルバーグ、スティーブン
(Spielberg, Steven) 55
スミス、フレデリック・W
(Smith, Frederick W.) 73
スミス、ペリー・M
(Smith, Perry M.) 92,191,201,277,318
スミス、マイケル・J
(Smith, Michael J.) 52
ズムウォルト、エルモ
(Zumwalt, Elmo) 319
孫子
(Tzu, Sun) 307

タ行

ターナー、「テクス」
(Turner, "Tex") 292
ダイアー、ウェイン
(Dyer, Wayne) 68
ダウ、ハーバート・H
(Dow, Herbert H.) 99
ダヤン
(Dayan, Moshe) 37,273
ダロー、クラランス
(Darrow, Clarence) 25
ダンフォース、ダグラス・D
(Danforth,Douglas D.) 113
ダンフォード、ロバート・M
(Danford, Robert M.) 38
チェイン・ジュニア、ジョン・T
(Chain Jr., John T.) 31
チェンバレン、ジョシュア

(Kirk) 256
ガーシズ、アル
(Garsys, Al) 153
カーネギー、アンドリュー
(Carnegie, Andrew) 25
ガーフィールド、チャールズ
(Garfield, Charles) 163,294
カスター、ジョージ・A
(Custer, George A.) 168,214
カズンズ、ノーマン
(Cousins, Norman) 69
ガッツ、ジーン
(Gatz, Jean) 230
カラノ、ジミー
(Calano, Jimmy) 29
ガルビン、ロバート・W
(Galvin, Robert W.) 111,235
ガンジー
(Gandhi) 37
ギア、リチャード
(Gere, Richard) 155
キーズ
(Kyes) 22,37,140
ギデオン
(Gideon) 313
ギャビン、ジェームズ・M・「ジャンピング・ジム」
(Gavin, James M. "Jumping Jim") 256,273
キャラダイン、デビッド
(Caradine, David) 202
ギルモア、ハワード
(Gilmore, Howard) 76
キング、マーチン・ルーサー
(King, Martin Luther Jr.) 94
クーパー、ケネス
(Cooper, Kenneth) 160
クセノポン
(Xenophon) 14,45
グッドパスター、アンドリュー・J
(Goodpaster, Andrew J.) 92
クラーク、ブルース・C
(Clarke, Bruce C.) 98
クラーク、マーク
(Clark, Mark) 144
クラウゼヴィッツ
(Clausewitz, Carl von) 197,304,331
クランシー、トム
(Clancy, Tom) 113
グラント
(Grant, Ulysses S.) 37,79,100,110,141,214
クリーセン、フレデリック・J
(Kroesen, Frederick J.) 32
クリーチ、ビル
(Creech, Bill) 88,103,111,117
グリオン、デービッド・ベン
(Gurion, David Ben) 37
グル、モッタ
(Gur, Motta) 238
グレイ、アルフレッド・M
(Gray, Alfred M.) 293
グレイ、ジョージ
(Gray, George) 315
グレッグ、ジョン
(Gregg, John) 84
クロー、ウィリアム
(Crowe, William) 313
クローニン、トーマス・E
(Cronin, Thomas E.) 191
グローブ、アンドリュー・S
(Grove, Andrew S.) 98
クロック、レイ
(Kroc, Ray) 158
ゲイツ、ビル
(Gates, Bill) 55,92
ケネディ、ジョン・F
(Kennedy, John F.) 158,196
ゴールドウォーター、バリー
(Goldwater, Barry) 18,45
コスマン、ジョー
(Cossman, Joe) 286,299
コック、エド
(Koch, Ed) 210
コッター、ジョン
(Kotter, John) 268
コロンズ、ロジャー・D
(Collons, Rodger D.) 312

サ行

ザハリアス、ベーブ
(Zaharias, Babe) 191

登場人物索引

ア行

アーノルド、ハップ
(Arnold, Hap) 101,156,185
アームストロング、ニール
(Armstrong, Neil) 294
アイアコッカ、リー
(Iacocca, Lee) 276
アイゼンハワー、ドワイト・D
(Eisenhower, Dwight D.) 14,110,120,127
140,144,150,156,185,194,291
アイルズ、ロジャー
(Ailes, Roger) 290
アッシュ、メアリー・ケイ
(Ash, Mary Kay) 87,94,106
212,217,227,236
アバディーン、パトリシア
(Aburdene, Patricia) 222
アプトン、エモリー
(Upton, Emory) 214
アレクサンダー
(Alexander) 254
アレッサンドラ、トニー
(Alessandra, Tony) 289
アンダーソン、ウォルター
(Anderson, Walter) 165
アンダーソン、ジャック
(Anderson, Jack) 73
イーストマン、ジョージ
(Eastman, George) 25
イスメイ
(Ismay) 267
ヴァン・アタ、デール
(Van Atta, Dale) 73
ウァロ
(Varro) 266
ヴァンデンバーグ、ホイト・S
(Vandenberg, Hoyt S.) 38
ウィリアムソン、ポーター・B
(Williamson, Porter B.) 255
ウィルソン
(Wilson, Woodrow) 128
ウェイトリー、デニス
(Waitley, Denis) 72
ウェーバー、マックス
(Weber, Max) 283
ウェルズ、ハリー・K・ハリー
(Wells, Harry K. Harry) 235
ウォーレンダ、カール
(Wallenda, Karl) 162
ウォズニアック、スティーブ
(Wozniack, Steve) 160
ウォン、ジョー
(Wong, Joe) 57
エイカー、アイラ・C
(Eaker, Ira C.) 187
エイルズ、ロジャー
(Ailes, Roger) 94
エウェル、ジュリアン
(Ewell, Julian) 93,100
エジソン、トーマス
(Edison, Thomas) 25,328
オーキンレック、クロード・ジョン
(Auchinleck, Claude John) 251
オースチン、ナンシー
(Austin, Nancy) 88
オールズ、ロビン
(Olds, Robin) 292
オグラディ、スコット
(O'Grady, Scott) 180
オバーグ、ドン
(Oberg, Don) 40
オリバー・ジュニア、デーブ
(Oliver, Dave Jr.) 193
オルドリン、バズ
(Aldrin, Buzz) 295

カ行

カーク

【著者略歴】
ウィリアム・A・コーヘン（William A. Cohen）
ウエストポイント（米国陸軍士官学校）卒業後、米国およびイスラエル空軍で戦闘経験を積み、退役後に空軍予備役少将。民間企業のエグゼクティブや大学教授を歴任し、現在カリフォルニア州立大学教授。リーダーシップ論およびマーケティング論の第一人者で著書は40冊以上。

【訳者略歴】
渕脇耕一（ふちわき・こういち）
1949年、鹿児島市生まれ。千葉大学英文学専攻科を卒業後、（株）洋販勤務を経て、「まさご英語教室」を開設、現在に至る。訳書に、サプリー著『20世紀の大物理学』（ニュートンプレス、1999年）など。

ウエストポイント式　仕事の法則
The New Art of the Leader
二〇〇二年五月二〇日　第一刷発行
二〇〇二年七月一〇日　第二刷
著　者　ウィリアム・A・コーヘン
訳　者　渕　脇　耕　一
発行者　岡　村　久
発行所　日　経　B　P　社
発　売　日経BP出版センター
〒102―8622　東京都千代田区平河町二―七―六
電　話　〇三―三二二一―四六四〇（編集）
〇三―三二三八―七二〇〇（営業）
Homepage　http://store.nikkeibp.co.jp/
印刷・製本　図書印刷株式会社

ISBN4-8222-4273-0

ウェルチの戦略ノート

ロバート・スレーター
宮本喜一訳

ベストセラー「ウェルチ」の著者が、GEウェイの実践に向けて贈る決定版テキスト。GEの社内資料を駆使し、個人・組織の現状評価法や行動指針などを豊富に掲載。 二二〇〇円

さよならウェルチ

ジャネット・ロウ
宮本喜一訳

大胆な改革手法とそれを実現する卓越したリーダーシップ――名経営者と謳われたウェルチは、GEに、産業界に、そしてわれわれの社会に、何を遺していくのか。 一八〇〇円

スターバックス成功物語

ハワード・シュルツ他
小幡照雄／大川修二訳

米国のコーヒー革命をもたらし、日本でも店舗を急拡大しているスターバックス。CEOハワード・シュルツが起業までの経緯、企業理念を自ら綴った感動の物語。 一八〇〇円

破天荒！
――サウスウエスト航空――驚愕の経営――

ケビン＆ジャッキー・フライバーグ
小幡照雄訳

クレージーなほどの顧客サービスで急成長したサウスウエスト航空の痛快なビジネス・ストーリー。ここにリーダーシップのあるべき姿がある。 一八〇〇円

ウォルマート
――世界最強流通業の光と影――

ボブ・オルテガ
長谷川真実訳
解説 伊藤雅俊

ベールに包まれた世界一の流通帝国をウォールストリート・ジャーナル紙記者が抉ったアメリカ流通興亡史。イトーヨーカ堂名誉会長が解説。 二〇〇〇円

アマゾン・ドット・コム

ロバート・スペクター
長谷川真実訳
解説 山形浩生

ネットビジネスの雄「アマゾン・ドット・コム」の全貌に迫った初の書。同社の未来はインターネット企業の覇者か、ビジネスモデルの歴史の一ページか――。 一八〇〇円

表示の価格には消費税は含まれておりません。